项目管理标准
和
项目管理知识体系指南

（PMBOK® 指南）

第七版

美国国会图书馆出版编目数据

名称：项目管理协会，出版商。

标题：项目管理标准和项目管理知识体系指南（《PMBOK 指南》）。

其他标题：项目管理知识体系指南（《PMBOK 指南》）|《PMBOK 指南》

描述：第七版。| 美国宾夕法尼亚州 Newtown Square：项目管理协会 [2021 年] | 包括书目参考和索引。| 摘要：“在过去的几年里，新兴技术、新方法和快速的市场变化扰乱了我们的工作方式，推动了项目管理专业领域的发展。每个行业、组织和项目都面临着独特的挑战，团队成员必须调整其方法，以成功管理项目并交付成果。有鉴于此，《项目管理知识体系指南》（《PMBOK® 指南》）第七版深入探讨了这个专业领域的基本概念和结构。这一版涵括《项目管理标准》和《PMBOK® 指南》，介绍了 12 项项目管理原则和 8 个项目绩效域，这些绩效域对于有效交付项目成果至关重要。本版《PMBOK® 指南》：体现了各种开发方法（预测型、传统型、适应型、敏捷型、混合型等）；用一整章篇幅讲解裁剪开发方法和流程；新增“模型、方法和工件”一章，详细解析了工具和技术列表；除可交付物之外，还关注项目结果；整合 PMIStandards+，方便用户访问有助于他们在实际工作中运用《PMBOK® 指南》的内容。这样就制作出了一份现代指南，更好地帮助项目团队成员以主动、创新和灵活的方式交付项目结果。”–由出版商提供。

《项目管理知识体系指南》（《PMBOK 指南》）第七版和《项目管理标准》

ISBN：978-1-62825-778-6

出版商：
Project Management Institute, Inc.
14 Campus Boulevard
Newtown Square, Pennsylvania 19073-3299 USA
电话：+1 610 356 4600
电子邮件：customercare@pmi.org
网址：www.PMI.org

若要下单或获取定价信息，请联系 Independent Publishers Group：
Independent Publishers Group
Order Department
814 North Franklin Street
Chicago, IL 60610 USA
电话：800 888 4741
传真：+1 312 337 5985
电子邮箱：orders@ipgbook.com（仅接收订单）

在中国广东东莞印刷。

本书中使用的纸张符合美国国家信息标准组织发布的《耐久纸张标准》(Z39.48-1984)。

10 9 8 7 6 5 4 3 2 1

声明

作为项目管理协会 (PMI) 的标准和指南，本指南在相关人员自愿参与、共同协商的基础上开发而成。整个开发过程汇集了一批志愿者，并广泛收集了对本指南内容感兴趣的人士的观点。PMI 管理该开发过程并制定规则以促进协商的公平性，但并没有直接参与写作，也没有独立测试、评估或核实本标准及指南出版物中所含任何信息的准确性、完整性或其中所含任何判断的有效性。

因本出版物或对本出版物的应用或依赖而直接或间接造成的任何人身伤害、财产或其他损失，PMI 不承担任何责任，无论特殊、间接、因果还是补偿性的责任。PMI 不明示或暗示地保证或担保本出版物所含信息的准确性与完整性，也不保证本出版物所含信息能满足您的特殊目的或需要。PMI 不为任何使用本标准或指南的制造商或供应商的产品或服务提供担保。

PMI 出版和发行本文档，既不代表向任何个人或团体提供专业或其他服务，也不为任何个人或团体履行对他人的任何义务。在处理任何具体情况时，本文档的使用者都应依据自身的独立判断，或在必要时向资深专业人士寻求建议。与本出版物主题相关的信息或标准亦可从其他途径获得，用户可能希望通过这些来源了解本出版物未涵盖的其他观点或信息。

PMI 无权也不会监督或强迫他人遵循本指南的内容。PMI 不会为安全或健康原因对产品、设计或安装进行认证、测试或检查。本文档中关于符合健康或安全要求的任何证明或声明，都不是 PMI 做出的，而应由认证者或声明者承担全部责任。

序言

每当开始编撰新版*《项目管理标准》*和*《PMBOK® 指南》*时，我们都有机会从全球视角考虑关于项目管理、实现收益所用方法以及项目输出价值所发生的变化。在各版指南发布的间隔期内，世界已经发生了变化。有些组织已经不复存在，而新的组织不断涌现。旧的技术已经走到尽头，而提供全新能力的技术也已逐步发展起来。继续留任的员工要像新入职者一样在思维、技能和能力方面获得提升，要重点关注快速了解专业语言、培养技能、增强商业头脑敏锐度为实现雇主目标做出贡献。

虽然在上述变化发生过程中，一些基础性的概念和构念还保留着。人们仍然认为，与个人的思考相比，集体思考能够形成更具整体性的解决方案。而且，组织通过项目来交付独特结果或输出的情况仍然会继续存在。

以客户和最终用户为中心的设计

虽然第六版*《PMBOK® 指南》*仍在发展完善过程中，但在第七版指南的整个开发过程中，PMI 一直在全球范围内积极争取广泛的，对*《项目管理标准》*和*《PMBOK® 指南》*有使用体验的干系人的参与。这些参与包括：

- 对有代表性的 PMI 干系人样本进行在线调研；
- 与项目管理办公室 (PMO) 负责人、项目经理、敏捷从业者、项目团队成员以及教育者和培训师举行焦点小组会议；
- 在 PMI 全球各地开展的各项活动中，与从业者举行互动研讨会。

这些反馈和输入共同强调了以下四个要点：

- 保持并增强 *《PMBOK® 指南》* 的可信度和相关性。
- 提高 *《PMBOK® 指南》* 的可读性和实用性，同时避免增加过多新内容。
- 了解干系人在信息和内容方面的需要，并提供经审查可支持实践应用的补充内容。
- 认识到原先版本的结构和内容对某些干系人是仍有价值的，因此应在不否定这种价值的前提下推动干系人转向新版指南。

保持《PMBOK® 指南》的相关性

自从以 *《项目管理知识体系》(PMBOK)* 形式于 1987 年首次推出以来， *《项目管理知识体系指南》(简称“《PMBOK® 指南》”）* 一直在逐步演进，同时我们认识到，项目管理的基本要素依然未变。这种逐步演进不仅涉及书本页数的增加，还涉及实质内容显著且本质的变化。其中的部分主要变化请见下表：

《*PMBOK® 指南*》中主要变化的逐步演进情况

PMBOK® 指南版本	主要演进变化
1996 年	• 定位于“项目管理知识体系指南”而非项目管理知识体系。 • 反映了项目管理知识体系的一部分是“公认的”，这意味着它在多数时候适用于多数项目，而且其实践价值和有效性获得了广泛的一致认可。 • 将项目管理定义为“将知识、技能、工具和技术应用于项目活动，**以便达到或超过干系人的需要和对项目的期望**[黑体是后加的]。” • 明确决定要采用基于过程的标准，该标准使基于各知识领域之间相互作用的愿望驱动；创建了稳健而灵活的结构；并认识到 ISO 和其他组织正也在制定基于过程的标准。
第 3 版（2004 年）	• 第 1 个在封面上印制了“ANSI 标准”的标识的版本。 • 第 1 个正式指明项目的项目管理标准独立于且有别于项目管理框架和知识体系的版本。 • 包含了“被公认为多数时候适用于多数项目的良好实践”的材料。 • 将项目管理定义为“将知识、技能、工具和技术应用于项目活动，**以便达到项目要求**。”
第 6 版（2017 年）	• 第 1 个清晰区分了 ANSI 标准和指南的版本。 • 首次将“敏捷”内容纳入正文，而非仅在示例中提及。 • 拓展了知识领域前言部分，包括核心概念、发展趋势和新兴实践、裁剪时需要考虑的因素以及在敏捷或适应型环境中需要考虑的因素。

与先前各版*《项目管理标准》*和*《PMBOK® 指南》*一样，本版指南认识到项目管理的大环境在不断发展变化。仅就过去 10 年以来，推动各类产品、服务和解决方案中采用的软件呈几何级数增长。随着人工智能、基于云的能力和新的商业模式对创新和新工作方式的驱动，软件能够继续促使其发生变化。组织模式已发生彻底改变，这导致了新的项目工作和团队结构，从而需要采用一系列广泛的方法进行项目和产品交付，并更多地关注成果而非可交付物。来自世界任何地方的个人贡献者均可加入项目团队，来承担更广泛的角色，并采用新的思考和协作方式。这些变化以及更多的因素使我们有机会重新考虑各种观点，为*《项目管理标准》*和*《PMBOK® 指南》*的继续演进提供支持。

变更摘要

自 1987 年以来，*《项目管理标准》*一直代表着基于过程的项目管理标准。*《PMBOK® 指南》*中包含的*《项目管理标准》*与一系列业务过程有关的项目管理原则和职能相保持一致。这些业务过程支持以下持续且可预测的实践：

- 可被记录；
- 通过这些实践可对过程的绩效作出评估；
- 通过这些实践可对过程做出改进，从而最大化效率并最小化威胁。

虽然在支持良好实践方面富有成效，但从本质上看，基于过程的项目管理标准是约定俗成的。随着项目管理在按比以往更快的速度发展，过去版本基于过程的导向难以为继，无法反映价值交付的整个大环境。因此，本版指南转而采用基于原则的标准，为富有成效的项目管理提供支持，并更多地关注预期成果，而非可交付物。

在该标准为本版指南逐步发展过程中，来自全球各地不同行业和组织、担任不同职位、实施不同类型项目的从业者为该标准的草案编撰贡献了力量，并/或提供了反馈意见。此外，参与第 7 版*《PMBOK® 指南》*编写的各位负责人和工作人员还审阅了其他知识体系和专注于项目管理的著作，来探究这些资料中蕴含的有关项目管理原则的概念。这些共同的努力凸显了各界对我们的强有力支持，为我们确认本版指南中的指导原则以适用于项目管理涉及的整个范围提供了支持。

迄今为止，全球项目管理界已认同应将该标准转变为一份原则声明。这些原则声明充分体现并总结了项目管理实践的公认目标及其核心功能。这些原则声明还提供了广泛的参考因素，项目团队能够在这些参考因素范围内开展工作，并提供众多方法来契合这些原则的意图。

借助这些原则声明，PMI 提供了整个价值交付环境中富有成效的项目管理方法：从预测型到适应型，以及中间的各种方法。这些基于原则的方法还与*《项目集管理标准》*（第 3 版和第 4 版）和*《项目组合管理标准》*（第 4 版）的发展保持一致。*《项目组合、项目集和项目中的风险管理标准》*和*《收益实现管理：实践指南》*这两个标准是全球主题专家团队基于原则的方法开发的新产品的代表。

本版*《项目管理标准》*或*《项目管理知识体系指南》*中的任何内容对于必须符合过去版本中基于过程的方法都是不否定的。很多组织和从业人员仍然认为基于过程的方法对于引领其项目管理能力、调整其方法并评估其项目管理能力非常有用。这种方法与新版本的内容仍是相关的。

本版*《PMBOK® 指南》*的另一个重要变化是从系统视角论述项目管理。这一转变始于将系统视角的价值交付作为*《项目管理标准》*的一部分，并继续呈现*《PMBOK® 指南》*的内容。该“价值交付系统”部分改变了原有视角，即从项目组合、项目集和项目治理到重点关注将它们与其他业务能力结合在一起的价值链，再进一步推进到组织的战略、价值和商业目标。在项目管理的背景下，*《项目管理标准》*和*《PMBOK® 指南》*强调，项目不只是产生输出，更重要的是要促使这些输出推动实现成果，而这些成果最终会将价值交付给组织及其干系人。

这种系统视角反映了从过去版本的*《PMBOK® 指南》*中的“知识领域”转变为八个绩效域。绩效域是一组对富有成效地交付项目成果至关重要的相关活动。总的来说，绩效域所代表的项目管理系统体现了彼此交互、相互关联且相互依赖的管理能力，这些能力只有协调一致才能实现期望的项目成果。随着各个绩效域彼此交互和相互作用，变化也会随之发生。项目团队要有整体系统思维的意识，不断审查、讨论、适应并应对这些变化，而非只是关注发生变化的具体绩效域。遵照*《项目管理标准》*中的“价值交付系统”这一概念，团队会通过以成果为中心的测量指标，而非按照各个过程或生成的工件、计划等来对各绩效域中的有效绩效作出评估。

先前版本的*《PMBOK® 指南》*强调必须对项目管理方法进行裁剪，使之适应于各项目的独特特征及其运行背景。第 6 版明确包括了相关考虑因素，以帮助项目团队思考如何对其项目管理方法进行裁剪。这些内容包含在各知识领域章节的前言部分，同时介绍了各类项目环境的考虑因素。本版*《PMBOK® 指南》*特设“裁剪”一节，对这项内容作出了进一步阐述。

本版指南新增了“模型、方法和工件”一节，为支持项目管理提供了高层级组合的模型、方法和工件。这一节中有原先版本指南中为项目管理提供支持的工具、技术和输出的链接，但未对团队应在何时、如何使用哪种工具做出规定。

最后一个变化反映了*《PMBOK® 指南》*发行史上最重要的创新，即推出了 PMIstandards+™ 这一交互式数字平台，该平台融合了当下、新兴和未来的实践、方法、工件及其他有用的信息。这些数字内容更好地反映了知识体系的动态性。PMIstandards+ 向项目管理从业人员和其他干系人提供了更加丰富、范围更加广泛的信息和资源，这些信息和资源能够更加快速地顺应项目管理领域中的发展和变化。这些内容根据行业板块、项目类型或其他特征阐述了具体实践、方法或工具如何适用于具体的项目。PMIstandards+ 首先介绍了*《PMBOK® 指南》*第 6 版的输入、工具和技术以及输出，同时会继续将为项目管理的发展提供支持的新资源纳入其中。展望未来，*《项目管理标准》*和 *《PMBOK® 指南》*的用户可以在 PMIstandard+ 中找到补充印刷版出版物的丰富信息。

下图说明了项目*《项目管理标准》*的修订内容，以及*《PMBOK® 指南》*从第 6 版到第 7 版的变化，此外还有与 PMIstandards+ 数字平台的连接。

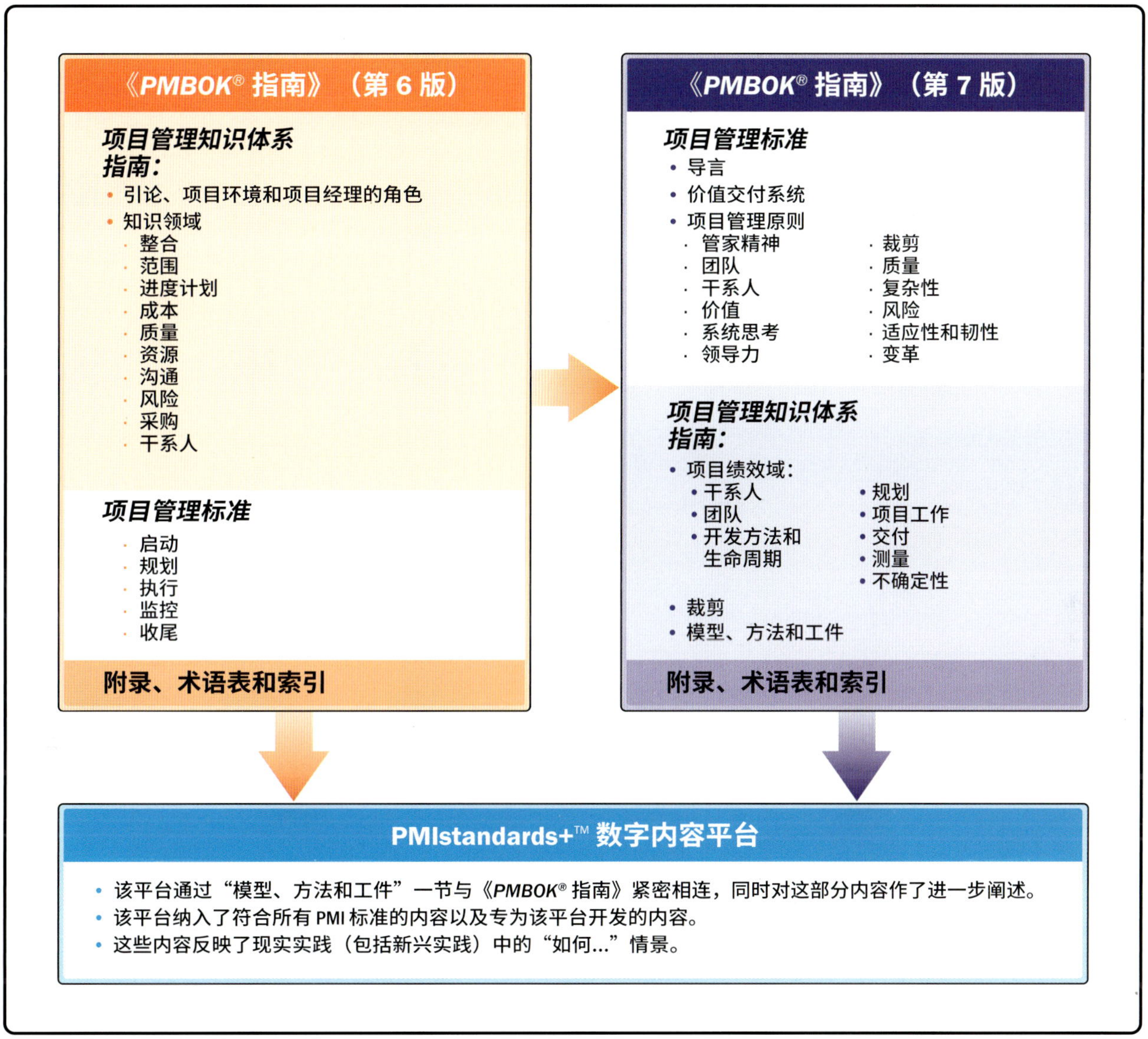

修订了《项目管理标准》，并将《PMBOK® 指南》和 PMIstandards+™ 数字内容平台从第 6 版过渡到第 7 版

结语

*《项目管理标准》*和*《PMBOK® 指南》*（第 7 版）回应了干系人在反馈中着重提出的全部四个元素。此次修订保持并增强了*《PMBOK® 指南》*的可信性和相关性，提高了*《PMBOK® 指南》*的可读性和适用性，还认识到原先版本的结构和内容对某些干系人仍有价值，并在不否定这种价值的前提下强化了本版指南的内容。最为重要的是，为了对干系人的要求做出响应，本次修订版与 PMIstandards+ 数字内容平台紧密相连，提供了经审查的支持实践应用的补充内容。

目录

项目管理标准

《项目管理知识体系指南》（简称《PMBOK® 指南》

图和表格清单

项目管理标准

《项目管理知识体系指南》（简称《PMBOK® 指南》

项目管理标准

Approved American National Standard
ANSI
ANSI/PMI 99-001-2021

1

导言

《项目管理标准》确定了项目管理原则，用以指导项目专业人士和开展或参与项目的其他干系人的行为和行动。

本引论描述了本标准的目的，定义了关键术语和概念，并确定了本标准的受众。

《项目管理标准》由以下几章组成：

- **第 1 章 导言**
- **第 2 章 价值交付系统**
- **第 3 章 项目管理原则**

1.1 《项目管理标准》的目的

《项目管理标准》为了解项目管理及其如何实现预期成果提供了基础。本标准适用于任何行业、地点、规模或交付方式（例如预测型、混合型或适应型）的项目。它描述了项目运作的系统，包括治理、可能的职能、项目环境以及针对项目管理和产品管理之间关系的考虑因素。

1.2 关键术语和概念

*《项目管理标准》*反映了这一职业的发展情况。组织期望项目除了生成输出和工件外还能交付成果。项目经理被期望交付的项目应能为组织和组织价值交付系统内的干系人创造价值。我们对以下术语进行了定义，以便为本标准的内容提供语境。

- **成果。**某一过程或项目的最终结果或后果。成果可以包括输出和工件，但通过聚焦开展项目所交付的收益和价值，使得成果具有更广泛的意图。
- **项目组合。**为实现战略目标而组合在一起管理的项目、项目集、子项目组合和运营工作。
- **产品。**可以量化的生产出的工件，既可以是最终制品，也可以是组件制品。
- **项目集。**相互关联且被协调管理的项目、子项目集和项目集活动，以便获得单独管理所无法获得的收益。
- **项目。**为创造独特的产品、服务或结果而进行的临时性工作。项目的临时性表明项目工作或项目工作的某一阶段会有开始也会有结束。项目可以独立运作，也可以是项目集或项目组合的一部分。
- **项目管理。**将知识、技能、工具与技术应用于项目活动，以满足项目的需求。项目管理指的是指导项目工作以交付预期成果。项目团队可以使用多种方法（如预测型、混合型和适应型）实现成果。
- **项目经理。**由执行组织委派，领导项目团队实现项目目标的个人。项目经理履行多种职能，例如引导项目团队工作以实现成果，管理流程以交付预期成果。第 2.3 节明确了其他职能。

- **项目团队。**执行项目工作，以实现项目目标的一组人员。
- **价值交付系统。**旨在建立、维持和/或使组织得到发展的一系列战略业务活动。项目组合、项目集、项目、产品和运营都可以成为组织价值交付系统的一部分。
- **价值。**某种事物的作用、重要性或可用性。不同的干系人以不同的方式看待价值。客户可以将价值定义为使用产品的特定特性或功能的能力。组织可以聚焦于使用财务度量指标确定的商业价值，例如收益减去实现这些收益的成本。社会价值可以包括对群体、社区或环境的贡献。

有关本标准中使用的其他术语，请参阅术语表和*《PMI 项目管理术语词典》*[1]。[1]

1.3 本标准的受众

本标准为参与项目的干系人提供了基础性的参考资料。这包括（但不限于）以下项目从业者、顾问、教育工作者、学生、发起人、干系人和供应商：

- 负责或担责交付项目成果；
- 全职或兼职为项目工作；
- 在项目组合、项目集或项目管理办公室 (PMO) 工作；
- 参与项目发起、产品负责、产品管理、高管领导或项目治理；
- 参与项目组合管理或项目集管理；
- 为项目工作提供资源；
- 聚焦于项目组合、项目集和项目的价值交付；
- 讲授或研究项目管理；
- 参与项目价值交付链的任何方面。

[1] 括号内的数字与本标准后面的参考文献序号相对应。

2

价值交付系统

本章中的信息提供了价值交付、治理、项目职能、项目环境和产品管理的背景信息。

- **第 2.1 节 创造价值。**本节描述了项目如何在系统内运作，从而为组织及其干系人创造价值。
- **第 2.2 节 组织治理系统。**本节描述了治理如何支持价值交付系统。
- **第 2.3 节 与项目有关的职能。**本节明确了支持项目的职能。
- **第 2.4 节 项目环境。**本节明确了影响项目和价值交付的内部和外部因素。
- **第 2.5 节 产品管理考虑因素。**本节明确了项目组合、项目集、项目和产品之间的关联方式。

2.1 创造价值

项目存在于较大的系统中，例如政府机构、组织或合同安排。为简洁起见，在提及政府机构、企业、合同安排、合资企业和其他安排时，本标准使用*组织*一词。组织为干系人创造价值。项目创造价值的方式的示例包括（但不限于）：

- 创造满足客户或最终用户需要的新产品、服务或结果；
- 做出积极的社会或环境贡献；
- 提高效率、生产力、效果或响应能力；
- 推动必要的变革，以促进组织向理想的未来状态过渡；
- 维持以前的项目集、项目或业务运营所带来的收益。

2.1.1 价值交付组件

可以单独或共同使用多种组件（例如项目组合、项目集、项目、产品和运营）以创造价值。这些组件共同组成了一个符合组织战略的价值交付系统。图 2-1 显示了价值交付系统的一个示例，该系统有两个项目组合，它们包含了项目集和项目。它还显示了一个包含项目的独立项目集以及与项目组合或项目集无关的多个独立项目。任何项目或项目集都可能会包括产品。运营可以直接支持和影响项目组合、项目集和项目以及其他业务职能，例如工资名单、供应链管理等。项目组合、项目集和项目会相互影响，也会影响运营。

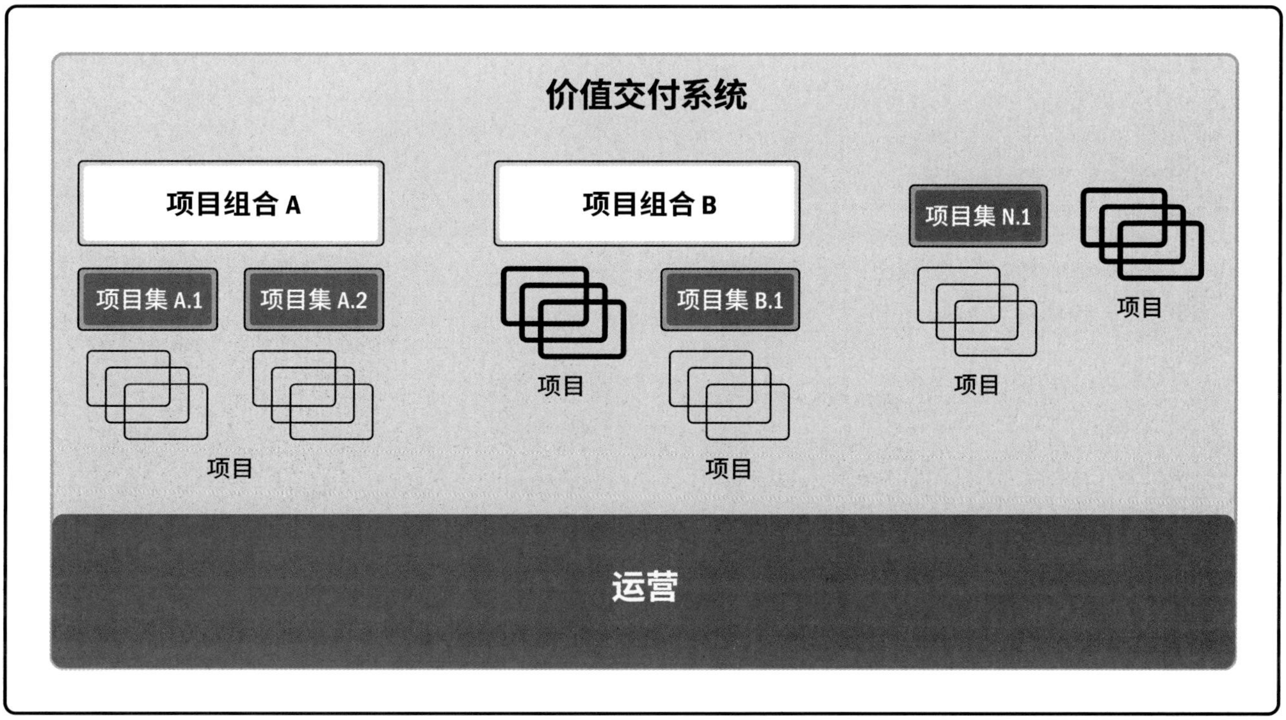

图 2-1. 价值交付系统示例

如图 2-2 所示，价值交付系统是组织内部环境的一部分，该环境受政策、程序、方法论、框架、治理结构等制约。内部环境存在于更大的外部环境中，包括经济、竞争环境、法律限制等。第 2.4 节提供了与内部和外部环境相关的更多详细信息。

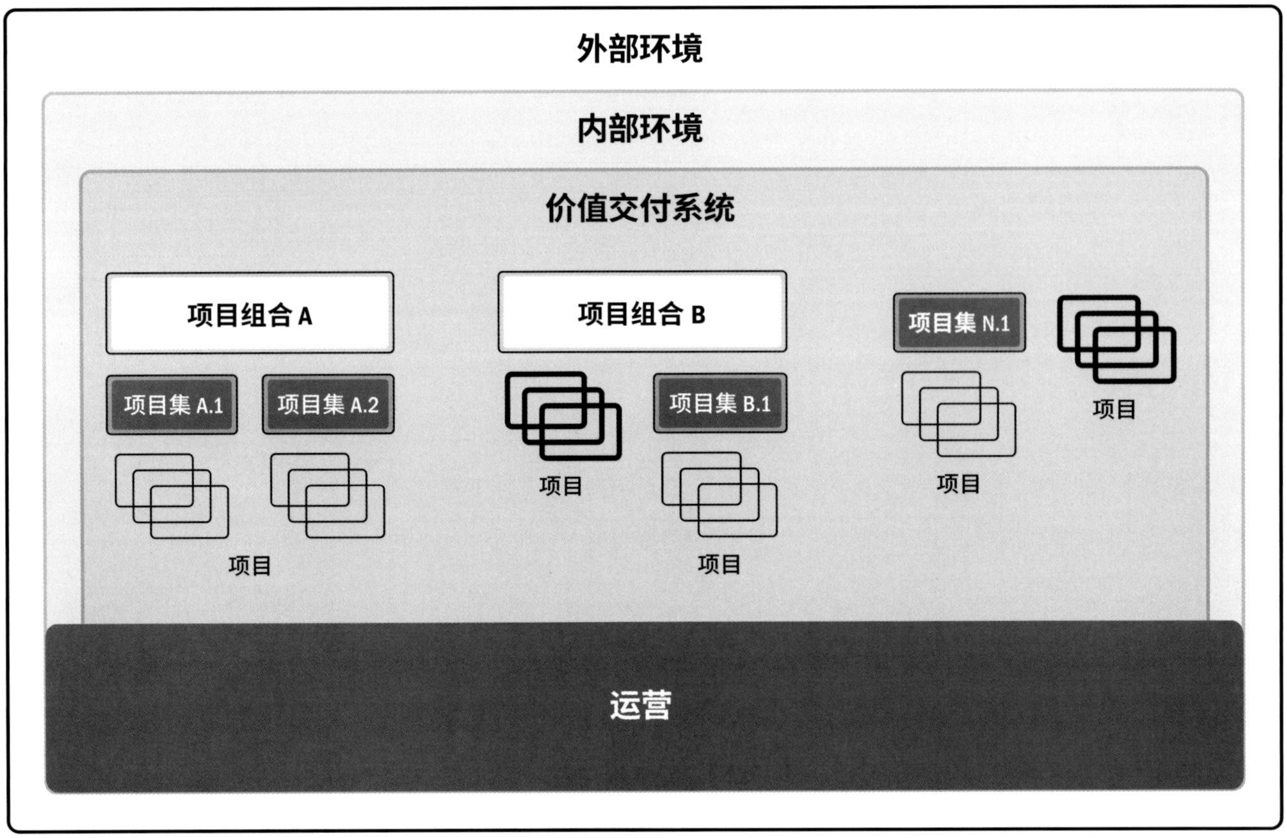

图 2-2. 价值交付系统（示例）的组件

价值交付系统中的组件创建了用于产出成果的可交付物。成果是某一过程或项目的最终结果或后果。聚焦于成果、选择和决策强调了项目的长期绩效。成果可带来收益，收益是组织实现的利益。收益继而可创造价值，而价值是具有作用、重要性或可用性的事物。

2.1.2 信息流

当信息和反馈在所有组件之间以一致的方式共享时，价值交付系统最为有效，使系统与战略保持一致，并与环境保持协调。

图 2-3 显示了一个信息流模型，其中黑色箭头代表从高层领导到项目组合，项目组合到项目集和项目，然后到运营部门的信息。高层领导会与项目组合分享战略信息。项目组合与项目集和项目分享预期成果、收益和价值。项目集和项目的可交付物及其支持和维护信息一起传递给运营部门。

图 2-3 中的浅灰色箭头表示信息的反向流动。从运营部门到项目集和项目的信息表明对可交付物的调整、修复和更新。项目集和项目给项目组合提供实现预期成果、收益和价值方面的绩效信息和进展。项目组合会提供与高层领导一起对项目组合进行的绩效评估。此外，运营部门还提供有关组织战略推进情况的信息。

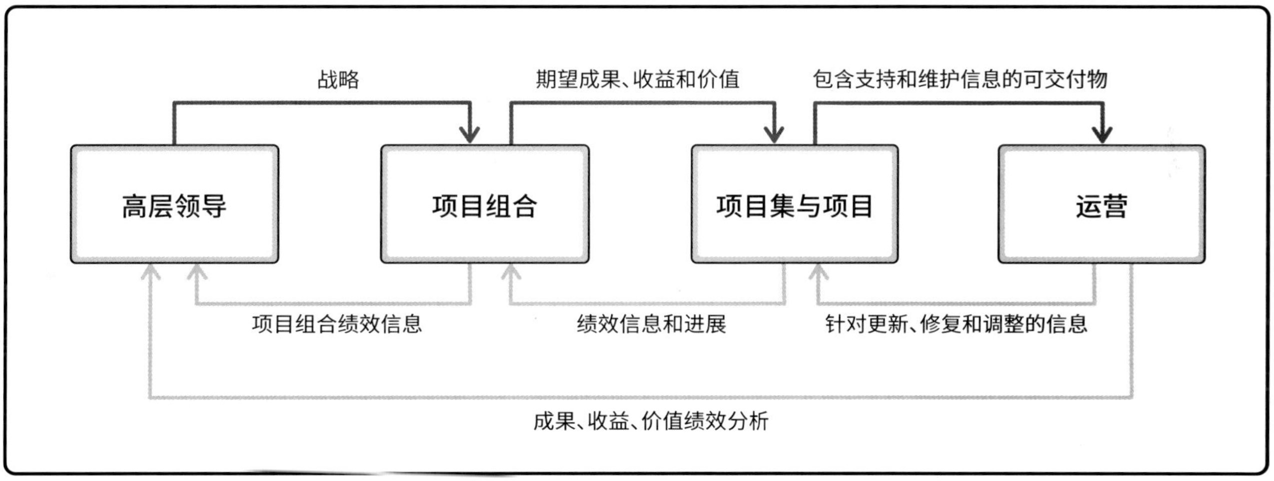

图 2-3. 信息流示例

2.2 组织治理系统

治理系统与价值交付系统协同运作，可实现流畅的工作流程、管理问题并支持决策。治理系统提供了一个框架，其中包含指导活动的职能和流程。治理框架可以包括监督、控制、价值评估、各组件之间的整合以及决策能力等要素。

治理系统提供了一个整合结构，用于评估与环境和价值交付系统的任何组件相关的变更、问题和风险。这包括项目组合目标、项目集收益和项目生成的可交付物。

项目可以在一个项目集或项目组合内运作，也可以作为一个独立的活动进行。在一些组织中，项目管理办公室可能会为项目组合内的项目集和项目提供支持。项目治理包括定义用于批准变更和做出与项目相关的其他业务决策的职权。项目治理与项目集和/或组织治理保持一致。

2.3 与项目有关的职能

人驱动项目交付。他们通过有效率且有效果地履行项目所必需的职能来实现这一目标。与项目相关的职能可由一个人或一组人履行，也可以包含在已定义的角色中。

协调集体工作对于任何项目的成功都至关重要。有不同类型的协调以适合不同的情况。有些项目受益于去中心化的协调，在这种协调中项目团队成员会进行自组织和自管理。其他项目则受益于与指定的项目经理或类似角色领导和指导的集中化协调。有些进行集中化协调的项目也可以受益于将自组织的项目团队纳入进来，让其承担部分工作。无论如何进行协调，支持型领导模式，和项目团队与其他干系人之间有意义的持续参与才是成功取得成果的基础。

无论如何协调项目，项目团队的共同努力都能交付成果、收益和价值。项目团队可能得受到其他职能的支持，具体取决于可交付物、行业、组织和其他变量。第 2.3.1 至 2.3.8 节提供了项目中常见职能的示例，但这些示例并非完整列表。除这些职能外，可能还需要其他职能，以实现能产生预期成果的项目可交付物。项目需要、组织和环境会影响项目中使用的职能以及这些职能的执行方式。

2.3.1 提供监督和协调

具有此职能的人员通常通过精心安排项目工作，帮助项目团队实现项目目标。在项目团队内如何履行这一职能的具体情况可能因组织而异，但都可能包括领导规划、监督和控制活动。在一些组织中，这一职能可能涉及作为项目前期活动一部分的一些评估和分析活动。此职能包括监督和工作以改善项目团队成员的健康、安全和整体福祉。

协调包括咨询管理层和业务部门领导的想法，以推进目标的实现、提高项目绩效或满足客户需要。它还可以包括协助进行商业分析、招标和合同谈判以及商业论证开发。

在项目可交付物完成后，但在项目正式结束之前，监督可以参与与收益实现和维持有关的后继活动。此职能也可以为项目启动所在的项目组合和项目集提供支持。最后，需要裁剪此职能以适应组织。

2.3.2 提出目标和反馈

具有此职能的人员提供客户和最终用户的观点、见解和清晰指导。客户和最终用户并非总是同义词。本标准对客户的定义是：提出项目申请或提供项目资金的个人或群体。最终用户是将直接使用项目可交付物的个人或群体。

项目需要客户和最终用户就项目需求、成果和期望作出明确指导。在适应型和混合型项目环境中，项目更需要获得持续反馈，因为项目团队正在探索和开发特定增量中的产品要素。在某些项目环境中，客户或最终用户会参与到项目团队，以便进行定期审查和反馈。在某些项目中，客户代表会加入项目团队的工作。对客户和最终用户意见和反馈的需要取决于项目性质以及所需的指导或指引。

2.3.3 引导和支持

引导和支持的职能可能与监督和协调密切相关，具体取决于项目性质。这项工作涉及鼓励项目团队成员参与、协作以及对工作输出的共同责任感。引导这一职能有助于项目团队就解决方案达成共识，解决冲突并做出决策。项目团队还需要通过引导这一职能来协调会议并以公正的方式推动实现项目目标。

项目团队还需要通过变革为员工提供支持并帮助克服阻碍成功的障碍。这可以包括评估绩效并向个人和项目团队提供反馈，以帮助他们学习、适应和改进。

2.3.4 开展工作并贡献洞察

这一群体的人员会提供生产产品和实现项目成果所需的知识、技能和经验。工作可以在项目持续期间或有限时间内以全职或兼职方式开展，项目团队可以集中办公或以虚拟方式工作，具体取决于环境因素。有些工作可能具有高度专业性，而其他工作则可以由具有多种技能的项目团队成员完成。

从代表组织不同部门的跨职能项目团队成员获得洞察可以提供多种内部观点，与关键业务部门建立联盟，并鼓励项目团队成员成为其职能领域内的变革推动者。随着项目可交付物的实施或移交到运营，这项工作可以扩展到支持职能（在项目开展期间或结束之后）。

2.3.5 运用专业知识

具有此职能的人员会提供与项目特定主题相关的知识、愿景和专业知识。他们会在整个组织内提供建议和支持，并为项目团队的学习过程和工作准确性做出贡献。这些人员可以是组织外部人员，也可以是内部项目团队成员。在整个项目期间或特定时间范围内都可能需要这些人员。

2.3.6 提供业务方向和洞察

具有此职能的人员会指导并澄清项目方向或产品成果。此职能涉及根据商业价值、依赖关系以及技术或运营风险来确定需求或待办事项的优先级。具有此职能的人员向项目团队提供反馈，并为要开发或交付的下一个增量或要素设定方向。此职能涉及与其他干系人、客户及其项目团队互动，以定义产品方向。此职能的目标是使项目可交付物的价值最大化。

在适应型和混合型环境中，可以使用特定的节奏提供方向和洞察。在预测型环境中，可以设定指定的检查点来呈现项目进展并提供有关项目进展的反馈。在某些情况下，业务方向可以与资金提供职能和资源提供职能相互影响。

2.3.7 提供资源和方向

具有此职能的人员会推动项目的开展，并向项目团队和更广泛的干系人群体沟通组织的愿景、目标和期望。他们是项目和项目团队的倡导者，帮助获得项目活动得以推进所需的决策、资源和职权。

具有此职能的人员充当高级管理层和项目团队之间的联络人，在使项目与商业目标保持一致方面发挥支持作用，消除障碍并解决项目团队决策权范围之外的问题。具有此职能的人员为项目团队无法自行解决或管理的问题或风险（例如资金或其他资源短缺或无法满足的截止日期）提供升级上报路径。

此职能可以识别项目中出现的机会并将这些机会沟通给高级管理层，从而促进创新。具有此职能的人员可以在项目收尾后监督项目成果，以确保实现预期的商业收益。

2.3.8 维持治理

履行治理职能的人员会批准并支持项目团队提出的建议，并监督项目在实现预期成果方面的进展。他们会维持项目团队与战略或商业目标之间的联系，而这些目标在项目过程中可能会发生变化。

2.4 项目环境

项目在内部和外部环境中存在和运作，这些环境对价值交付有不同程度的影响。内部和外部环境可能会影响规划和其他项目活动。这些影响可能会对项目特征、干系人或项目团队产生有利、不利或中性的影响。

2.4.1 内部环境

组织的内部因素可能来自组织自身、项目组合、项目集、其他项目或这些来源的组合。它们包括工件、实践或内部知识。知识包括从先前项目吸取的经验教训和已完成的工件。示例包括（但不限于）：

- **过程资产。**过程资产可能包括工具、方法论、方法、模板、框架、模式或 PMO 资源。
- **治理文件。**此文件包括政策和流程。
- **数据资产。**数据资产可能包括以前项目的数据库、文件库、度量指标、数据和工件。
- **知识资产。**知识资产可能包括项目团队成员、主题专家和其他员工的隐性知识。
- **安保和安全。**安保和安全措施可能包括针对设施访问、数据保护、保密级别和专有秘密的程序和实践。
- **组织文化、结构和治理。**组织的这些方面包括愿景、使命、价值观、信念、文化规范、领导力风格、等级制度和职权关系、组织风格、道德和行为规范。
- **设施和资源的地理分布。**这些资源包括工作地点、虚拟项目团队和共享系统。
- **基础设施。**基础设施包括现有设施、设备、组织和电信通道、信息技术硬件、可用性和功能。
- **信息技术软件。**示例包括进度计划软件、配置管理系统、在线自动化系统的网络接口、协作工具和工作授权系统。
- **资源可用性。**示例包括签订合同和采购制约因素、获得批准的供应商和分包商以及合作协议。与人员和材料相关的可用性包括签订合同和采购制约因素、获得批准的供应商和分包商，以及时间线。
- **员工能力。**示例包括通用和专门的专业知识、技能、能力、技术和知识。

2.4.2 外部环境

组织的外部因素可能会增强、限制项目成果或对项目成果产生中性影响。示例包括（但不限于）：

- **市场条件。**市场状况包括竞争对手、市场份额、品牌认知度、技术趋势和商标。
- **社会和文化影响与问题。**这些因素包括政治气候、地域风俗和传统、公共假日和事件、行为规范、道德和观念。
- **监管环境。**监管环境可能包括与安全性、数据保护、商业行为、雇佣、许可和采购相关的全国性和地区性法律和法规。
- **商业数据库。**数据库包括标准化的成本估算数据和行业风险研究信息。
- **学术研究。**此研究可包括行业研究、出版物和标杆对照结果。
- **行业标准。**这些标准与产品、生产、环境、质量和工艺有关。
- **财务考虑因素。**这些考虑因素包括汇率、利率、通货膨胀、税收和关税。
- **物理环境。**物理环境与工作条件和天气有关。

2.5 产品管理考虑因素

项目组合、项目集、项目和产品管理等领域的相互关联性正逐渐加强。虽然项目组合、项目集和产品管理超出了本标准的范围，但了解各个领域及其之间的关系可为可交付物为产品的项目提供有用的背景。

产品是指可以量化的生产出的工件，既可以是最终制品，也可以是组件制品。产品管理涉及将人员、数据、过程和业务系统整合，以便在整个产品生命周期中创建、维护和开发产品或服务。产品生命周期是指一个产品从概念、交付、成长、成熟到衰退的整个演变过程的一系列阶段。

产品管理可以在产品生命周期的任何时间点启动项目集或项目，以创建或增强特定组件、职能或功能（参见图 2-4）。初始产品开始时可以是项目集或项目的可交付物。在整个生命周期中，新的项目集或项目可能会增加或改进为客户和发起组织创造额外价值的特定组件、属性或功能。在某些情况下，项目集可以涵盖产品或服务的整个生命周期，以便更直接地管理收益并为组织创造价值。

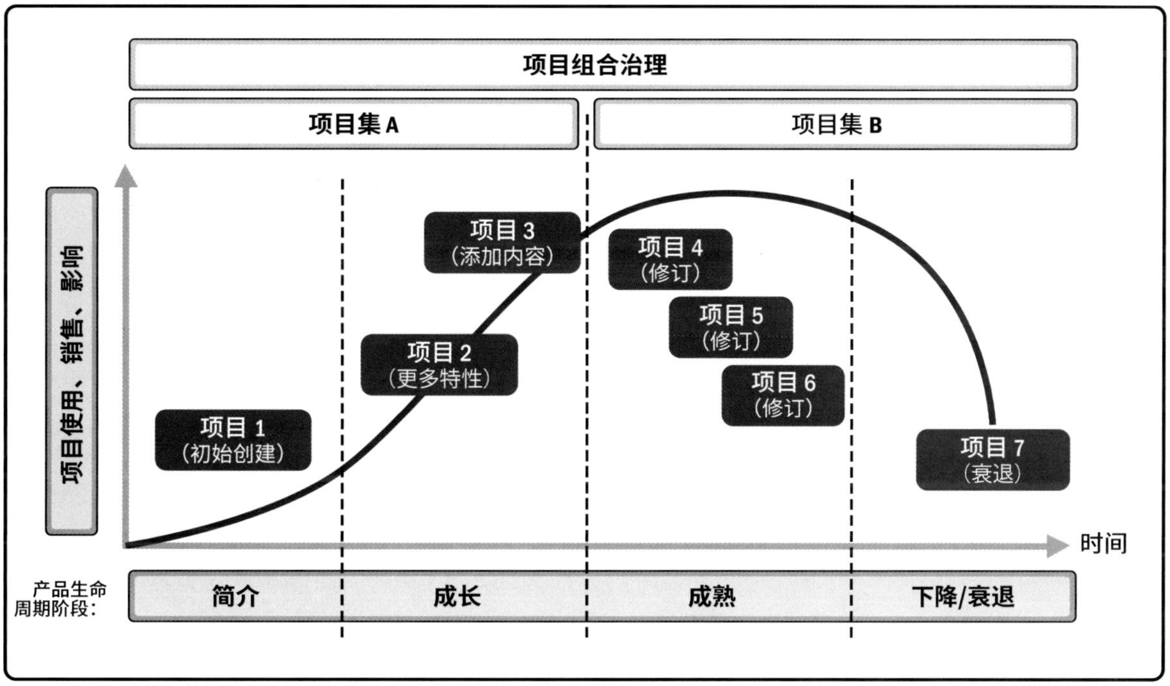

图 2-4. 产品生命周期范例

产品管理可以表现为不同的形式 — 包括（但不限于）：

- **产品生命周期中的项目集管理。**这种方法包括相关项目、子项目集和项目集活动。对于规模很大或长期运作的产品，一个或多个产品生命周期阶段可能非常复杂，因此值得需要一系列协同运作的项目集和项目。
- **产品生命周期中的项目管理。**这种方法将产品功能的开发和成熟作为持续的业务活动进行监督。项目组合治理会根据需要特许设立单个个别项目，以执行对产品的增强和改进，或产生其他独特成果。
- **项目集内的产品管理。**这种方法会在给定项目集的范围内应用完整的产品生命周期。为了获得产品的特定收益，将特许设立一系列子项目集或项目。我们可以通过应用产品管理能力（例如竞争分析、客户获取和客户利益代言）增强这些收益。

虽然产品管理是一个单独的领域，有着自己的知识体系，但它是项目集管理和项目管理这两个领域中的一个关键整合点。可交付物包含产品的项目集和项目会使用一种经裁剪的综合方法，这种方法包含所有相关知识体系及其相关实践、方法和工件。

3

项目管理原则

对某一职业来说，原则是战略、决策和问题解决的基本指导准则。专业标准和方法论往往以原则为基础。在某些职业中，原则起着法律或规则的作用，因此具有规范性。项目管理的原则在本质上不是规定性的。它们旨在指导项目参与者的行为。这些原则有着广泛的基础，因此个人和组织可以通过多种方式与这些原则保持一致性。

原则可以，但不是必须反映公共道德。职业道德规范与公共道德有关。某一人员或职业可以采用职业道德规范来确立对公共道德行为的期望。*《PMI 道德与专业行为规范》*[2] 确定了项目管理界最重要的四项价值观的基础：

- 责任；
- 尊重；
- 公平；
- 诚实。

项目管理的 12 项原则与*《PMI 道德与专业行为规范》*中确定的价值观一致。它们形式不同，互不重叠；相反，这些原则和*《道德规范》*互为补充。

项目管理的原则是通过让全球项目从业者社区参与来确定和制定的。从业者代表着不同的行业、文化背景和组织，他们承担着不同的角色，拥有处理各种项目的经验。经过多轮反馈形成的 12 项原则为有效的项目管理提供了指导。

由于项目管理原则提供了指导，这些原则的应用程度及其应用方式受到组织、项目、可交付物、项目团队、干系人和其他因素影响。这些原则彼此具有一致性，这意味着没有任一原则与其他原则相抵触。但在实践中，这些原则可能会重叠。例如，关于驾驭复杂性的指导可以提供有助于识别、评估和响应系统交互或优化风险应对的信息。

项目管理原则也可能与通用管理原则有重叠之处。例如，项目和企业通常都聚焦于交付价值。这些方法在项目中可能与在运营中有所不同，但聚焦于价值相关的基本原则对两者均可适用。图 3-1 显示了这种重叠。

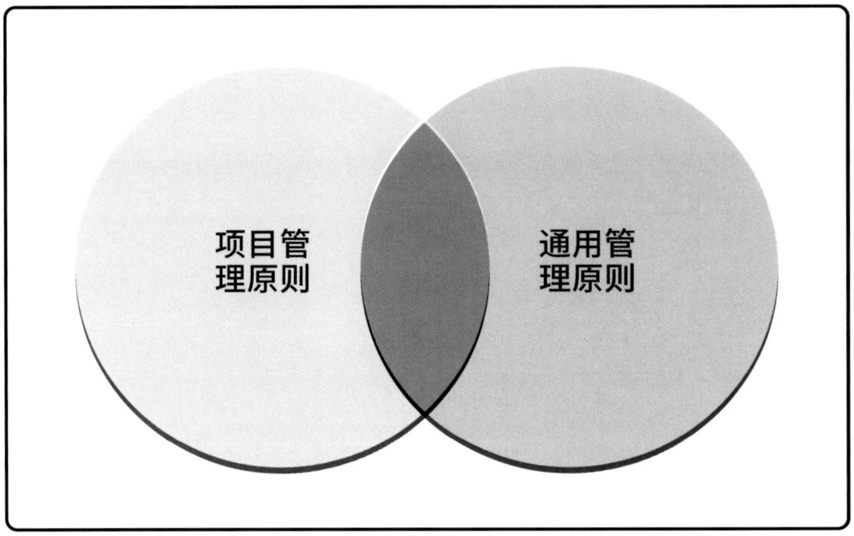

图 3-1. 项目管理原则与通用管理原则的重叠

此处列出的原则标签没有任何特定的权重或顺序。关于原则声明的介绍和描述详见第 3.1 节至第 3.12 节。每一节都以一张图开始，该图的顶部是原则标签，该标签下方是原则和关键点。在该图后面是对每一项原则的详细阐述。原则标签是：

- 成为勤勉、尊重和关心他人的管家（请参阅第 3.1 节）。
- 营造协作的项目团队环境（请参阅第 3.2 节）。
- 有效的干系人参与（请参阅第 3.3 节）。
- 聚焦于价值（请参阅第 3.4 节）。
- 识别、评估和响应系统交互（请参阅第 3.5 节）。
- 展现领导力行为（请参阅第 3.6 节）。
- 根据环境进行裁剪（请参阅第 3.7 节）。
- 将质量融入到过程和可交付物中（请参阅第 3.8 节）。
- 驾驭复杂性（请参阅第 3.9 节）。
- 优化风险应对（请参阅第 3.10 节）。
- 拥抱适应性和韧性（请参阅第 3.11 节）。
- 为实现预期的未来状态而驱动变革（请参阅第 3.12 节）。

3.1 成为勤勉、尊重和关心他人的管家

管家精神

在遵守内部和外部准则的同时，管家应以负责任的方式行事，以正直、关心和可信的态度开展活动。他们应对其所支持的项目的财务、社会和环境影响做出广泛承诺。

- 管家精神包括在组织内部和外部的职责。
- 管家精神包括：
  - 正直；
  - 关心；
  - 可信；
  - 合规。
- 秉持整体观的管家精神会考虑财务、社会、技术和可持续的环境意识。

图 3-2. 成为勤勉、尊重和关心他人的管家

在不同的环境中，管家精神的含义和应用会略有不同。管家精神的一个方面涉及被委托看管某项事物。另一个方面侧重于以负责任的方式规划、使用和管理资源。还有另一个方面是维护价值观和道德。

管家精神包括在组织内部和外部的职责。在组织内，管家精神包括：

- 运营时要做到与组织及其目标、战略、愿景、使命保持一致并维持其长期价值；
- 向项目团队成员做出承诺，在与他们互动时尊重他们，包括在薪酬、获得机会和公平对待方面；
- 勤勉地督项目中使用的组织资金、材料和其他资源；
- 了解职权、担责和职责的运用是否适当，特别是在领导岗位上。

组织外部的管家精神包括以下领域的职责：

- 环境可持续性以及组织对材料和自然资源的使用；
- 组织与外部干系人（例如其合作伙伴和渠道）的关系；
- 组织或项目对市场、社会和经营所在地区的影响；
- 提升专业行业的实践水平。

管家精神反映了对信任的理解和接受度以及产生和维持信任的行动和决策。管家既需遵守明确的职责，也需要遵守隐含的职责。这些职责可能包括以下方面：

- **诚信。**管家在所有参与和沟通中都应做到诚实且合乎道德。管家需秉持最高标准，并反映组织员工所应坚守的价值观、原则和行为。管家作为楷模，并通过在其互动、工作活动和决策中践行和展现个人和组织价值观来建立信任。在项目管理背景下，这一职责通常要求管家建议团队成员、同职级人员和其他干系人考虑他们的言行、展现同理心、进行自我反思并乐于接受反馈。

- **关心。**管家是其主管的组织事务的受托人，他们会认真监督这些事务。绩效较高的项目的专业人员总是会在严格规定的责任范围外认真监督这些事务。管家需密切关注这些事务，且需达到对个人事务相同的关心程度。"关心"涉及与组织内部业务相关的事务。组织政策和原则应反映对环境和自然资源可持续利用的关心以及对全球共众状况的关切。

  项目带来的变化可能会有意想不到或不想要的后果。项目从业者应识别、分析和管理项目结果的潜在负面影响，以便干系人注意到并告知相关情况。

  "关心"包括营造透明的工作环境、开放的沟通渠道以及让干系人有机会在不受惩罚或不害怕遭到报复的情况下提出顾虑。

- **可信。**管家需在组织内外准确地说明自己的身份、角色、所在项目团队及其职权。这种行为使人们能够了解个人在多大程度上可以投入资源、做出决策或批准某件事。可信还要求个人主动识别个人利益与其组织或客户利益之间的冲突。此类冲突可能会削弱信任和信心，导致不道德或非法行为，造成混乱或导致未达最佳标准的成果。管家需保护项目免受此类失信行为的影响。
- **合规。**管家需遵守其组织内外得到适当授权的法律、规则、法规和要求。但高绩效项目会寻求通过各种方法将合规性更充分地融入项目文化，从而与可能相互冲突的各种准则更好地保持一致性。管家需努力遵守旨在保护他们及其组织、干系人和广大公众的准则。如果管家在行动或计划是否符合既定准则方面遇到了相互冲突的准则或问题，他们需要寻求适当的建议和指导。

管家精神需要以透明且可信赖的方式进行领导。项目会影响到交付项目的人员以及受项目可交付物和成果影响的人员的生活。项目可以产生某些效果，例如缓解交通堵塞、生产新药物或为人们创造互动机会。这些效果可能会产生负面的影响和后果，例如绿地减少、药物副作用或个人信息遭到泄露。项目团队及其所在组织的领导应仔细考虑这些因素和影响，以便他们可以通过权衡组织和项目目标与全球干系人更大的需求和期望来做出负责任的决策。

越来越多的组织从整体角度看待业务，它们会同时而不是按顺序考虑财务、技术、社会和环境绩效。由于世界现在比以往任何时候都更加相互关联，而且面临有限的资源和共同的环境，因此管家精神决策会有超出项目之外的结局。

3.2 营造协作的项目团队环境

团队

项目团队由具有多样的技能、知识和经验的个人组成。与独自工作的个人相比，协同工作的项目团队可以更有效率且有效果地实现共同目标。

- 项目是由项目团队交付的。
- 项目团队在组织和职业文化和准则的范围内开展工作，通常会建立自己的“本地”文化。
- 协作的项目团队环境有助于：
  - 与其他组织文化和准则保持一致；
  - 个人和团队的学习和发展；
  - 为交付期望成果做出最佳贡献。

图 3-3. 营造协作的项目团队环境

营造协作的项目团队环境涉及多个促成因素，例如团队共识、组织结构和过程。这些因素支持一种使个人能够共同工作并通过互动产生协同效应的文化。

- **团队共识。**团队共识是一套行为限制和工作规范，由项目团队制定，并通过个人和项目团队的承诺予以维护。团队共识应在项目开始时形成；随着项目团队继续合作并确定继续成功合作所需遵守的规范和所需实施的行为，团队共识会不断演变。

- **组织结构。**项目团队会使用、裁剪和实施有助于协调与项目工作相关的个人工作的结构。组织结构是指项目工作要素和组织过程之间的任何安排或关系。

  这些结构可以基于角色、职能或职权。它们可被定义为项目的外部结构，是为了适应项目环境而经过裁剪，或者为了满足独特的项目需要而新设计的。权威人士可能会正式要求建立一种结构，或者项目团队成员可能会根据组织结构为其设计做出贡献。

  可以提升协作水平的组织结构的示例包括（但不限于）：

  - 确定角色和职责；
  - 将员工和供应商分配到项目团队；
  - 被委以特定目标的正式委员会；
  - 定期审核特定主题的站会。

- **过程。**项目团队会定义能够完成任务和所分配工作的过程。例如，项目团队可能会使用工作分解结构 (WBS)、待办事项列表或任务板对某一分解过程表示同意。

项目团队受到参与项目的组织的文化、项目性质以及它们运作所处的环境的影响。在这些影响的熏陶下，项目团队会建立自己的团队文化。项目团队可以对其结构进行裁剪，以最有效地实现项目目标。

通过营造包容和协作的环境，知识和专业知识可以更自由地交流，这反过来可使项目实现更好的结果。

角色和职责明晰可以改善团队文化。在项目团队中，特定任务可以被委派给个人，也可以由项目团队成员自行选择。这包括与任务相关的职权、责任和职责：

- **职权。**是指在特定情况下有权做出相关决策、制定或改进程序、应用项目资源、支出资金或给予批准的状况。职权被从一个实体授予（无论是明示授予，还是默示授予）另一个实体。
- **担责。**是指对成果负责的状况。担责不能由他人分担。
- **职责。**有义务开展或完成某件事的状况。职责可与他人共同履行。

无论谁应为特定项目工作承担责任，而且无论谁负有开展特定项目工作的职责，协作的项目团队都会对项目成果共同负责。

多元化的项目团队可以将不同的观点汇集起来，丰富项目环境。项目团队可以由组织内部员工、签约贡献者、志愿者或外部第三方组成。此外，一些项目团队成员是短期加入项目，就具体的可交付物开展工作，而其他成员则是更长期地参与项目。将这些人与项目团队整合起来对所有相关人员都是一种挑战。团队成员相互尊重的团队文化允许团队内部存在差异，并力图找到有效利用差异的方法；这种文化鼓励团队成员通过有效的方式管理冲突。

协作的项目团队环境的另一个方面是，作为项目团队和组织内部专业工作一部分的实践标准、道德规范和其他准则都会被包含进来。项目团队会考虑这些指南如何为其工作提供支持，以避免各领域之间可能发生的冲突；项目团队还会考虑他们所使用的既定准则。

协作的项目团队环境可促进信息和个人知识的自由交流。这反过来又可在交付成果的同时促进共同学习和个人发展。协作的项目团队环境使每个人都能尽最大努力为组织交付期望的成果。反过来，组织将从尊重和增强其基本价值观、原则和文化的可交付物和成果中受益。

3.3 与干系人有效互动

干系人

积极主动地让干系人参与进来，使他们的参与达到促使项目成功和提高客户满意度所需的程度。

- 干系人会影响项目、绩效和成果。
- 项目团队通过与其他干系人参与互动为他们服务。
- 干系人参与可对价值交付起到积极的推动作用。

图 3-4.与干系人有效互动

干系人可能是能影响项目组合、项目集或项目的决策、活动或成果的个人、群体或组织，以及会受或自认为会受这些决策、活动或成果影响的个人、群体或组织。干系人还以积极或消极的方式直接或间接影响项目、其绩效或成果。

干系人可以影响项目的许多方面，包括（但不限于）：

- *范围/需求* — 通过表明需要增加、调整或删除范围和/或项目需求的要素；
- *进度* — 通过提出加快交付的想法，或放慢或停止交付关键项目活动；
- *成本* — 通过帮助减少或取消计划支出，或者增加会提高成本或需要额外资源的步骤、需求或限制；
- *项目团队* — 通过限制或允许接触具备交付预期成果所需技能、知识和经验并可推动学习型文化的人员；
- *计划* — 通过为计划提供信息，或倡导对商定的活动和工作作出变更；
- *成果* — 通过开展或阻止实现为期望成果所需的工作；
- *文化* — 通过建立或影响甚至定义项目团队和更广泛组织参与的程度和特点；
- *收益实现* — 通过制定和确定长期目标，从而使项目交付预期的确定价值；
- *风险* — 通过界定项目的风险临界值，并参与后续的风险管理活动；
- *质量* — 通过识别和要求提供质量需求；
- *成功* — 通过定义成功因素并参与对成功的评估。

在项目的整个生命周期内，干系人可能会参与进来，也可能会退出。此外，随着时间的推移，干系人的利益、影响或影响程度可能也会有所变化。干系人 — 特别是那些影响力高且对项目持不赞同或中立观点的干系人 — 需要有效地参与进来，以便项目团队了解他们的利益、顾虑和权利。然后，项目团队可以通过有效参与和支持来应对这些顾虑，这样就可能会实现成功的项目成果。

从项目开始到结束，识别、分析并主动争取干系人参与有助于项目取得成功。

项目团队是一组干系人。这些干系人会与其他干系人互动，以理解、思考、沟通并回应他们的利益、需要和意见。

有效果且有效率的参与和沟通包括确定干系人想要或应该进行参与的方式、时间、频率和情形。沟通是参与的关键部分；但深入的参与可让人了解他人的想法，吸收其他观点以及协同努力制定共同的解决方案。参与包括通过频繁的双向沟通建立和维持牢固的关系。它鼓励通过互动会议、面对面会议、非正式对话和知识共享活动进行协作。

干系人互动在很大程度上依赖于人际关系技能，包括积极主动、正直、诚实、协作、尊重、同理心和信心。这些技能和态度可以帮助每个人适应工作和彼此适应，从而增加成功的可能性。

参与有助于项目团队发现、收集和评估信息、数据和意见。这可形成共识和一致性，从而实现项目成果。此外，这些活动还有助于项目团队对项目进行裁剪，以识别、调整和应对不断变化的环境。

在整个项目进行期间，项目团队会积极与其他干系人互动，以最大限度地减少潜在负面影响并最大限度地发挥积极影响。除了提高干系人满意度外，干系人的参与还使项目团队有机会取得更出色的项目绩效和成果。最后，其他干系人的参与有助于项目团队找到更能为更广泛的干系人接受的解决方案。

3.4 聚焦于价值

价值

对项目是否符合商业目标以及预期收益和价值持续进行评估并作出调整。

- 价值是项目成功的最终指标。
- 价值可以在整个项目进行期间、项目结束时或项目完成后实现。
- 价值以及对价值具有促进作用的收益可以从定性和/或定量的角度来定义。
- 聚焦于成果可使项目团队能够支持创造价值的预期收益。
- 项目团队评估进展并进行适应性调整，从而使期望的价值最大化。

图 3-5. 聚焦于价值

价值（包括从客户或最终用户的角度看的成果）是项目的最终成功指标和驱动因素。价值聚焦于可交付物的成果。项目的价值可以表示为对发起组织或接收组织的财务贡献。价值可以是对所取得的公共利益的测量，例如，社会收益或客户从项目结果中所感知到的收益。当项目是项目集的组件时，项目对项目集成果的贡献可以表示为价值。

许多项目（尽管不是所有项目）都是基于商业论证而启动。也可能由于任何确定的交付需要，或者修改流程、产品或服务（如合同、工作说明书或其他文件）的需要而启动项目。在所有情况下，项目的目的就是提供预期成果，该成果通过有价值的解决方案满足需要。商业论证可以包含有关战略一致性、风险敞口评估、经济可行性研究、投资回报率、预期关键绩效测量、评估和替代方法的信息。商业论证可以从定性或定量的方面，或者同时从这两方面来说明项目成果的预期价值贡献。商业论证至少包含以下支持性和相互关联的要素：

- **商业需要。**商业为项目提供理由，并解释为什么开展该项目。它源于初步的商业需求，这些需求反映在项目章程或其他授权文件中。它提供了有关商业目的和目标的详细信息。商业需要可能针对执行组织、客户组织、组织的合伙方业或公共福利。明确说明商业需要有助于项目团队了解未来状态的商业驱动因素，并使项目团队能够识别机会或问题，从而提高项目成果的潜在价值。
- **项目理由。**项目理由与商业需要相关。它解释了为什么商业需要值得投资以及为什么在此时应该满足商业需要。项目理由会附有成本收益分析和假设条件。
- **商业战略。**商业战略是开展项目的原因，所有需要都与实现价值的战略相关。

除了收益和可能的协议之外，商业需要、项目理由和商业战略一起为项目团队提供信息，使他们能够做出知情决策，以达到或超过预期的商业价值。

在整个项目期间，应清晰描述、以迭代方式评估并更新期望成果。在项目生命周期内，项目可能会发生变更，然后项目团队会作出应对调整。项目团队会根据期望的输出、基准和商业论证不断评估项目进展情况和方向，以确定该项目仍与商业需要保持一致，并将交付预期成果。另外，干系人可以更新商业论证以获取机会，或者将项目团队和其他干系人确定的问题最小化。如果项目或其干系人不再与商业需要保持一致，或者如果项目似乎不可能提供预期价值，则组织可以选择终止此项投入。

价值是指某种事物的作用、重要性或可用性。价值具有主观性，从某种意义上说，同一个概念对于不同的人和组织具有不同的价值。之所以会发生这种情况，是因为所谓的收益取决于组织战略，包含从短期财务收益、到长期收益，甚至是非财务要素。由于所有项目都有一系列干系人，因此必须考虑为每个干系人群体产生的不同价值，并将这些价值与整体价值进行平衡，同时优先考虑客户价值。

在某些项目的背景下，可能存在不同形式的价值工程，它们可最大限度地提高为客户、执行组织或其他干系人产生的价值。这方面的一个示例包括在可接受的风险敞口的情况下交付所需的功能和质量水平，同时尽可能少地使用资源，并避免浪费。有时，特别是在没有预先确定的固定范围的适应型项目中，项目团队可以与客户共同努力，确定哪些功能值得投资，哪些功能可能缺乏足够的价值，无需增加到输出之中，从而优化价值。

为了支持从项目中实现价值，项目团队可将重点从可交付物转到预期成果。这样做可以让项目团队实现项目的愿景或目标，而不是简单地创建特定可交付物。虽然可交付物可能会支持预期的项目成果，但它可能无法完全实现项目的愿景或目标。例如，客户可能需要某一特定的软件解决方案，因为他们认为该解决方案可以满足提高生产力这一商业需要。软件是项目的输出，但软件本身并不能实现预期的生产力成果。在这种情况下，增加一项新的可交付物，即提供软件使用培训和辅导，就可以实现更好的生产力成果。如果项目的输出未能提高生产力，干系人可能会认为项目已经失败。因此，项目团队和其他干系人都了解可交付物及其预期成果。

项目工作的价值贡献可能是一种短期或长期的测量。由于价值贡献可能与运营活动的贡献相混合，因此很难将其分开。当项目是项目集的一个组件时，也可能需要在项目集层级对价值作出评估，以便以适当的方式对项目进行指导。针对价值的可靠评估具有如下特点，即它会考虑项目输出的整个背景和整个生命周期。可靠的价值评估应考虑项目输出的整体背景和整个生命周期。虽然价值会随着时间的推移而实现，但有效的过程可以帮助早日实现收益。通过有效率且有效果地实施项目，项目团队可以展示或实现诸如优先交付、更好的客户服务或改善工作环境等成果。通过与负责将项目可交付物投入使用的组织领导者合作，项目领导者可以确保可交付物能够实现所计划的成果。

3.5 识别、评估和响应系统交互

系统思考

从整体角度识别、评估和响应项目内部和周围的动态环境，从而积极地影响项目绩效。

- 项目是由多个相互依赖且相互作用的活动域组成的一个系统。
- 系统思考需要从整体角度了解项目的各个部分如何相互作用以及如何与外部系统交互。
- 系统不断变化，需要始终关注内部和外部条件。
- 项目团队应该对系统交互作出响应，从而允许项目团队充分利用积极的成果。

图 3-6. 识别、评估和响应系统交互

*系统*是一组相互作用且相互依赖的组件，它们作为一个统一的整体发挥作用。从整体角度看，项目是一个多层面的实体，存在于动态环境中，可展现系统的各种特征。项目团队应该承认这种项目的整体观，将项目视为一个具有自己工作部件的系统。

一个项目可在其他较大的系统中运作，一个项目可交付物可成为一个旨在实现收益的较大系统的部件。例如，项目可能是某一项目集的一个部件，而该项目集又可能是某一项目组合的一个部件。这些相互关联的结构称为*系统体系*。项目团队需要平衡由内向外和由外向内的视角，以支持整个系统体系保持一致性。

项目可能还包含有效整合所需的子系统，以交付预期成果。例如，当单个项目团队开发某一可交付物的单独组件时，所有组件都应有效地整合起来。这就要求项目团队定期互动并使子系统的工作保持一致。

系统还需要考虑系统的时序要素，例如随着时间的推移项目将会交付或实现什么。例如，如果项目可交付结果以增量方式发布，则每个增量都会扩展以前版本的累积成果。项目团队应考虑从项目结束后到项目可交付物达到运营状态，以便实现预期成果。

随着项目的开展，内部和外部条件会不断变化。单个变更可能会产生多种影响。例如，在大型施工项目中，需求的变更可能会导致与主要承包商、分包商、供应商或其他人的合同发生变更。反过来，这些变更也会对项目成本、进度、范围和绩效产生影响。这些变更随后可能会调用变更控制协议，以获得外部系统中实体（如服务提供商、监管机构、金融机构和政府机构）的批准。

虽然可以提前预测某些变更，但在项目生命周期内可能影响项目的许多变更都是实时出现的。借助系统思考，包括对内部和外部条件的持续关注，项目团队可以驾驭广泛的变更和影响，以使项目与有关干系人保持一致。

系统思考也适用于项目团队如何看待自身及其在项目系统内的互动。项目系统通常将一个多样性的项目团队聚集在一起，为共同目标而努力。这种多样性给项目团队带来了价值，但他们需要考虑如何有效利用这些差异，以便项目团队能够紧密协作。例如，如果一个政府机构与一家私营公司签订了开发新技术的合同，开发团队可能由两个组织的项目团队成员组成。这些项目团队成员可能具有相应的假设、工作方式和思维模式，这些内容与团队成员在原有组织内如何运作有关。在这一新的项目系统中（该系统将私人公司和政府机构的文化结合起来），项目团队成员可以建立一种综合性的团队文化，从而形成共同的愿景、语言和工具集。这可以帮助项目团队成员有效参与并做出贡献，并有助于提高项目系统正常运作的概率。

由于各个系统之间的这种交互性，项目团队在开展工作时应意识到并警惕不断变化的系统动态。以下技能支持项目的系统视角：

- 对商业领域具有同理心；
- 关注大局的批判性思维；
- 挑战假设和思维模式；
- 寻求外部审查和建议；
- 使用整合的方法、工件和实践，以便对项目工作、可交付物和成果达成共识；
- 使用建模和情景来设想系统动力如何互动和反应；
- 主动管理整合，以帮助实现商业成果。

识别、评估和响应系统交互可带来以下积极成果：

- 及早考虑项目中的不确定性和风险，探索替代方案并考虑意外后果；
- 在整个项目生命周期内调整假设和计划的能力；
- 持续提供信息和洞察，以说明规划和交付情况；
- 向有关干系人清晰沟通计划、进展和预测；
- 使项目目的、目标与客户组织的目的、目标和愿景保持一致；
- 能够适应项目可交付物的最终用户、发起人或客户不断变化的需要；
- 能够看到协调一致的项目或举措之间的协同作用和带来的节约；
- 能够利用未获取的机会，或看到其他项目或举措面临或构成的威胁；
- 对最佳项目绩效测量及其对项目参与人员行为的影响作出澄清；
- 使整个组织受益的决策；
- 更全面、更明智地识别风险。

3.6 展现领导力行为

领导力

展现并调整领导力行为，为个人和团队的需要提供支持。

- 有效的领导力有助于项目取得成功，且有助于项目取得积极成果。
- 任何项目团队成员都可以表现出领导力行为。
- 领导力与职权不同。
- 有效的领导者会根据情境调整自己的风格。
- 有效的领导者会认识到项目团队成员之间的动机差异。
- 领导者应在以诚实、正直和道德行为规范方面展现出期望的行为。

图 3-7.展现领导力行为

项目创造了有效领导力的独特需要。有别于通用业务运营（角色和职责通常已经确定并保持一致），项目通常涉及多个组织、部门、职能或供应商，他们会不定期互动。此外，项目的利害关系和期望可能高于常规的运营职能。因此，更广泛的经理、高管、资深贡献者和其他干系人会试图影响项目。这往往造成更大程度的困惑和冲突。因此，与大多数项目相比，高绩效项目会更频繁地，并会有更多的人表现出有效的领导力行为。

优先考虑愿景、创造力、激励、热情、鼓励和同理心的项目环境可以支持更好的成果。这些特质往往与领导力有关。领导力包括对项目团队内外的个人施加影响以便实现预期成果的态度、才能、性格和行为。

领导力并非任何特定角色所独有。高绩效项目可能会有多名成员表现出有效的领导力技能，例如项目经理、发起人、干系人、高级管理层甚至项目团队成员。任何开展项目工作的人员都可以展现有效的领导力特质、风格和技能，以帮助项目团队执行和交付所要求的结果。

必须指出的是，当太多的参与者试图在多个、不一致的方向上施加项目影响时，可能会出现更多的冲突和困惑。但是，高绩效的项目会表现出一种由更多影响者组成的看似矛盾的联合体，每位影响者以互补的方式贡献更多的领导力技能。例如：如果发起人清楚地说明了优先级，那么技术主管就会开启关于交付选项的讨论，在该讨论中，个人贡献者会坚定地陈述利弊，直到项目经理使对话达成策略共识。成功的领导力使人能够在任何情况下影响、激励、指导和辅导他人。它还包含了源自组织的文化和实践的很多特征。

领导力不应与*职权*混淆，后者是指向组织内人员赋予控制地位，以促进其以有效果和有效率的方式全面履行职能。职权是指行使权力的权利。职权通常通过正式手段（例如章程文件或指定的职务）授予某人。然后，此人即可拥有可表明其职权的某种角色或职位。职权是指对特定活动、个人行为或在某些情况下的决策承担责任。虽然个人可利用自己的职权来影响、激励、指导他人，或在他人未按要求或指示行事时采取行动，但这与领导力不同。例如，组织的高管可能授予某人组建项目团队以交付某项成果的职权。然而，仅仅拥有职权是不够的。需要领导力来激励团队实现共同目标，影响他们调整个人利益以支持集体努力，取得项目团队成功而非个人成功。

有效的领导力会借鉴或结合各种领导力风格的要素。根据记载，有各种各样的领导力风格，从专制型、民主型、放任型、指令型、参与型、自信型、支持型到共识型等。在所有这些领导力风格中，没有一种领导力风格已被证明是公认为最好或得到普遍推荐的方法。相反，有效的领导力只有在最适合的特定情况时才会表现出来。例如：

- 在混乱无章的时刻，指令型的行动比协作型问题解决更清晰、更有推动力。
- 对于拥有高度胜任且敬业员工的环境，授权比集中式协调更富有成效。

当这些高级经理的优先事项发生冲突时，中立的引导要比提出详细建议更有帮助。有效的领导力技能是可以培养的，也可以学习和发展的，可成为个人的专业资产，为项目及其干系人带来收益。高绩效的项目显示出一种持续改进的普遍模式，该模式往下直至个人层面。项目团队成员通过增加或实践各种技能或技术的组合，以加深领导力智慧，具体方法包括（但不限于）：

- 让项目团队聚焦于商定的目标；
- 阐明项目成果的激励性愿景；
- 为项目寻求资源和支持；
- 就最好的前进方式达成共识；
- 克服项目进展的障碍；
- 协商并解决项目团队内部以及项目团队与其他干系人之间的冲突；
- 调整沟通风格和消息传递方式，使之与受众相关；
- 辅导和指导项目团队成员；
- 欣赏并奖励积极行为和贡献；
- 为技能增长和发展提供机会；
- 引导协同决策；
- 运用有效对话和积极倾听；
- 向项目团队成员赋能并向他们授予职责；
- 建立勇于担责、有凝聚力的项目团队；
- 对项目团队和干系人的观点表现出同理心；
- 对自己的偏见和行为有自我意识；
- 在项目生命周期内管理和适应变革；
- 通过承认错误，促进快速失败/快速学习的思维方式；
- 就期望的行为进行角色示范。

领导者的个人性格很重要。一个人可能具有很强的领导力技能，但随后会因给人留下自私自利或不可信赖的感觉而使其影响力受到削弱。有效的领导者寻求成为在诚实、正直和合乎道德行为方面的角色楷模。有效的领导者聚焦于保持透明，行为无私，并能够寻求帮助。有效的领导者明白，项目团队成员会仔细审视并仿效领导者所展现的价值观、道德和行为。因此，领导者还有额外的职责，即通过自身的行动展示期望的行为。

当领导者了解激励他人的因素时，项目会达到最佳的运作状态。当项目团队成员展现出符合干系人特定需要和期望的适当领导力特质、技能和特征时，项目团队就可以蓬勃发展。应了解如何以最佳方式与他人沟通、激励他人或者在必要时采取行动，这样有助于提高项目团队绩效并应对项目取得成功所面临的障碍。当一个项目中有多人发挥领导力时，这种领导力可以促使大家对项目目标担起共同的责任，而这反过来又可以促进营造健康和充满活力的环境。激励因素包括资金、认可、自主权、令人无法抗拒的目的、成长机会和个人贡献等动力。

有效的领导力有助于项目取得成功，且有助于项目取得积极成果。在领导有方的项目中，单个项目团队、项目团队成员和其他干系人都会积极参与其中。每名项目团队成员都会心系共同的愿景，努力实现共享的成果，从而聚焦于交付结果。有效的领导力对于帮助项目团队维护有道德的且易于适应的环境至关重要。

此外，各干系人可以根据被委派的职责和职权来履行商业义务。共享型领导力不会削弱或减少组织指定的领导者的角色或职权，也不会减少该领导者在适当的时间运用适当的领导力风格和技能的必要性。

通过融合各种风格、持续增长技能和利用激励因素，任何项目团队成员或干系人，不论其角色或职位如何，都可以激励、影响、辅导和培养项目团队。

3.7 根据环境进行裁剪

裁剪

根据项目的背景及其目标、干系人、治理和环境设计项目开发方法，使用“刚好够”的过程实现预期成果，同时使价值最大化、管理成本并提高速度。

- 每个项目都具有独特性。
- 项目成功取决于适应项目的独特环境，以确定产生预期成果的最适当方法。
- 对方法进行裁剪是迭代的，因此在整个项目进行期间，这种裁剪是一个持续的过程。

图 3-8. 根据环境进行裁剪

适应独特的目标、干系人和环境的复杂性有助于项目取得成功。裁剪是对有关项目管理方法、治理和过程做出深思熟虑的调整，使之更适合特定环境和目前工作。项目团队对适当的框架进行裁剪，该框架带来灵活性，在项目生命周期的环境内持续产生积极的成果。商业环境、团队规模、不确定性程度和项目复杂性都是如何裁剪项目系统的考虑因素。项目系统可以从整体角度进行裁剪，包括应考虑相互关联的复杂性。通过使用“刚好够”的过程、方式、模板和工件以实现项目期望的成果，裁剪旨在最大化价值、管理制约因素并提高绩效。

项目团队和 PMO 一起，并考虑治理因素，按每个项目逐一讨论并确定交付方法以及产生成果所需的资源。这包括选择要使用的过程、开发方式、方法和交付项目成果所需的工件。裁剪决策可以是接受既定方法论的隐性行动。相反，裁剪也可以是选择并混合特定要素以适应项目和项目环境的独特特征的显性行动。在一定程度上，每个项目都需要裁剪，因为每个项目都存在于特定环境中。

项目通常是独特的，即使项目可交付物看起来并不独特。这是因为项目环境不同之处在于组织及其客户、渠道、和环境都是动态要素。这些变化和不断发展的学问可能会导致项目团队使用或开发不同的方法或方式来追求成功。项目团队应审视每个项目的各种独特条件，以便他们能够确定产生期望成果的最适当方法。

现有的方法论或常见的工作方式可以了解如何对项目进行裁剪。方法论是由专门学科的从业者所采用的实践、技术、程序和规则所组成的体系。项目团队可能需要采取上级组织的方法论。这就是说，项目团队采用的体系由过程、治理、方法和模板组成，它们为如何开展项目提供指导。虽然这使组织内的项目保持了一定程度的一致性，但该方法论本身可能仍需要根据每个项目的情况进行裁剪。组织政策和程序规定了项目团队授权的可以裁剪的边界。

项目团队还可以考虑项目管理过程的时间和成本。未进行裁剪的过程可能对项目或其成果几乎没有什么价值，同时会导致成本增加和进度延长。对项目方法以及适当的过程、方法和工件进行裁剪，可以帮助项目团队就与过程相关的成本和与项目成果相关的价值贡献做出决策。

除了决定如何对方法进行裁剪外，项目团队还需要向与该方法有关的干系人沟通裁剪决策。项目团队的每个成员都应了解与这些干系人及其角色相关的所选方法和过程。

项目团队应该对项目方法进行裁剪，以适应项目及其环境的独特特征，这有助于提高项目的绩效水平，增加项目成功的概率。经过裁剪的项目方法可以为组织产生直接和间接的收益，例如：

- 项目团队成员会做出更深入的承诺，因为他们参与了方法的定义；
- 行动或资源方面的浪费有所减少；
- 以客户为本（因为客户和其他干系人的需要是项目裁剪的重要影响因素）；
- 项目资源得到更有效的利用，因为项目团队意识到各个项目过程的权重。

裁剪项目可以带来以下积极成果：

- 提高创新、效率和生产力；
- 吸取经验教训，以便可以分享特定交付方法的改进之处，并将它们应用于下一轮工作或未来的项目；
- 采用新的实践、方法和工件，组织的方法论得到进一步改进；
- 通过实验发现了改进的成果、过程或方法；
- 在具有多个专业背景的项目团队内，用于交付项目结果的方法和实践得到有效整合；
- 从长远来看组织的适应性有所增强。

对方法进行裁剪具有迭代性，因此，在项目生命周期中它是一个持续的过程。项目团队需要收集所有干系人的反馈，了解在项目进展过程中各种方法和经裁剪的过程对他们有何效果，以评估这些方法和过程的有效性，并给组织增加价值。

3.8 将质量融入到过程和可交付物中

质量

对产生可交付物的质量保持关注，这些可交付物要符合项目目标，并与相关干系人提出的需要、用途和验收需求保持一致。

- 项目质量要求达到干系人期望并满足项目和产品需求。
- 质量侧重于达到可交付物的验收标准。
- 项目质量要求确保项目过程尽可能适当而有效。

图 3-9. 将质量融入到过程和可交付物中

质量是产品、服务或结果的一系列内在特征满足需求的程度。质量包括满足客户陈述或暗示的需求的能力。对项目的产品、服务或结果（此处称为“可交付物”）进行测量，以确定是否符合验收标准并适合使用的质量。

质量可能有几个不同的维度，包括（但不限于）：

- **绩效。**可交付物的功能是否符合项目团队和其他干系人的预期?
- **一致性。**可交付物是否适合使用，是否符合规格?
- **可靠性。**可交付物在每次执行或生成时是否会产生一致的度量指标?
- **韧性。**可交付物是否能够应对意外故障并快速恢复?
- **满意度。**可交付物是否会获得最终用户的积极反馈？这包括可用性和用户体验。
- **统一性。**和相同方式生成的其他可交付物相比，可交付物是否具有相同性?
- **效率。**可交付物是否能以最少的输入和人力投入产生最大的输出?
- **可持续性。**可交付物是否对经济、社会和环境参数产生了积极影响?

项目团队根据需求使用度量指标和验收标准来测量质量。需求是指为满足需要，某个产品、服务或结果必须达到的条件或具备的能力。需求（无论是明确的还是隐含的）可能源自干系人、合同、组织政策、标准或监管机构，也可能源自这些的组合。质量与工作说明书或其他设计文件中所述的产品验收标准密切相关。这些标准应随着实验的开展和优先级的确定而更新，并应作为验收过程中的一部分进行确认。

质量也与用于生成项目可交付物的项目方法和活动有关。虽然项目团队会通过检查和测试评估可交付物的质量，但对项目活动和过程则是通过审查和审计进行评估的。在这两种情况下，质量活动都可能侧重于发现和预防错误和缺陷。

质量活动的目标是帮助确保交付结果以最直截了当的方式达到客户和其他相关干系人的目标。从而使资源浪费最小化，并最大化地提高实现期望成果的可能性。这会产生如下结果：

- 快速将可交付物移至交付点；
- 预防可交付物的缺陷或及早识别它们，以避免或减少返工和报废。

无论是处理一系列预先明确定义的需求，还是一系列逐步详细制定、以增量方式交付的需求，质量活动的目标都是相同的。

质量管理过程和实践有助于生成可交付物和成果，它们达到项目目标，且符合组织和相关干系人所表达的期望、用途和验收标准。密切关注项目过程和可交付物的质量会产生积极成果，包括：

- 项目可交付物符合验收标准所定义的目的；
- 项目可交付物达到干系人期望和商业目标；
- 项目可交付物缺陷最少或无缺陷；
- 交付及时或有所加快；
- 强化成本控制；
- 提高产品交付质量；
- 减少返工和报废；
- 减少客户投诉；
- 良好供应链整合；
- 提高生产力；
- 提高项目团队的士气和满意度；
- 稳健的服务交付；
- 改进决策；
- 持续改进过程。

3.9 驾驭复杂性

复杂性

不断评估和驾驭项目复杂性，以便这些方法和计划使项目团队能够成功驾驭项目生命周期。

- 复杂性是由人类行为、系统交互、不确定性和模糊性造成的。
- 复杂性可能会出现在项目期间的任何时候。
- 影响价值、范围、沟通、干系人、风险和技术创新的事件或情况可能会造成复杂性。
- 在识别复杂性的要素时，项目团队可以保持警惕，并通过各种方法来降低复杂性的数量或影响。

图 3-10. 驾驭复杂性

项目是由相互作用的要素组成的系统。复杂性是由于人类行为、系统行为和模糊性而难以管理的项目或其环境的特征。交互的性质和数量决定了项目的复杂性。复杂性源于项目要素、项目要素之间的交互以及与其他系统和项目环境的交互。虽然复杂性无法控制，但项目团队可以对其活动作出调整，以应对复杂性造成的影响。

项目团队通常无法预见复杂性的出现，因为它是风险、依赖性、事件或相互关系等许多因素交互的结果。另外，一些原因可能交汇在一起，产生单一的复杂影响，这使得很难分离出造成复杂性的特定原因。

项目复杂性是由项目和整个项目系统中的单个要素造成的。例如，项目的复杂性可能会随着更大数量和多样性的干系人（例如监管机构、国际金融机构、多个供应商、多个专业分包商或当地社区）而加深。这些干系人可以单独或共同对项目的复杂性产生重大影响。

一些更常见的复杂性来源包括：

- **人类行为。**人类行为是人的行为、举止、态度和经验的相互作用。主观因素（例如与项目目的和目标相冲突的个人议程）的引入也可能会使人类行为的复杂性加深。位于偏远地区的干系人可能地处不同的时区，讲不同的语言，遵守不同的文化规范。

- **系统行为。**系统行为是项目要素内部和项目要素之间动态相互依赖的结果。例如，不同技术系统的集成可能会导致威胁，从而影响项目的成果和成功。项目系统各组件之间的交互可能导致相互关联的风险，造成新兴的或不可预见的问题，并产生不清晰和不相称的因果关系。

- **不确定性和模糊性。***模糊性*是一种不清晰、不知道会发生什么情况或如何理解某种情况的状态。选项众多或不清楚哪个是最佳选项可能会导致模糊性。不清晰或误导性事件、新出现的问题或主观情况也可能会导致模糊性。

  *不确定性*是指缺乏对问题、事件、要遵循的路径或要追求的解决方案的理解和认识。不确定性涉及替代行动、反应和成果的概率。不确定性包括未知的未知和黑天鹅事件，它们是完全超出了现有的知识或经验的新兴因素。

  在复杂的环境中，不确定性和模糊性可以混合在一起，使因果关系模糊，以至于概率和影响定义不清。不确定性和模糊性很难降低到使因果关系可以很好定义并加以有效处理的程度。

- **技术创新。**技术创新可能导致产品、服务、工作方式、过程、工具、技术、程序等中断。台式电脑和社交媒体的出现是技术创新的范例，它们从根本上改变了项目工作的执行方式。新技术及其使用方式存在的不确定性会增加复杂性。创新有可能有助于项目产生解决方案，但若与其有关的不确定性未得到确定，则可能会导致项目中断，从而使复杂性增加。

复杂性可能会出现在任何领域和项目生命周期的任何时点，并使项目受到影响。项目团队可以通过持续关注项目组件和整个项目，留意出现复杂性的迹象，从而识别贯穿整个项目的复杂性要素。如能了解系统思考、复杂的自适应系统、过往项目工作的经验，项目团队就能增强驾驭复杂性的能力。如能警惕出现复杂性的迹象，项目团队就能够调整自己的方法和计划，驾驭潜在的中断，以有效地交付项目。

3.10 优化风险应对

风险

持续评估风险敞口（包括机会和威胁），以最大化地发挥正面影响，并最小化对项目及其成果的负面影响。

- 单个和整体风险可能会对项目产生影响。
- 风险可能是积极的（机会），也可能是消极的（威胁）。
- 项目团队会在整个项目进行期间不断应对各种风险。
- 组织的风险态度、偏好和临界值会影响风险的应对方式。
- 风险应对应该：
  - 与风险的重要性相匹配；
  - 具有成本效益；
  - 在项目环境中切合实际；
  - 相关干系人达成共识；
  - 由一名责任人负责。

图 3-11. 优化风险应对

*风险*是一旦发生即可能对一个或多个目标产生积极或消极影响的不确定事件或条件。已识别的风险可能会也可能不会在项目中发生。在整个生命周期内，项目团队应努力识别和评估项目内部和外部的已知和新出现的风险。

项目团队应力求最大程度地增加积极风险（机会），减少消极风险（威胁）敞口。威胁可能会导致诸多问题，例如延迟、成本超支、技术故障、绩效下降或声誉受损等。机会可以带来诸多收益，例如时间缩短、成本下降、绩效改进、市场份额增加或声誉提升等。

项目团队还应监督整体项目风险。整体项目风险是不确定性对项目整体的影响。整体风险源自所有不确定性来源，包括众多单个风险，它表示干系人面临的项目成果变化的影响（包括正面影响和负面影响）的风险敞口。整体项目风险管理旨在将项目风险敞口保持在可接受的范围内。管理策略包括减少威胁的驱动因素，促进机会的驱动因素以及最大限度地提高实现总体项目目标的可能性。

项目团队成员应该与相关干系人积极参与互动，了解他们的风险偏好和风险临界值。*风险偏好*是描述为了预期的回报，组织或个人愿意承担不确定性的程度。*风险临界值*是围绕目标可接受的偏差范围的测量指标，它反映了组织和干系人的风险偏好。由于风险临界值能够反映风险偏好，因此，与 ±10% 的风险临界值相比，围绕成本目标±5% 的风险临界值反映的风险偏好更低。风险偏好和风险临界值可让项目团队了解如何驾驭项目中的风险。

有效且适当的风险应对可以减少单个和整体项目威胁，并增加单个和整体项目机会。项目团队应始终如一地确定潜在的风险应对措施，同时应谨记，这些应对措施应具有以下特征：

- 适当性和及时性与风险的重要性匹配；
- 具有成本效益；
- 在项目环境中切合实际；
- 相关干系人达成共识；
- 由一名责任人负责。

风险可能存在于企业、项目组合、项目集、项目和产品中。项目可能是某一项目集的一个组件，在该项目集中，风险可能会增强或减少收益实现，从而影响价值。项目可能是某一包含相关或不相关工作的项目组合的一个组件，在该项目组合中，风险可能会增强或减少项目组合的总体价值，及商业目标的实现。

采用一致的风险评估、规划并积极主动地管理风险的组织和项目团队通常会发现，以上投入会比在风险发生时对问题作出反应的成本要低。

有关风险管理的更多信息，请参阅*《项目组合、项目集和项目的风险管理标准》*[3]。

3.11 拥抱适应性和韧性

适应性和韧性

将适应性和韧性融入组织和项目团队的方法之中，以帮助项目适应变革，从挫折中恢复过来并推进项目工作。

- 适应性是指应对不断变化的条件的能力。
- 韧性是指吸收冲击的能力和从挫折或失败中快速恢复的能力。
- 聚焦于成果而非输出有助于增强适应性。

图 3-12. 拥抱适应性和韧性

大多数项目在某个阶段都会遇到挑战或障碍。如果项目团队开展项目的方法同时具备适应性和韧性，则有助于项目适应各种影响并蓬勃发展。*适应性*是指应对不断变化的条件的能力。*韧性*由两个具有互补性的特质组成：吸收冲击的能力和从挫折或失败中快速恢复的能力。适应性和韧性是任何开展项目的人员应具备的有益特征。

项目很少会按最初的计划执行。项目会受到内部和外部因素（新需求、问题、干系人影响等因素）影响，这些因素存在于一个有各种相互作用的系统中。项目中的某些要素可能会失败或达不到预期，这需要项目团队重新组合、重新思考和重新规划。例如，在基础设施项目中，法院在项目执行期间的裁决可能会导致设计和计划的变更。在技术项目中，技术上的电脑化模型可能会显示，各个组件可以正常协同工作，但它们在实际应用时却发生故障。在这两个案例中，项目团队都需要应对此情形，以便推进项目。有一种观点认为，项目应严格遵守早期阶段的计划和承诺，即使在出现新的或不可预见的因素之后亦是如此。这种观点对包括客户和最终用户在内的干系人是没有益处的，因为这束缚了产生价值的可能性。但是，应该从整体的角度做到适应性，例如应采用适当的变更控制过程，以避免诸如范围蔓延等问题。在项目环境中，支持适应性和韧性的能力包括：

- ▶ 较短的反馈循环，以便快速适应；
- ▶ 持续学习和改进；
- ▶ 拥有宽泛技能组合的项目团队，同时还有在每个所需技能领域具有广博知识的个人；
- ▶ 定期检查和调整项目工作，以识别改进机会；
- ▶ 多样化的项目团队，以获得广泛的经验；
- ▶ 开放和透明的规划，让内部和外部干系人参与；
- ▶ 小规模的原型法和实验，以测试想法和尝试新方法；
- ▶ 充分运用新的思考方式和工作方式的能力；
- ▶ 平衡工作速度和需求稳定性的过程设计；
- ▶ 组织的开放式对话；
- ▶ 具有宽泛的技能组合、文化和经验的多样性项目团队，同时还有各个所需技能领域的主题专家；
- ▶ 对过去相同或类似工作中所获学习成果的理解力；

- 预测多种潜在情景，并为多种可能的情况做好准备的能力和意愿；
- 将决策推迟到最后责任时刻；
- 管理层支持；
- 在速度和稳定性之间取得平衡的开放式设计。

通过利用比原始计划的更好的结果，设想的成果而非可交付物，能够实现解决方案。例如，项目团队可找到替代解决方案，以提供比原始定义的可交付物更优的成果。虽然探寻替代方案通常属于商业论证的范畴，但技术和其他能力的演变非常快，以至于在商业论证完成和项目收尾之间的任何时候都可能会出现解决方案。项目期间可能会出现适应项目的机会，届时项目团队应向项目发起人、产品负责人或客户说明为何要抓住这一机会。根据合同类型，因适应项目而进行的某些变更可能需要客户批准。在项目发起人、产品负责人或客户的支持下，项目团队应准备好在项目发起人、产品负责人或客户的支持下调整其计划和活动以利用这一机会。

项目系统中的意外变更和情况也可能会带来机会。为了优化价值交付，项目团队应该针对变更和计划外事件运用问题解决和整体思维方法。发生计划外事件时，项目团队应寻找可能获得的潜在积极成果。例如，将项目时间线后期发生的变更包含进来，这样就可以成为市场上第一个提供该功能的产品，从而增加竞争优势。

在项目中保持适应性和韧性，可使项目团队在内部和外部因素发生变化时聚焦于期望成果，这有助于他们从挫折中恢复过来。这些特征还有助于项目团队学习和改进，以便他们能够从失败或挫折中快速恢复，并继续在交付价值方面取得进展。

3.12 为实现预期的未来状态而驱动变革

变革	
使受影响者做好准备，以采用和维持新的和不同的行为和过程，即从当前状态过渡到项目成果所带来的预期未来状态所需的行为和过程。	▶ 结构化的变革方法可帮助个人、群体和组织从当前状态过渡到未来的期望状态。 ▶ 变革可能源于内部影响或外部来源。 ▶ 促成变革可能具有挑战性，因为并非所有干系人都接受变革。 ▶ 在短时间内尝试进行过多变革可能会导致变革疲劳和/或受到抵制。 ▶ 干系人参与和激励的方法有助于使变革顺利进行。

图 3-13. 为实现预期的未来状态而驱动变革

在当今的商业环境中保持相关性是所有组织面临的根本挑战。要做到具有相关性，必须对干系人的需要和期望作出响应。这就需要为干系人的利益不断评估产品/服务，对变革作出快速响应，并担当变革推动者。项目经理理应具备独特的能力，让组织做好变革的准备。根据项目本身的定义，项目会创造新的事物：它们是变革推动者。

变革管理或使能是一种综合的、周期性的和结构化的方法，可使个人、群体和组织从当前状态过渡到实现期望收益的未来状态。它不同于项目变更控制，后者是一个过程，通过该过程，项目团队可以识别和记录项目的文件、可交付物或基准的修改，然后批准或拒绝这些修改。

组织中的变革可能源自内部，例如需要新的能力或应对绩效差距。变革也可能源自外部，例如技术进步、人口结构变化或社会经济压力。任何类型的变革都涉及到经历变革的群体以及与其互动的行业某种程度的适应或接受。

变革可能由干系人实施并对其产生影响。推动干系人变革是促进项目提供所需可交付物以及预期成果的一部分。

在组织中推动变革可能是充满挑战。有些人可能天生就抵制变革或厌恶风险，环境可能表现出保守的文化，而且还有其他原因。有效的变革管理采用激励型策略，而不是强制型策略。参与和双向沟通可营造出这样的一种环境，即变革会得到采用和接受，或者从抵制变革的用户那里识别出一些需要解决的有效问题。

项目团队成员和项目经理可与有关干系人共同合作，解决抵制、疲劳和理解变革，以提高客户或项目可交付物接收者成功采纳或接受变革的可能性。这包括在项目早期沟通与变革相关的愿景和目的，以争取各方对变革的认同。在整个项目期间，应向组织内所有层级的人员说明变革的收益和对工作过程的影响。

同样重要的是，使变革的速度适应干系人和环境接受变革的意愿、成本和能力。如果试图在太短的时间内进行太多的变革，则可能会因变革饱和而受到抵制。即使干系人一致认为变革将产生更多价值或增强成果，他们仍往往难以采取能够交付更高收益的行动。为了促进收益实现，项目还可能会开展一些活动，以便在变革实施后使其得到强化，从而避免人们回到初始的状态。

认识并解决干系人在整个项目生命周期内接受变革的需要，有助于将由此产生的变革整合到项目工作中，从而使成功的成果更有可能。

有关组织变革管理的更多信息，可参阅*《组织变革管理：实践指南》*[4]。

参考资料

[1] 项目管理协会。2016 年。*《PMI 项目管理术语词典》*。详见 http://www.pmi.org/lexiconterms

[2] 项目管理协会。2006 年。*《PMI 道德与专业行为规范》*。详见 http://www.pmi.org/codeofethics

[3] 项目管理协会。2019 年。*《项目组合、项目集和项目的风险管理标准》*。美国宾夕法尼亚州 Newtown Square：作者。

[4] 项目管理协会。2013 年。*《组织变革管理：实践指南》*。美国宾夕法尼亚州 Newtown Square：作者。

索引

D

E

F

G

P

Q

R

S

T

项目管理知识体系指南

（简称《*PMBOK*® 指南》）

《*PMBOK*® 指南》所包含的信息并非美国国家标准 (ANS)，因为尚未根据美国国家标准协会 (ANSI) 针对 ANS 的要求进行处理。因此，《*PMBOK*® 指南》本部分中的信息可能包含尚未经公众审查或经过协商而形成共识的内容。此外，它还未达到 ANS 标准所需的要求。

1

导言

本章介绍了与第 7 版《*项目管理知识体系指南*》（*简称*“《*PMBOK® 指南*》”）相关的重要信息。它描述了《*PMBOK® 指南*》与《*项目管理标准*》[1] 之间的关系[1]、《*PMBOK® 指南*》的变化以及与 PMIStandards+™（PMI 针对标准建立的数字平台）的关系，并对相关内容进行了简要概述。

1.1《*PMBOK® 指南*》的结构

除了本导言之外，本版本《*PMBOK® 指南*》还包含另外三章内容：

- **第 2 章 项目绩效域。**此章确定并描述了构成整体系统的八个项目绩效域，以便成功交付项目和预期成果。
- **第 3 章 裁剪。**此章介绍了裁剪的内涵，并概述了要裁剪的内容以及如何对各个项目进行裁剪。
- **第 4 章 模型、方法和工件。**此章简要介绍了常用的模型、方法和工件。这些模型、方法和工件说明了项目团队可用于生成可交付物、组织工作以及实现沟通和协作的方案的选择范围。

[1] 括号内的数字与本《*PMBOK® 指南*》末尾处的参考文献序号相对应。

1.2《*PMBOK® 指南*》和《*项目管理标准*》的关系

项目绩效域中的工作是以项目管理原则为指导。如《*项目管理标准*》[1] 所述，原则是基本规范、事实或价值。项目管理原则为参与项目的人员提供了行为指导，因为它们会影响和形成绩效域以产生预期成果。虽然原则和绩效域之间在概念上存在重叠，但这些原则指导着行为，而绩效域则提供了将会展示这些行为的广泛的焦点领域。图 1-1 显示了项目管理原则的适用性如何高于绩效域，并且为每个绩效域的活动提供指导。

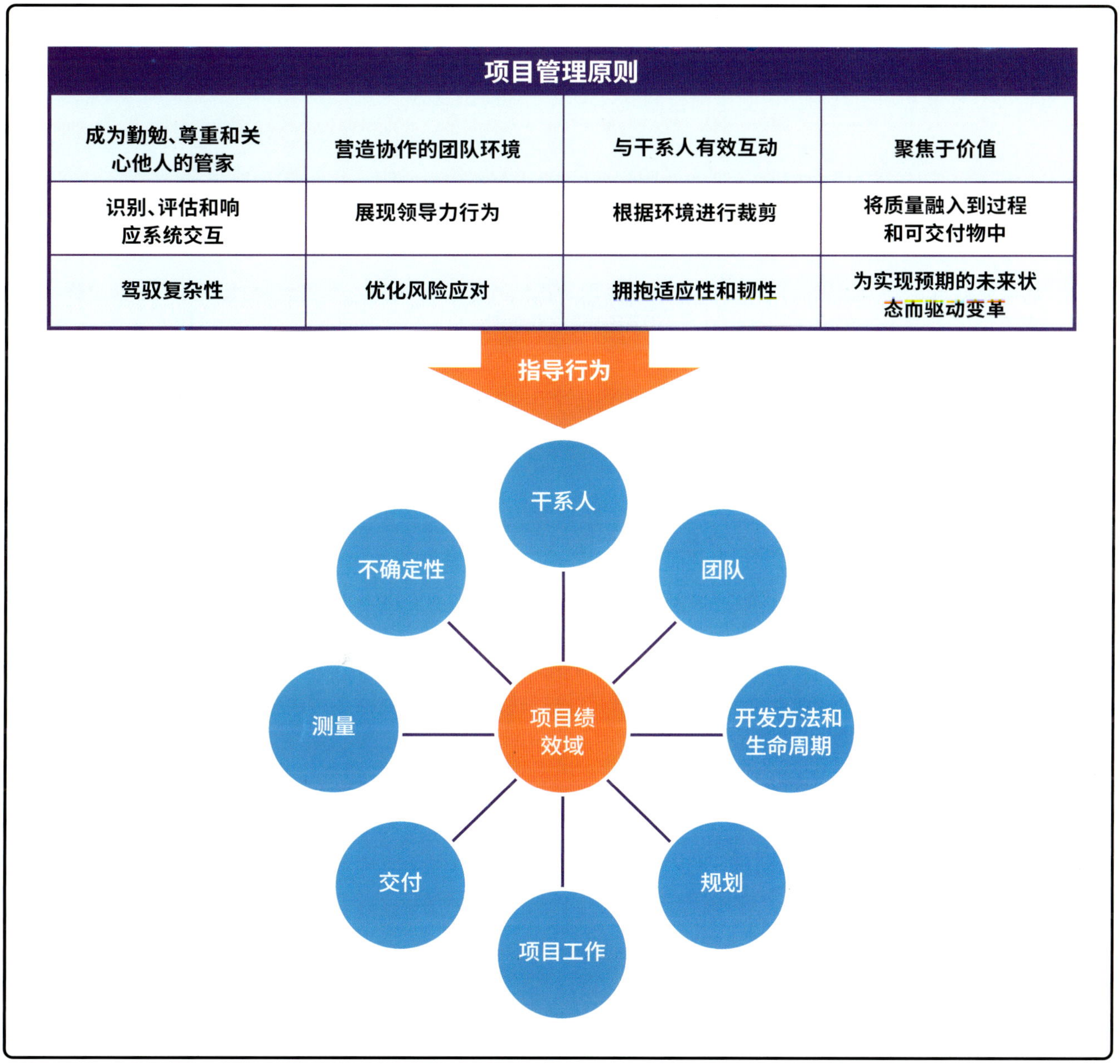

图 1-1. 项目管理原则与项目绩效域之间的关系

1.3《*PMBOK® 指南*》的修改

本版《*PMBOK® 指南*》侧重于交付成果，而不考虑项目团队使用的方法。但使用《*PMBOK® 指南*》的项目管理从业者也可以从对如何交付项目的某种程度的理解中获益。

与以前的版本相比，本版与《*PMBOK® 指南*》以前的版本中的输入、工具/技术和输出 (ITTO) 差异很大。在以前的版本中，ITTO 对实施项目管理中使用的各种过程提供支持。要实现从基于过程的标准向基于原则的标准的转变，需要采取不同的方法来思考项目管理的各个方面。因此，项目绩效域代表着一组能成效地交付项目成果且至关重要的相关活动。本指南中有八个项目绩效域。

裁剪是对有关项目管理方法、治理和过程深思熟虑后作出调整，使之更适合特定环境和目前工作。裁剪过程受指导性项目管理原则、组织价值观和组织文化的驱动。

因为认识到没有任何出版物可以涵盖项目团队可能使用的所有工具、技术或实践，本版《*PMBOK® 指南*》采用了全面的项目方法。所以，本版指南提供了一系列常用的模型、方法和工件，项目管理从业者可以使用它们来完成相应的工作。

1.4 与 PMIstandards+ 之间的关系

本指南中的信息将在 PMI 的数字内容平台，PMIstandards+ 上进一步详细阐述。该数字平台包含了与 PMI 标准产品库相关的当前和新兴实践以及其他有用信息。它还包含了在各种环境和行业领域中的实际应用示例。PMIstandards+ 是应项目交付方式的发展和变化而演进的。同时提供了一套可实时访问且包含深度信息的动态知识体系，这些信息符合 PMI 标准，并经过具有广泛专业知识的主题专家小组仔细审查。

与以前的版本相比，本版《*PMBOK® 指南*》的输入、工具/技术和输出 (ITTO) 变化很大。

2 项目绩效域

项目绩效域是一组对有效地交付项目成果至关重要的相关活动。项目绩效域是相互作用、相互关联和相互依赖的焦点领域，它们可以协调一致地实现预期的项目成果。总共有八个项目绩效域：

- 干系人；
- 团队；
- 开发方法和生命周期；
- 规划；
- 项目工作；
- 交付；
- 测量；
- 不确定性。

这些绩效域共同构成了一个统一的整体。这样，绩效域就可以作为一个整合系统运作，每个绩效域都与其他绩效域相互依赖，从而促使成功交付项目及其预期成果。

无论价值是如何交付的（经常地、定期地或在项目结束时），这些绩效域在整个项目期间同时运行。例如，从项目开始到项目结束，项目领导者花费时间聚焦于干系人、项目团队、项目生命周期、项目工作等方面。这些焦点领域不能当做孤立的工作加以处理，因为它们相互重叠且相互联系。每个项目中各个绩效域之间相互关联的方式各不相同，但这些方式存在于每个项目之中。

每个绩效域中开展的具体活动由组织的背景、项目、可交付物、项目团队、干系人和其他因素确定。绩效域在以下章节中介绍，但不会按特定的权重或顺序介绍。

2.1 干系人绩效域

干系人绩效域	
干系人绩效域涉及与干系人相关的活动和功能。	有效执行此绩效域将产生以下期望成果: ▶ 在整个项目期间与干系人建立富有成效的工作关系。 ▶ 干系人对项目目标表示同意。 ▶ 作为项目受益人的干系人表示支持并感到满意，而对项目或其可交付物可能表示反对的干系人不会对项目成果产生消极影响。

图 2-1. 干系人绩效域

以下定义与干系人绩效域相关:

干系人。能影响项目、项目集或项目组合的决策、活动或成果的个人、群体或组织，以及会受或自认为会受它们的决策、活动或成果影响的个人、群体或组织。

干系人分析。通过系统收集和分析各种定量与定性信息，来确定在整个项目中应该考虑哪些人的利益的一种方法。

项目由人实施，且为人实施。这一绩效域需要与干系人合作，以便保持一致，并争取他们的参与，以培养积极的关系和提高满意度。

干系人包括个人、群体和组织（参见图 2-2）。一个项目可能有为数不多的干系人，也可能有数百万个潜在干系人。项目的不同阶段可能有不同的干系人，而随着项目的开展，干系人的影响、权力或利益可能会发生变化。

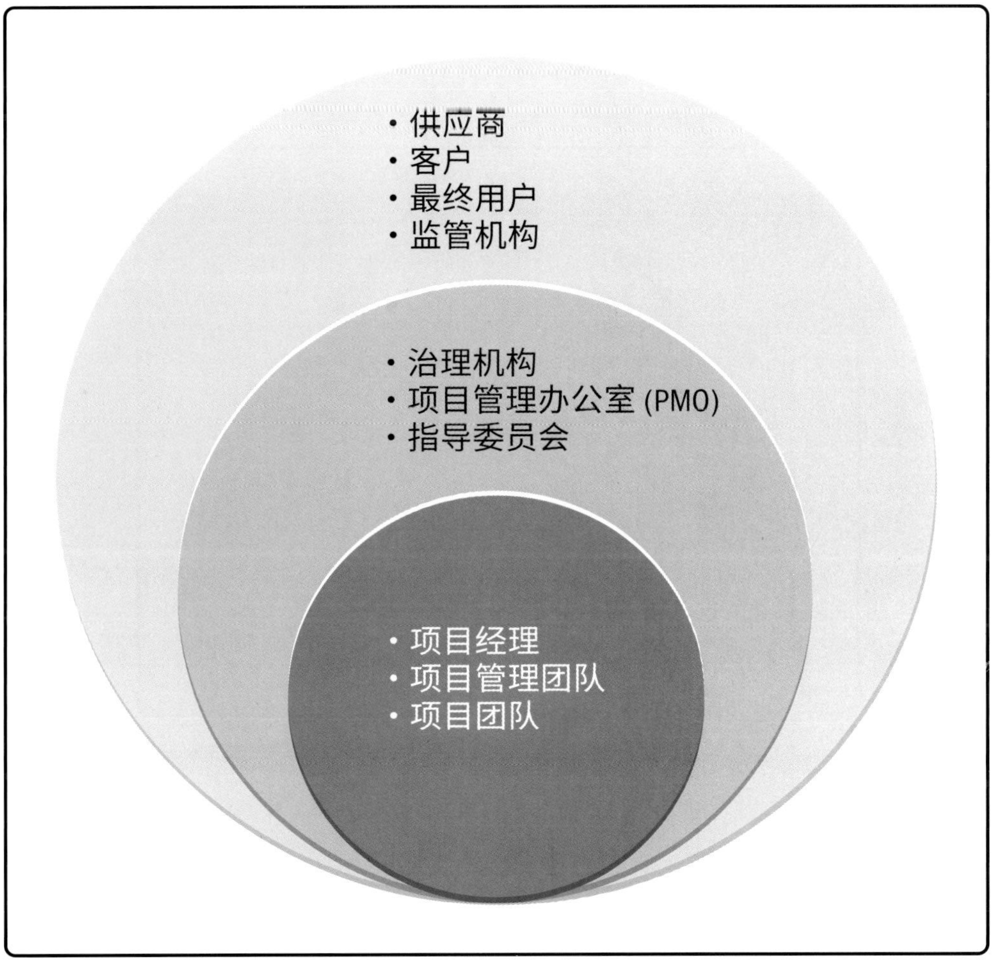

图 2-2. 项目干系人示例

有效的干系人识别、分析和参与包括组织内部和外部的干系人，支持项目的干系人以及可能不支持或中立的干系人。尽管拥有相关的技术项目管理技能是成功项目的一个重要方面，但拥有与干系人有效合作的人际关系技能和领导力技能如果不是更重要的话，至少同等重要。

2.1.1 干系人参与

干系人参与包括实施相关策略和行动，促进干系人富有成效地参与。干系人参与活动始于项目开始之前或项目开始之时，并在整个项目期间持续进行。

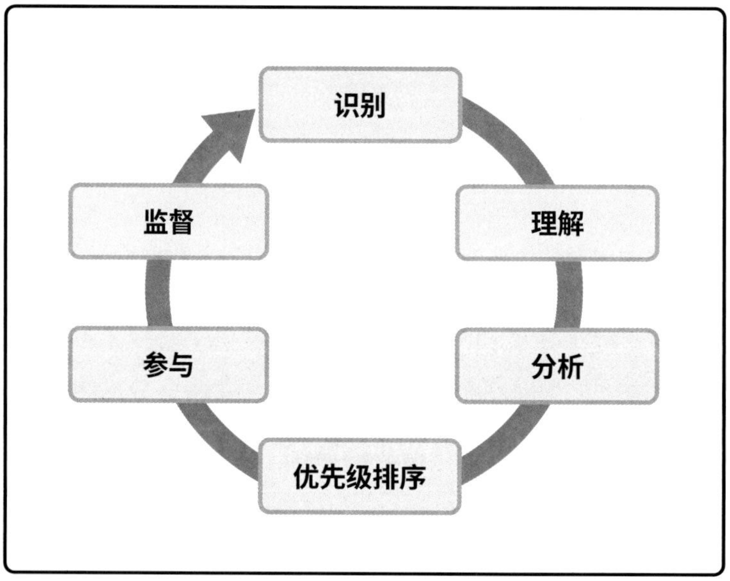

图 2-3. 指引有效的干系人参与

在项目开始时定义并共享清晰的愿景可以在整个项目期间促进良好的关系和一致性。确立关键干系人商定的明确愿景可能需要进行一些具有挑战性的谈判，特别是与不一定支持项目或其预期成果的干系人进行谈判。如图 2-3 所示，有效地让干系人参与有几个步骤。

2.1.1.1 识别

在组建项目团队之前，可以进行高层级的干系人识别。详细的干系人识别会对初始工作渐进明细化，并且这是贯穿整个项目的一项活动。有些干系人很容易识别，如客户、发起人、项目团队、最终用户等，但其他干系人在与项目没有直接联系时可能难以识别。

2.1.1.2 理解和分析

一旦识别了干系人，项目经理和项目团队就应努力了解干系人的感受、情绪、信念和价值观。这些因素可能会导致项目成果面临更多威胁或机会。它们也可能会迅速变化，因此，了解和分析干系人是一项持续进行的行动。

我们需要分析每个干系人对项目的立场和观点，这与了解项目干系人密切相关。对干系人进行分析时会考虑到干系人的几个方面，例如：

- 权力；
- 影响；
- 态度；
- 信念；
- 期望；
- 影响力程度；
- 与项目的邻近性；
- 在项目中的利益；
- 与干系人和项目互动相关的其他方面。

这些信息有助于项目团队考虑可能影响干系人的动机、行动和行为的相互作用。除了单个分析之外，项目团队还应考虑干系人之间如何互动，因为他们通常结成联盟，而这些联盟有助于或会阻碍项目目标的实现。例如，如果项目团队认为某位关键业务经理影响力很大，但对项目持负面看法，那么他们可以探索如何了解该业务经理的看法，并在项目开展过程中做出适当的应对。在所有情况下，分析工作都应由项目团队保密，因为超出分析的背景，信息可能会被误解。

2.1.1.3 优先级排序

在许多项目中，项目团队所涉及的干系人太多，这些干系人无法全部直接或有效地参与。项目团队可以根据自己的分析完成对干系人的优先级进行初始排序。作为优先级排序参与的一种方法，项目团队通常会将聚焦于权力和利益最大的干系人。随着在整个项目期间各种事件不断发生，项目团队可能需要根据新的干系人或干系人环境的不断变化而重新进行优先级排序。

2.1.1.4 参与

干系人参与需要与干系人协作以介绍项目，启发他们的需求，管理期望，解决问题，谈判，优先级排序，问题解决，并做出决策。争取干系人参与需要运用软技能，如积极倾听、人际关系技能和冲突管理，以及创建愿景和批判性思维等领导技能。

与干系人的沟通可以通过书面或口头方式进行，可以是正式的，也可以是非正式的。表 2-1 中列出了每种沟通类型的示例。

表 2-1. 沟通类型

类型	正式	非正式
口头	演示文稿 项目审查会议 情况介绍会 产品演示 头脑风暴	对话 特别讨论
书面	进度报告 项目文件 商业论证	便条 电子邮件 即时消息/短信 社交媒体

沟通方法包括推式沟通、拉式沟通和交互式沟通：

- **推式沟通。**发送给干系人的沟通信息，如备忘录、电子邮件、状态报告、语音邮件等。推式沟通可用于与单个干系人或一组干系人进行单向沟通。推式沟通会妨碍立即判定反应和评估理解情况的能力；因此，应该谨慎使用推式沟通。
- **拉式沟通。**干系人所寻求的信息，例如，项目团队成员在内部网中查找沟通政策或模板、运行互联网搜索和使用在线存储库。拉式沟通可用于间接察觉干系人的顾虑。

参与比推式沟通或拉式沟通更深入。参与是交互式沟通。它包括与一个或多个干系人交换信息，例如对话、电话、会议、头脑风暴、产品演示等。

通过各种形式的沟通，快速反馈循环可提供有用信息，以便：

- 确认干系人获知该消息的程度。
- 确定干系人是否同意该消息。
- 识别接收方发现的具有细微差别或其他非预期的消息。
- 获得其他有用的见解。

2.1.1.5 监督

在整个项目期间，随着新的干系人被识别，和一些其他干系人的退出，干系人将发生变化。随着项目的进展，一些干系人的态度或权力可能会发生变化。除了识别和分析新的干系人外，还要有机会评估当前的参与策略是否有效或是否需要调整。因此，在整个项目期间对干系人参与的数量和有效性要进行监督。

干系人满意度通常可以通过与干系人的对话来确定，以衡量他们对项目可交付物和项目总体管理的满意状况。也可以通过项目和迭代审查会、产品审查会、阶段关口和其他方法获得定期反馈。如果有大量的干系人，还可以使用问卷调查来评估满意度。必要时，甚至可以通过更新干系人参与方法来提高干系人满意度。

2.1.2 与其他绩效域的相互作用

干系人渗透到项目的各个方面。他们会为项目团队定义需求和范围并对其进行优先级排序。他们会参与并制定规划。他们会确定项目可交付物和项目成果的验收和质量标准。大部分的项目工作都围绕着争取干系人参与以及与干系人进行沟通而展开。在整个项目过程中或在项目结束时，他们会使用项目可交付物并影响项目成果的实现。

某些干系人可以帮助减少项目中存在的不确定性的数量，而其他干系人则可能导致不确定性增加。客户、高层管理人员、项目管理办公室领导者或项目集经理等干系人将重点关注项目及其可交付物绩效的测量。这些相互作用只是干系人绩效域如何与其他绩效域整合和交织的示例，它们并不包含所有绩效域中对干系人考虑相互作用的全部方式。

2.1.3 检查结果

表 2-2 左侧列出了成果，右侧列出了针对这些成果的检查方法。

表 2-2. 成果检查 — 干系人绩效域

成果	检查
在整个项目期间与干系人建立富有成效的工作关系	可观察到与干系人建立富有成效的工作关系。然而干系人在一系列参与中主动性高低的变化可以表明其对于项目的相对满意程度。
干系人对项目目标表示同意	除了范围，对项目和产品需求的大量变更或修改可能表明干系人没有参与进来或与项目目标不一致。
作为项目受益人的干系人表示支持并感到满意；对项目或其可交付物可能表示反对的干系人没有对项目结果产生消极影响。	干系人的行为可表明项目受益人是否对项目感到满意和表示支持，或者他们是否反对项目。调研、访谈和焦点小组也是确定干系人是否感到满意和表示支持，或者他们对项目及其可交付物是否表示反对的有效方法。 对项目问题登记册和风险登记册的审查可以识别与单个干系人有关的挑战。

2.2 团队绩效域

团队绩效域

团队绩效域涉及与负责生成项目可交付物以实现商业成果的相关的人员活动和功能。

有效执行此绩效域将产生以下预期成果：

- 共享责任。
- 高绩效团队。
- 所有团队成员都展现出相关领导力和其他人际关系技能。

图 2-4. 团队绩效域

这一绩效域需要创建文化和环境，使不同个体的集合能够演变成为高绩效的项目团队。这包括识别促进项目团队发展所需的活动，并鼓励所有项目团队成员实施领导行为。

以下定义与团队绩效域相关：

项目经理。由执行组织委派，领导项目团队实现项目目标的个人。

项目管理团队。直接参与项目管理活动的项目团队成员。

项目团队。执行项目工作，以实现项目目标的一组人员。

2.2.1 项目团队的管理和领导力

项目管理需要将知识、技能、工具和技术应用于管理活动和领导力活动。管理活动聚焦于实现项目目标的手段，例如制定有效的程序、规划、协调、测量和监督工作等。领导力活动关注于人。领导力活动包括影响、激励、倾听、支持以及与项目团队相关的其他活动。这两个方面对交付预期成果都很重要。

2.2.1.1 集中式管理和领导力

虽然领导力活动应由所有项目团队成员来实践，但管理活动可以是集中式，也可以是分布式。在管理活动集中实施的环境中，终责（对成果负责）通常分配给某位个人，例如项目经理或类似角色。在这种情况下，项目章程或其他授权文件可以批准项目经理组建项目团队，以实现项目成果。

2.2.1.2 分布式管理和领导力

有时项目管理活动由项目管理团队所有成员共同实施，而项目团队成员则负责完成工作。还有一些情况下，项目团队可能会通过自组织来完成项目。在这些情况下，不会指定项目经理，而是让项目团队中的某个人充当促进沟通、协作和参与的引导者。此角色可能会由项目团队成员轮流担任。

服务型领导力这种领导风格聚焦于了解并满足团队成员的需要及其发展情况，以便尽可能促成最高的项目团队绩效。服务型领导者强调通过聚焦于解决以下问题来培养项目团队成员，使其发挥最大潜能：

- 项目团队成员个人是否在成长？
- 项目团队成员是否在变得更健康、更明智、更自由、更自主？
- 项目团队成员是否更有可能成为服务型领导者？

服务型领导者使项目团队在可能的情况下进行自组织，并通过向项目团队成员提供适当的决策机会来提高自主性。服务型领导力行为包括：

- **消除障碍。**由于是项目团队创造了大部分商业价值，因此，服务型领导者的关键角色是通过消除进展中的障碍因素来最大化地交付商业价值。这包括解决问题和消除可能妨碍项目团队工作的障碍。通过解决或缓解这些障碍因素，项目团队可以更快地向企业交付价值。
- **避免分心。**服务型领导者会使项目团队免受内部和外部分心之事影响，这些分心之事会使项目团队偏离当前目标。时间碎片化会降低生产率，因此使项目团队免受非关键外部需求影响有助于项目团队保持专注。
- **鼓励和发展机会。**服务型领导者还提供相关工具和鼓励，让项目团队保持满意度且工作富有成效。了解激励项目团队成员个人的因素，并想方设法奖励他们的出色工作，这有助于使项目团队成员保持满意度。

2.2.1.3 团队发展的共同方面

无论管理活动如何安排，项目团队发展中总有一些与大多数项目团队相关的共同方面。这些共同的方面包括：

- **愿景和目标。**每个人都必须了解项目的愿景和目标。在整个项目期间应沟通项目的愿景和目标。这包括当项目团队参与决策和解决问题时应参考预期成果。
- **角色和职责。**确保项目团队成员了解并履行其角色和职责是很重要的。这可以包括识别知识和技能方面的差距，以及通过培训、辅导或教练解决这些差距的策略。

- **项目团队运作。** 促进项目团队沟通、解决问题和达成共识的过程可能包括与项目团队共同努力制定项目团队章程和一套行动指南或项目团队规范。
- **指导。** 可以向整个项目团队提供指导，让每个人都朝着正确的方向前进。个体项目团队成员也可以就特定任务或可交付物提供指导。
- **成长。** 确定项目团队表现良好的领域并指出项目团队可以改进的领域有助于项目团队成长。项目团队协同工作，可以识别改进目标，并采取措施实现这些目标。这也适用于项目团队中的每个人。个人可能希望提高自己在某些领域的技能和经验，项目经理可以为此提供帮助。

第 4 章中包含的几个模型描述了项目团队成长的各个阶段。

当项目团队基于合同、战略合作关系或其他商业关系在跨不同组织中形成时，根据合同或其他条款，执行各种职能的特定角色可能会更加正式化和缺乏灵活性。此类安排通常需要更多的前期工作来形成“一个团队”的思维模式，这可确保项目团队成员了解每个人如何为项目做出贡献，并可确定整合了技能、能力和过程的其他驱动因素。

2.2.2 项目团队文化

每个项目团队都会发展出自己的团队文化。项目团队的文化可以通过制定项目团队规范来有意识形成，也可以通过其项目团队成员的行为和行动来非正式形成。项目团队文化在组织文化中运作，但反映了项目团队中个体的工作和互动方式。

每个人都有很多偏见，其中有些偏见是无意识的，而有些偏见则是有意识的。例如，某个人可能会认为，除非使用软件生成的甘特图显示进度计划，否则就不是真实或有效的进度计划。而另一人则可能有相反的偏见 — 超出 30 天的详细规划都是浪费时间。公开而透明地对待偏见可建立一种坦诚和信任的文化，这种文化有助于促成共识和协作。

项目经理是形成和维护一个安全、尊重、无偏见的环境的关键，项目团队在这样的环境中能够坦诚沟通。实现这一目标的一种方法是把所期望的行为树为典范，例如：

- **透明。**在思考、做出选择和处理信息的方式上保持透明有助于他人识别和分享自己的过程。这也可以延伸适用于对偏见保持透明。
- **诚信。**诚信是由职业道德行为和诚实组成。个人通过以下方式表现出诚实：揭示风险、说明自己的假设和估算依据、及早发布坏消息、确保状态报告准确描述项目状态等许多其他方式。职业道德行为可以包括在产品设计中揭示潜在缺陷或负面影响，披露潜在利益冲突，确保公平以及根据环境、干系人和财务影响做出决策。

- **尊重。**要尊重每个人及其思维方式、技能以及他们为项目团队带来的观点和专业知识，这可为所有项目团队成员采取这种行为奠定基础。
- **积极的讨论。**在整个项目期间，将会出现各种各样的意见、应对情况的不同方式以及误解。这些是开展项目的正常组成部分。它们提供了一个对话而非辩论的机会。对话需要与他人合作解决分歧意见。对话旨在达成一项各方都能接受的决议。另一方面，辩论是一种赢-输的情景；与开诚布公地接受问题的替代解决方案相比，人们对自己获胜更感兴趣。
- **支持。**从技术挑战、环境影响和人际互动的角度来看，项目可能具有挑战性。通过解决问题和消除障碍因素来向项目团队成员提供支持，这样可以建立一种支持性的文化，并形成了一个信任和协作的环境。支持也可以通过提供鼓励、体现同理心和参与积极倾听来加以展现。
- **勇气。**推荐采用新的问题解决方法或工作方式可能会令人望而生畏。同样，与主题专家或拥有更大职权的人意见相左也可能是一个挑战。然而，勇于提出建议、表达异议或尝试新事物有助于形成一种实验文化，并可向他人传递出勇气与一种尝试新方法是安全的讯息。
- **庆祝成功。**聚焦于项目目标、挑战和问题，通常会忽视这样一个事实：单个项目团队成员和项目团队作为一个整体正在朝着这些目标稳步前进。由于优先考虑了工作，项目团队成员可能会延缓认可有关创新、适应、服务他人和学习活动的展示。然而，实时认可这些贡献可以让项目团队和个人保持被激励。

2.2.3 高绩效项目团队

有效领导的一个目标是打造高绩效的项目团队。有许多因素有助于打造高绩效的项目团队。下面并没有完全列举，但确定了一些与高绩效项目团队相关的因素。

- **开放式沟通的沟通。**在可促进开诚布公而安全地沟通的环境中，人们可以举行富有成效的会议，解决问题，开展头脑风暴等活动。它也是共识、信任和协作等其他因素的基石。
- **共识。**大家共享项目的目的及其将带来的收益。
- **共享责任。**项目团队成员对成果的主人翁意识越强，他们表现得就越好。
- **信任。**成员相互信任的项目团队愿意付出额外的努力来取得成功。如果人们不信任自己的项目团队成员、项目经理或组织，他们就不太可能去做额外工作以取得成功。
- **协作。**项目团队相互协作与合作，而非单打独斗或彼此竞争，会产生更加多样化的想法，最终会获得更好的成果。
- **适应性。**项目团队能够根据环境和情况调整工作方式，会使工作更加有效。
- **韧性。**出现问题或故障时，高绩效项目团队可以快速恢复。
- **赋能。**项目团队成员觉得自己有权就工作方式做出决策，其绩效优于那些受到微观密切管理的项目团队成员。
- **认可。**项目团队因开展的工作和所取得的绩效而获得认可，更有可能继续取得出色绩效。即使是表达赞赏这样的简单举动也能强化积极的团队行为。

2.2.4 领导力技能

领导力技能对于所有项目团队成员都很有用，无论项目团队是在集权式环境中工作，还是在实行共享式领导制度的环境中工作。以下各节描述了与领导力相关的一些特征和活动。

2.2.4.1 建立和维护愿景

每个项目都有一个目的。了解这一目的对于人们将时间和精力投入到实现项目目的的正确方向至关重要。项目愿景简明扼要地总结了项目的目的。它以现实且有吸引力的观点描述了未来的项目成果。

除了简要描述理想的未来状态之外，愿景也是一个强大的激励工具。这是一种为项目预想目标赋予激情和意义的方法。共同的愿景有助于让人们朝着相同的方向前行。当人们专注于日常工作的细节时，明确理解了最终目标有助于指导当地决策，从而实现预期的项目成果。

项目团队成员和关键干系人协作制定的愿景应该能够回答以下问题：

- 项目的目的是什么？
- 项目工作成功的定义是什么？
- 项目成果交付后，未来将如何才能变得更好？
- 项目团队如何知道自己偏离了愿景？

良好的愿景应该清晰、简明和可行。愿景应该：

- 用强有力的词句或简短的描述对项目做出概括；
- 描述可实现的最佳成果；
- 在项目团队成员脑海中形成一幅共同的、有凝聚力的画面；
- 激发人们对实现成果的热情。

2.2.4.2 批判性思维

在各个项目绩效域中，都需要识别偏见，找出问题的根本原因，并考虑具有挑战性的问题，例如模糊性、复杂性等。批判性思维有助于完成这些活动。批判性思维包括训练有素、合乎理性、遵从逻辑、基于证据的思维。它需要具备开放思维和客观分析的能力。批判性思维 — 尤其是在应用于发现过程时 — 可以包括概念想象力、洞察力和直觉。它还可以包括反思性思维和元认知（“思考之上的思考”和“认知之上的认知”）。

项目团队成员可应用批判性思维来进行：

- 研究和收集无偏见的、均衡的信息；
- 识别、分析和解决问题；
- 识别偏见、未说明的假设，以及价值观；
- 辨别语言的使用情况以及对自己和他人的影响；
- 分析数据和证据，以评估论点和观点；
- 观察事件，以识别模式和关系；
- 适当地运用归纳、演绎和溯因推理；
- 识别并阐明错误前提、错误类比、情绪化诉求和其他错误逻辑。

2.2.4.3 激励

激励项目团队成员涉及两个方面：第一个方面是了解激励项目团队成员实现出色绩效的因素；第二个方面是与项目团队成员合作，使他们始终致力于开展项目并使其取得成果。

对团队成员表现的激励可以是内在的，也可以是外在的。内在激励源自个人内心或与工作相关。它与在工作本身中寻找乐趣有关，而不是关注奖励。外在激励是因为外部奖励（如奖金）而开展工作。项目的许多工作都与内在激励相一致。

内在激励因素的示例包括：

- 成就；
- 挑战；
- 对工作的信念；
- 改变现状；
- 自我指导和自主权；
- 责任；
- 个人成长；
- 关系需要；
- 成为项目团队的一员。

人们不止有一个激励因素，但多数人都有一个首要的激励因素。要想有效地激励项目团队成员，了解每位成员的首要激励因素是很有帮助的。例如，以挑战为激励因素的项目团队成员将能够很好地应对延伸目标和要解决的问题。以关系需要为激励因素的项目团队成员会对成为充满活力的工作小组的一员反应积极。如果项目团队成员能够形成自己的工作方式，甚至能够确立自己的工作时间和节奏，则愿意寻求自主权的项目团队成员将表现得更为出色。因此，根据个人偏好对激励方法进行裁剪有助于实现最佳的个人和项目团队绩效。

2.2.4.4 人际关系技能

在项目中经常使用的人际关系技能包括情商、决策和冲突解决等。

- **情商。**情商是识别我们自己的和他人的情绪的能力。这些信息用于指导思维和行为。对个人感受的认可、对他人的感受体现同理心以及采取适当行动的能力是有效沟通、协作和领导力的基石。

由于项目由人实施，且为人实施，因此在项目团队环境中，情商（了解自己并有效维持与他人的工作关系的能力）至关重要。

有多种模型可用于定义和解释情商。它们集中在四个关键领域：

▷ *自我意识。*自我意识是进行现实的自我评估的能力。它包括了解我们自己的情绪、目标、动机、优势和劣势。

▷ *自我管理。*自我管理（也称为“自我调节”）是控制破坏性感受和冲动并使它们改变方向的能力。它是在采取行动之前进行思考以及暂停仓促判断和冲动决策的能力。

▷ *社交意识。*社交意识涉及体现同理心以及理解并考虑他人的感受。这包括读懂非语言暗示和肢体语言的能力。

▷ *社交技能。*社交技能是情商的其他维度的巅峰。它涉及管理项目团队等群体、建立社交网络、寻找与各种干系人的共同基础以及建立融洽关系。

自我意识和自我管理是在困难的项目环境中保持冷静和富有成效的必要条件。社交意识和社交技能有助于更好地与项目团队成员和项目干系人建立联系。情商是各种形式的领导力的基础。

图 2-5 显示了情商四个方面的关键点及其如何关联。上面是与自我有关的方面，下面是与社交有关的方面。左侧是意识，右侧是管理和技能。

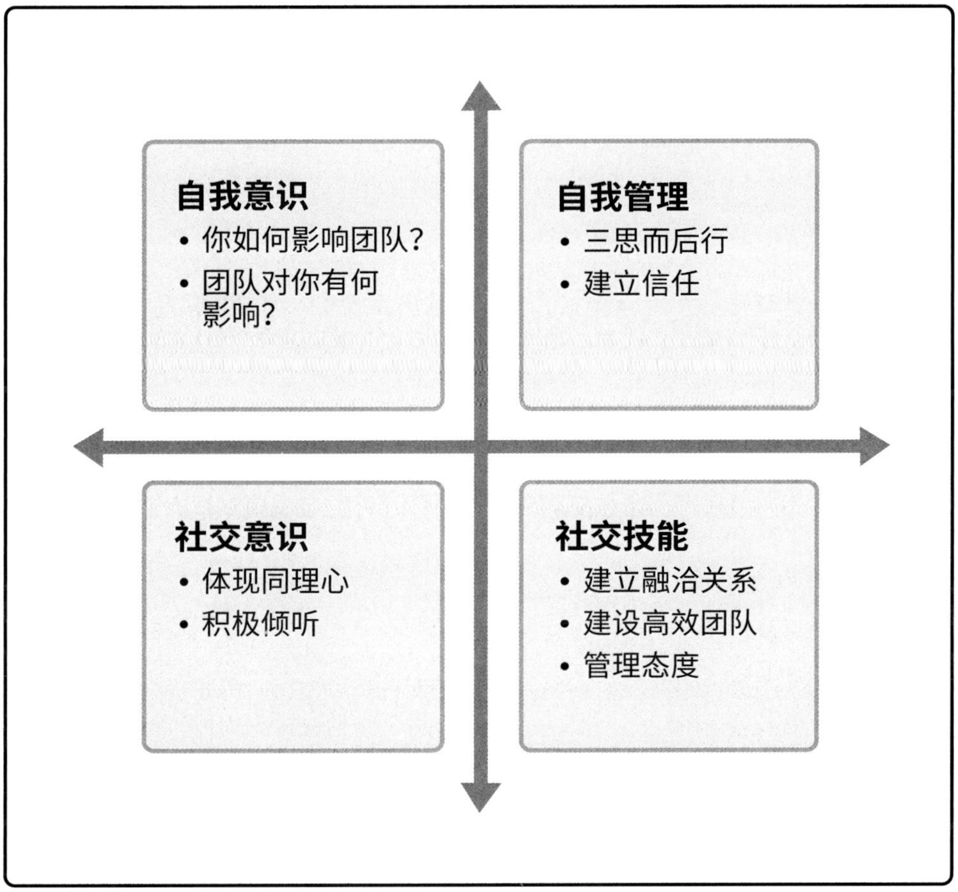

图 2-5. 情商的组成部分

某些情商模型还包括第五个方面 — 动机。在这种情况下，动机是关于理解驱动和激励人的因素。

- **决策。**项目经理和项目团队每天都要做出许多决策。有些决策对于项目成果而言可能无关紧要，例如团队去哪里聚餐，而其他决策则会产生非常大的影响，例如使用什么样的开发方法、使用哪种工具或选择哪个供应商。

决策可由项目经理和项目团队单方面做出。与争取吸收不同群体的智慧相比，这种方法的优点是速度快，但容易出错。单方面做出的决策也会降低受决策影响的人的积极性，因为他们可能会感到自己的观点和顾虑未被考虑到。

基于群体的决策具有利用群体广泛的知识基础的好处。让人们参与决策过程也会使他们对成果更加认同，即使所选方案可能并非每个人的首选也是如此。一般而言，包容性可增加对决策的承诺。群体决策的缺点是，让员工停下工作就决策向其征求意见时，耗时较长，而且团队合作可能会中断。

项目团队决策通常遵循发散/汇聚模式。这意味着干系人首先会参与制定一套广泛的备选解决方案或方法。这往往是让干系人分别参与进来，以避免资深的或有魅力的干系人对其他干系人产生不当影响。然后，在制定了广泛的备选决策之后，项目团队汇聚在一起确定一个首选的解决方案。

这样做的目的是快速做出决策，同时以包容和尊重的方式吸收团队多样化的知识。有些做出的决策可能会朝向某些人不喜欢的方向，但每个人都有机会解释自己的立场。最后，拥有决策权的主体，无论是个人还是群体，都会根据所提出的分析并在考虑到干系人期望的情况下做出决策。

仔细选择应就哪些决策进行群体讨论，投票可限制项目团队所经历的中断和任务转换。罗马式表决、宽带德尔菲估算和举手表决等许多方法都采用了发散/汇聚模式。他们的目标是在同一时刻投票以充分采纳个人意见，从而最小化群体思维。

对于超出项目团队决策权的决策，项目团队可以调查备选方案，考虑每个备选方案的影响，并将决策升级上报给拥有适当职权的人员。这一过程与“别给我带来问题，给我解决方案”的理念一致，同时也与决策权相关的组织治理保持一致。

- **冲突管理。**所有项目都会发生冲突。项目在动态环境中运行，面临着许多相互排斥的制约因素，包括预算、范围、进度计划和质量，这可能会导致冲突。通常，人们都希望避免冲突，但并非所有冲突都是负面的。处理冲突的方式既可能导致更多的冲突，也可能导致更好的决策和更出色的解决方案。

  应在冲突已超出有益辩论的范畴而升级之前加以解决，这可带来更好的成果。以下方法可能会有所帮助：

  - *沟通时要开诚布公且对人要表现出尊重。*由于冲突可能会引起焦虑，因此必须保持安全的环境来探索冲突的根源。没有安全的环境，人们就会停止沟通。确保言语、语调和肢体语言不具有威胁性。
  - *聚焦于问题，而不是人。*之所以会发生冲突，是因为人们对情况有不同看法。应做到对事不对人。重点是解决问题，而不是指责。
  - *聚焦于当前和未来，而不是过去。*保持聚焦于当前的情况，而不是过去的情况。如果以前发生过类似的事情，那么旧事重提不会解决当前的问题。事实上，它会进一步加剧当前的冲突情况。
  - *一起寻找备选方案。*冲突造成的损害可以通过寻找解决办法和替代方案来加以修复。这样还可以建立更具建设性的关系。这种做法会使冲突进入更有利于解决问题的空间，人们可以共同努力，形成创造性的替代方案。

可借助一些模型来应对和解决冲突，其中几个模型将在第 4章中讨论。

2.2.5 裁剪领导风格

与项目的各个方面一样，也会对领导风格进行裁剪，以满足项目、环境和干系人的需要。影响领导风格裁剪的一些变量包括：

- **特定类型项目方面的经验。**拥有特定类型项目方面的经验的组织和项目团队可能具有更强的自我管理性，所需的领导力也更少。当某一项目对组织来说是新项目时，组织往往会进行更多的监督，并运用更具指导性的领导风格。
- **项目团队成员的成熟度。**与新加入组织、团队或技术专业的项目团队成员相比，在技术领域成熟的项目团队成员可能需要更少的监督和指导。
- **组织治理结构。**项目会在一个更大的组织系统内运作。人们可能会期望高层管理人员的组织领导风格得到认可，并体现在团队的领导工作之中。组织结构会影响职权和责任的集中或分布程度。
- **分布式项目团队。**如今，项目成员遍布全球的现象比过去更为普遍。尽管已尽到最大努力通过虚拟方式将人们联系在一起，但要达到与面对面工作相同的协作和关联水平仍然面临挑战。为了最小化分布式项目团队面临的困境，可以通过技术手段增加和改善沟通。范例包括：
  - 确保建立方便人们协同工作的协作网站。
  - 建立一个项目团队网站，以便提供与项目和项目团队相关的所有相关信息。
  - 使用音频和视频功能来举行会议。
  - 通过即时消息和短信等技术保持持续联系。
  - 及时了解远程项目团队成员。
  - 至少举行一次面对面会议，以建立关系。

2.2.6 与其他绩效域的相互作用

团队绩效域强调项目经理和项目团队成员在整个项目期间使用的技能。这些技能已融入项目的所有其他方面。项目团队成员需要在整个项目期间展现领导力素质和技能。其中一个示例是在进行规划时和整个生命周期内向干系人沟通项目愿景和收益。另一个示例是在参与项目工作时运用批判性思维、解决问题和决策。在整个规划绩效域和测量绩效域中都要说明谁应对成果负责。

2.2.7 检查结果

表 2-3 左侧列出了有效应用团队绩效域的成果，右侧列出了针对这些成果的检查方法。

表 2-3. 检查成果 — 团队绩效域

成果	检查
共享责任	所有项目团队成员都了解愿景和目标。项目团队对项目的可交付物和项目成果承担全责。
高绩效团队	项目团队彼此信任，相互协作。项目团队适应不断变化的情况，并在面对挑战时有承受力。项目团队感到被赋能，同时对项目团队成员赋能并认可。
所有项目团队成员都展现出相关领导力和其他人际关系技能	项目团队成员运用批判性思维和人际关系技能。项目团队成员的领导风格适合项目的背景和环境。

2.3 开发方法和生命周期绩效域

开发方法和生命周期绩效域

开发方法和生命周期绩效域涉及与项目的开发方法、节奏和生命周期阶段相关的活动和功能。

有效执行此绩效域将产生以下预期成果：

- 与项目可交付物相符的开发方法。
- 由从项目开始到结束各个阶段组成的项目生命周期，这些阶段将业务交付与干系人价值联系起来。
- 由促进提供项目可交付物所需的交付节奏和开发方法的阶段组成的项目生命周期。

图 2-6. 开发方法和生命周期绩效域

这一绩效域需要建立优化项目成果所需的开发方法、交付节奏和项目生命周期。

以下定义与开发方法和生命周期绩效域相关：

可交付物。为完成某一过程、阶段或项目而必须产出的任何独特并可核实的产品、结果或服务能力。

开发方法。在项目生命周期内用于创建和演变产品、服务或结果的方法，例如预测、迭代、增量、适应型或混合型方法。

节奏。在整个项目期间所开展活动的节律。

项目阶段。一组具有逻辑关系的项目活动的集合，通常以一个或多个可交付物的完成为结束。

项目生命周期。项目从开始到结束所经历的一系列阶段。

2.3.1 开发、节奏和生命周期之间的关系

项目可交付物的类型决定了如何进行开发。可交付物的类型和开发方法会影响项目交付的次数和节奏。可交付物的开发方法和所期望的交付节奏决定了项目生命周期及其阶段。

2.3.2 交付节奏

交付节奏是指项目可交付物的时间安排和频率。项目可以一次性交付、多次交付或定期交付。

- **一次性交付。**一次性交付的项目只在项目结束时交付。例如，对于流程再造项目，在项目接近收尾、新过程推出之前，可能不会进行任何交付。

- **多次交付。**有些项目会进行多次交付。一个项目可能包含多个组件，这些组件会在整个项目期间的不同时间交付。新药开发项目可能会进行多次交付，例如临床前提交、第 1 阶段临床试验结果、第 2 阶段临床试验结果、第 3 阶段临床试验结果、注册和上市。在此示例中，交付是按顺序进行的。有些项目的交付是单独而非按顺序进行的，例如更新建筑安全措施的项目。交付物可能包括进入建筑的物理屏障、新工作证、新密码门禁盘等。每件交付物都是单独交付的，无需按特定顺序交付。所有交付物都在项目被视为完成之前交付完毕。

- **定期交付。**定期交付与多次交付非常相似，但定期交付是按固定的交付进度计划进行，例如每月或每两个月交付一次。新的软件应用程序可能每两周进行一次内部交付，然后定期向市场发布。

另一种交付方案被称为持续交付。持续交付是将特性增量立即交付给客户（通常通过使用小批量的工作和自动化技术）的实践。持续交付可用于数字化产品。从产品管理的角度看，持续交付强调在整个产品生命周期内产生收益和价值。与项目类似，持续交付的各个方面都是以开发为导向的。然而与项目集类似，持续交付中可能存在许多开发周期和维护活动。这种交付类型更适合于稳定且保持原班人马的项目团队。由于项目团队专注于一种产品，因此他们可以充分应用关于产品、干系人和市场的知识。这使团队能够应对市场趋势并聚焦于价值交付。DevOps、#noprojects 和 Continuous Digital 等多种方法中都包含了这种实践做法。

2.3.3 开发方法。

开发方法是在项目生命周期内创建和演变产品、服务或结果的方法。开发方法各不相同；不同的行业可能会使用不同的术语来指称各种开发方法。三种常用方法是预测型方法、混合型方法和适应型方法。如图 2-7 所示，这些方法通常被视为一个频谱，从频谱一端的“预测型方法”到另一端的“适应型方法”逐渐变化。

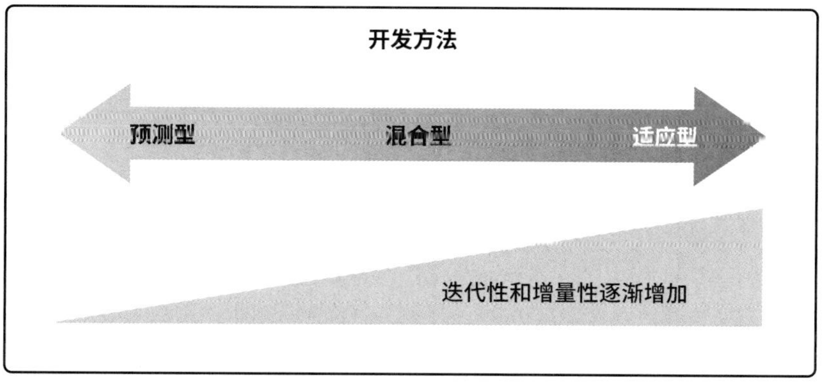

图 2-7. 开发方法

- **预测型方法。**在项目开始时就可以定义、收集和分析项目和产品需求时，预测型方法非常有用。这种方法也可称为瀑布型方法。当涉及重大投资和高风险，可能需要频繁审查、改变控制机制以及在开发阶段之间重新规划时，也可以使用这种方法。范围、进度、成本、资源需要和风险可以在项目生命周期的早期阶段明确定义，它们相对稳定。这种开发方法使项目团队能够在项目早期降低不确定性的水平，并提前完成大部分规划工作。预测型方法可以通过概念验证开发探索各种选项，但大多数项目工作都遵循临近项目开始时制定的计划。在许多情况下，采用这种方法的项目都可借鉴以前类似项目的模板。

开发新社区中心的项目可能会使用预测型方法来建造场地和设施。范围、进度计划、成本和资源将预先确定，变更则可能极少发生。建造过程将遵循计划和蓝图。

- **混合型方法。**混合型开发方法是适应型方法和预测型方法的结合体。这意味着，预测型方法中的某些要素和适应型方法中的某些要素都会用到。当需求存在不确定性或风险时，这种开发方法非常有用。当可交付物可以模块化时，或者当有可由不同项目团队开发的可交付物时，混合型方法也很有用。混合型方法比预测型方法更具适应性，但不如纯粹的适应型方法的适应性强。

  混合型方法通常使用迭代开发方法或增量式开发方法。迭代方法对于澄清需求和调查各种选项非常有用。在最后一个迭代之前，迭代方法可以生成视为可以接受的足够功能。增量方法是用于在一系列迭代过程中生成可交付物。每个迭代都会在预先确定的时间期限（时间盒）内增加功能。该可交付物包含的功能只有在最后一个迭代结束后才被视为已完成。

  迭代和增量开发之间的差异及相互作用如图 2-8 所示。

  采用混合型方法的一个示例可能是使用适应型方法开发产品，而其需求具有极大不确定性。不过，可以采用预测型方法部署产品。另一个示例是一个项目有两个主要可交付物，其中一项可交付物是采用适应型方法开发的，另一项是采用预测型方法开发的。

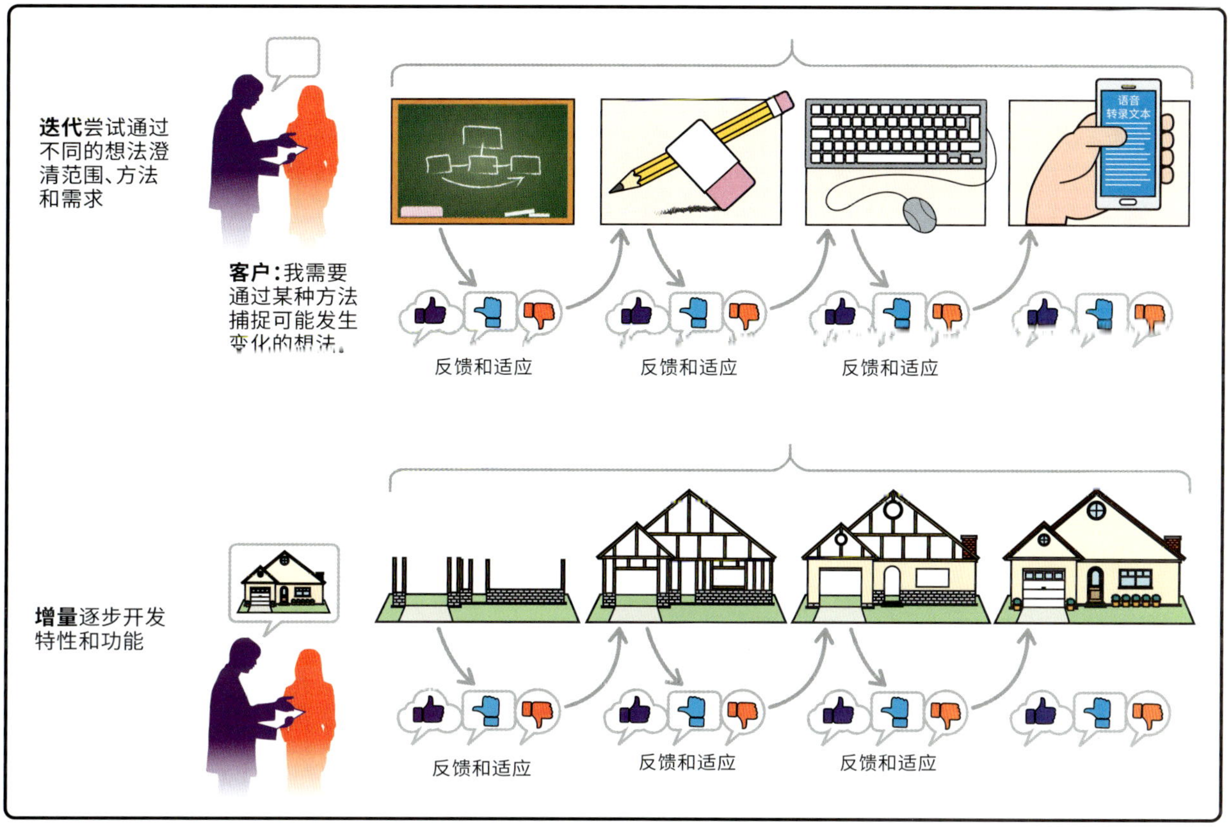

图 2-8. 迭代开发和增量开发

社区中心可以用迭代方式开发和部署一个提供老年人服务的项目。例如，第一个迭代可以是“上门送餐服务”计划。随后可提供交通服务、集体出游和活动、为看护者减负、成人日间护理及诸如此类的服务。每项服务都将单独实施，并可在各自完成时进行部署。每项额外的服务都会改善和增加面向社区提供的老年人服务。

为社区行动巡查志愿者安排培训的项目可以采用增量方法。培训内容由基础培训、后勤培训和巡查培训几个版块构成，可以由不同人员负责开发。开发时可以采用多个模块同时进行的方式，也可以先开发一个模块、收集反馈，然后再开发后续模块。但只有在所有模块均开发完毕并且进行了集成与部署后，社区行动巡查培训方案才算是开发完成。

- **适应型方法。**当需求面临高度的不确定性和易变性的影响，并且可能在整个项目期间发生变化时，适应型方法非常有用。在项目开始时确立了明确的愿景，最初的已知需求会根据用户反馈、环境或意外事件来完善、详细说明、更改或替换。

  适应型方法具体包括运用迭代方法和增量方法。但是，从处于开发方法频谱图远端的适应型方法来看，迭代往往会缩短，并且产品更有可能根据干系人反馈进行演变。

  虽然敏捷是一种比开发框架更广泛的思维方式，但敏捷方法可以被视为具有适应性。某些敏捷方法需要持续时间为一至两周的迭代，而且在每个迭代结束时会展示所取得的成就。项目团队积极参与每个迭代的规划。项目团队将根据优先级确定的待办事项列表来决定他们可以实现的目标范围，估算所涉及的工作，并在整个迭代期间进行协作以不断制定范围。

社区中心需要一个网站，以便社区成员可以通过自己的家庭计算机、电话或平板电脑访问信息。可以预先定义高层级需求、设计和页面布局。并在网站上部署一组初始信息。用户反馈、新服务和内部干系人需要将为待办事项列表提供内容。将待办事项列表信息优先级排序，网络团队将开发并部署新内容。随着新需求和新范围的出现，团队会对该工作进行估算，并完成工作；一旦经过测试，就将向干系人展示该工作成果。如果获得批准，工作成果将部署到网站上。

2.3.4 选择开发方法的考虑因素

有几个因素影响着开发方法的选择。它们可以分为以下几类：产品、服务或结果，项目和组织。以下几个小节将介绍与每个类别相关的变量。

2.3.4.1 产品、服务或结果

与产品、服务或结果的性质相关的许多变量会影响开发方法。以下列表概述了在选择开发方法时要考虑的一些变量。

- **创新程度。**在充分了解范围和需求的情况下，项目团队以前曾完成的工作且能够提前规划的可交付物非常适合采用预测型方法。创新程度高或项目团队没有做过的可交付物更适合采用更多适应性的方法。
- **需求确定性。**当需求变得众所周知且易于定义时，预测型方法非常适合。而当需求不确定、易变或复杂且预期在整个项目期间会发生演变时，更具有适应型特征的方法可能更适合。

- **范围稳定性。**如果可交付物的范围稳定且不可能发生变化，则预测型方法非常有用。如果范围预期会有许多变更，开发方法频谱图上更靠近适应型方法这一端的会很有用。
- **变更的难易程度。**这与需求确定性和范围稳定性相关。如果可交付物的性质使得管理和合并变更较为困难，那么预测型方法就是最佳的。对于容易适应变更的可交付物，可以采用更具适应性的方法。
- **交付选项方案。**如第 2.3.2 节（“交付节奏”）中所述，可交付物的性质以及能否以组件形式交付将影响开发方法。可以分组块开发和/或交付的产品、服务或结果选用增量方法、迭代方法或适应型方法皆可。有些大型项目可以采用预测型方法进行规划，但其中有些组块可以增量式开发和交付。
- **风险。**存在固有高风险的产品需要在选择开发方法之前进行分析。某些高风险产品可能需要大量前期规划和严格的流程减少威胁。通过采用模块化构建方法，并根据认知调整设计与开发来把握新机会或降低风险，其他产品也能降低风险。
- **安全需求。**具有严格安全需求的产品通常采用预测型方法，因为需要进行大量的预先规划，以确保所有安全需求都得到识别、规划、创建、整合和测试。
- **法规。**对受到严格法规监管的环境，由于有所需的流程、文档和演示的需要，可能需要采用预测型方法。

2.3.4.2 项目

影响开发方法的项目变量主要涉及干系人、进度制约因素和资金可用情况。

- **干系人。**在项目整个过程中，采用适应型方法需要干系人大量参与。某些干系人（例如产品负责人）在确定工作及其优先级方面发挥着重要作用。

- **进度制约因素。**如果需要尽早交付某种产品，即使不是成品，迭代式或适应型方法也是有益的。
- **资金可用情况。**在资金不确定的环境中运行的项目可以从适应型方法或迭代式方法中受益。与精心设计的产品相比，发布最小可行产品所需投资较少。这使得只需极少的投资就能进行市场测试或占领市场。也可以根据市场对产品或服务的反应实施进一步投资。

2.3.4.3 组织

组织变量（如结构、文化、能力、项目团队规模和所处位置）会影响开发方法。

- **组织结构。**对于有多个层级、严格的汇报结构、官僚作风浓厚的组织结构经常采用预测型方法。采用适应型方法的项目往往具有扁平式结构，并且可与进行自组织的项目团队一起开展工作。
- **文化。**预测型方法更适合于具有管理和指导文化的组织；这种组织会制定周密的工作计划，并根据相关基准测量进展情况。适应型方法则更适合于强调项目团队自我管理的组织。
- **组织能力。**从预测型开发方法过渡到适应型方法，然后再到使用敏捷方法，这样做不仅仅只是说组织将具有敏捷性。也需要从整个组织的高级管理层开始转变思维模式。组织政策、工作方式、汇报结构和态度都应保持一致，唯有如此才能成功地运用适应型方法。
- **项目团队的规模和所处位置。**适应型方法（特别是敏捷方法）通常更适用于拥有 7 ± 2 名成员的项目团队。适应型方法对位于同一物理空间的项目团队也非常有效。对于大型项目团队和主要通过虚拟方式工作的项目团队，采用更靠近开发方法频谱上预测型一端的方法效果更好。但是，有些方法寻求扩展适应型方法，以适用于成员散布不同地点的大型项目团队。

2.3.5 生命周期和阶段的定义

项目生命周期中项目阶段的类型和数量取决于许多变量，其中主要是交付节奏和开发方法（如上所述）。生命周期中阶段的示例包括：

- **可行性阶段。**此阶段会确定商业论证是否有效以及组织是否有能力交付预期成果。
- **设计阶段。**通过规划和分析，可以设计将要开发的项目可交付物。
- **构建阶段。**通过整合的质量保证活动实施构建可交付物。
- **测试阶段。**在移交、上线或客户验收之前，会对可交付物进行最终质量审查和检查。
- **部署阶段。**项目可交付物投入使用，而且持续稳定、实现收益和组织变革管理所需的移交活动均已完成。
- **收尾阶段。**项目收尾了，要存档项目知识和工件，解散项目团队成员，并关闭合同。

项目阶段通常设有阶段关口，以便在进入下一阶段之前检查是否已达到预期成果或满足当前阶段的退出标准。退出标准可能与可交付物、合同义务、满足特定绩效目标或其他有形措施的验收标准密切相关。

图 2-9 显示了各个阶段依次完成的生命周期。这种类型的生命周期与预测型开发方法非常匹配，因为每个阶段只进行一次，每个阶段都侧重于某一特定类型的工作。但有些情况（例如增加范围、需求变化或市场变化）则会导致某些阶段重复进行。

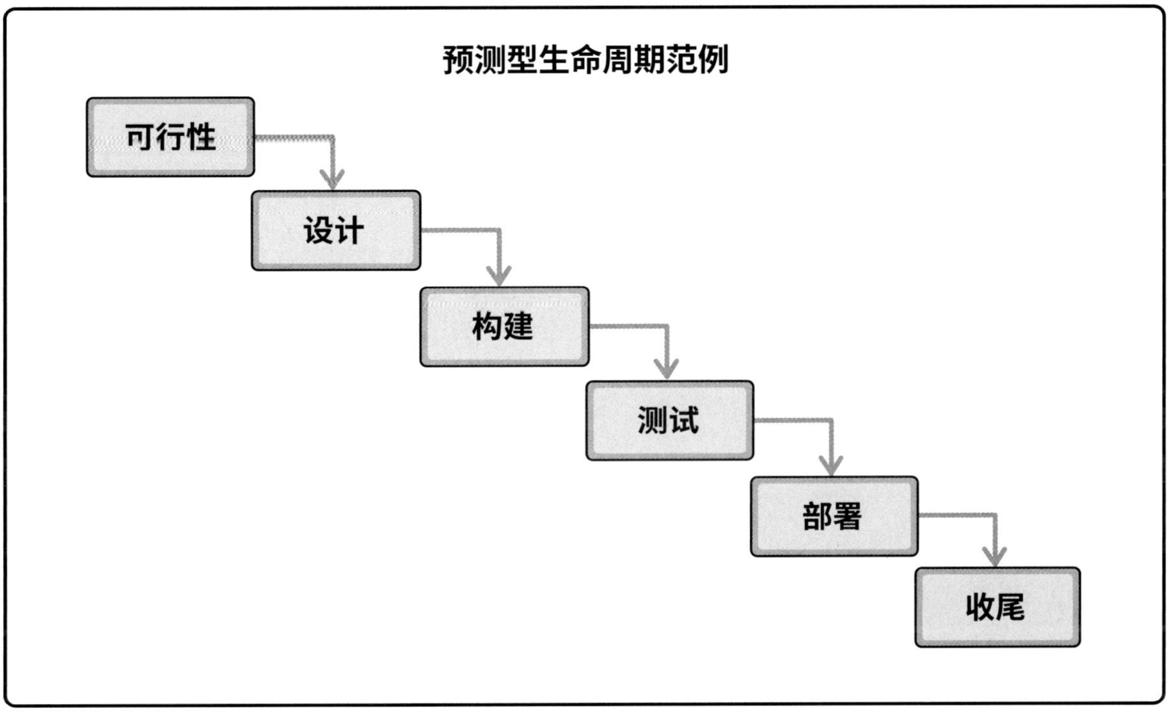

图 2-9. 预测型生命周期范例

图 2-10 显示了一个采用增量式开发方法的生命周期。本示例中显示了由计划、设计和构建组成的三次迭代。每个后续的构建都将在初始构建上增加功能。

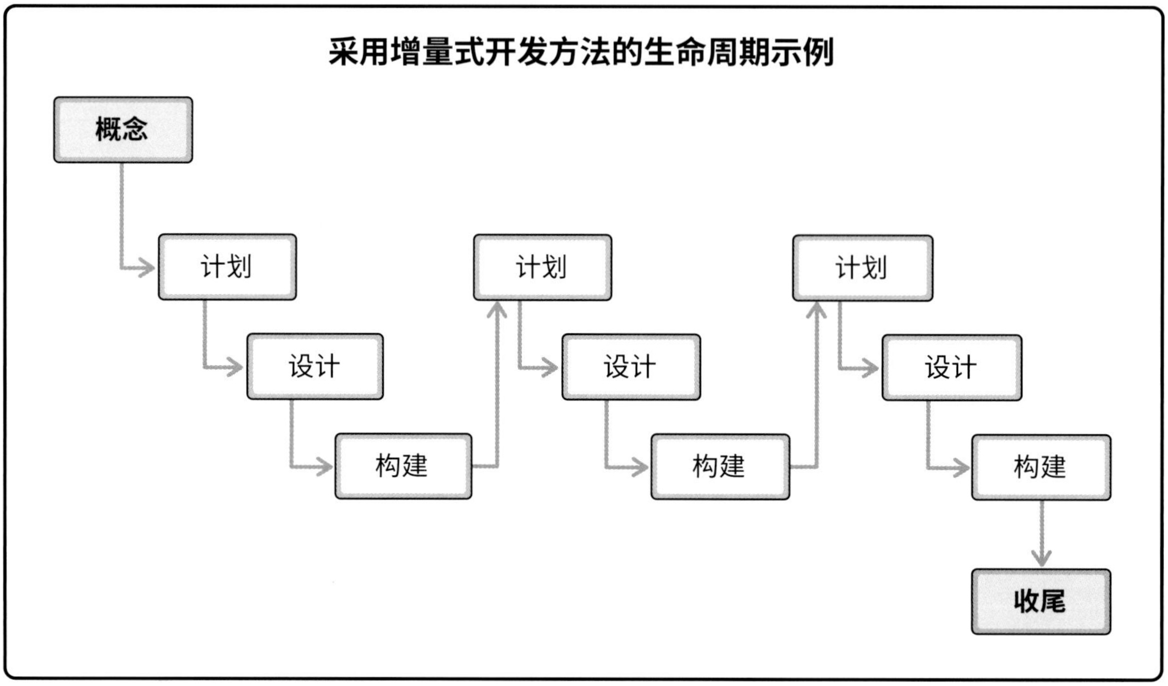

图 2-10.采用增量式开发方法的生命周期

图 2-11 显示了一个采用适应型开发方法的生命周期。在每次迭代（有时称为*"冲刺"*）结束时，客户会对具有功能性的可交付物进行审查。在审查时，关键干系人会提供反馈，项目团队会更新项目待办事项列表，以确定下一次迭代中特性和功能的优先级。

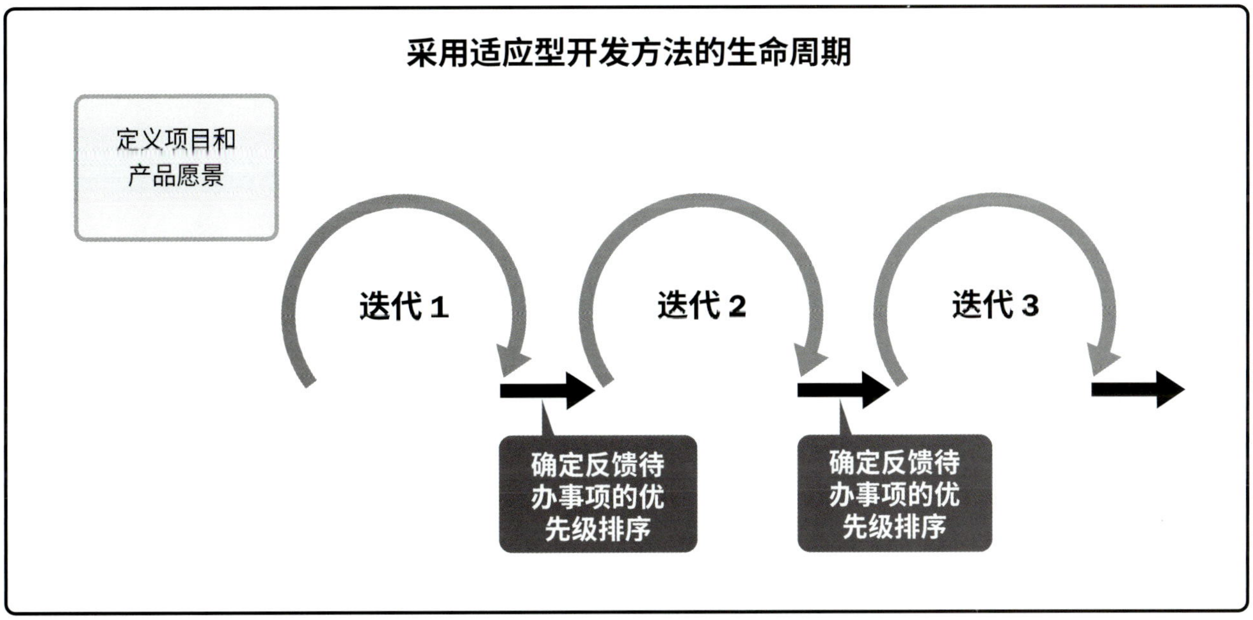

图 2-11. 采用适应型开发方法的生命周期

可对此方法做出调整，以便在持续交付情况下使用此方法，具体如第 2.3.2 节（交付节奏）所述。

有几种适应型方法论（包括敏捷方法）会进行基于工作流的进度规划，这种进度规划不会采用生命周期或阶段的概念。此举的一个目标是根据资源能力、材料和其他输入优化交付流程。另一个目标是最大限度地减少时间和资源浪费，并优化过程效率和可交付物的产出量。采用这些实践和方法的项目通常采用在精益和准时制（JIT）中使用的看板进度规划系统。

2.3.6 协调交付节奏、开发方法和生命周期

我们将重温第 2.3.3 节中描述的社区中心示例，以揭示交付节奏、开发方法和生命周期是如何融合在一起的。在该示例中，共有四种产品和服务：建筑物、社区行动巡查 (CAP) 培训、老年人服务和网站。表 2-4 描述了交付节奏和开发方法。

表 2-4.交付节奏和开发方法

可交付物	交付节奏	开发方法
构建	一次性交付	预测
老年人服务	多次交付	迭代
网站	定期交付	自适应
社区行动巡查培训	多次交付	增量

根据这些信息，潜在的生命周期可能为：

- **启动阶段。**此阶段的进入标准是：商业论证已获批准，而且项目章程已获审批。这一阶段将制定高层级路线图，确定初步的资金需求，定义项目团队和资源需求，制定里程碑进度规划，及采购战略规划。这些可交付物应在退出启动阶段之前完成。退出标准将在初始阶段关口审查会议上进行审查。
- **规划阶段。**在这一阶段，示例中建筑物的高层级信息将被分解为各个详细的计划。CAP 培训的详细设计文件将编制完成。并将完成对面向老年人的产品/服务的分析，与差距分析。还将创建网站的初始线框图。这些可交付物应在退出计划阶段之前完成。退出标准将在规划阶段关口审查会议上进行审查。

- **开发阶段。**此阶段将与测试阶段和部署阶段重叠，因为可交付物有着不同的交付节奏和不同的方法。在此将提前交付网站的部分内容，以便向公众通报社区中心的进展情况。一些老年人服务和 CAP 培训的活动可能会在社区中心开放之前开始。在进入测试阶段之前，每项可交付物都可能受到单独的审查。
- **测试阶段。**此阶段将与开发阶段和部署阶段重叠。测试的类型取决于可交付物。这一阶段包括对建筑物的检查、对 CAP 课程的测试交付、对老年人服务的小规模试验以及在网站每个版本的测试环境中运行。在进入部署阶段之前，每项可交付物都将经过应用的测试。
- **部署阶段。**此阶段将与开发和测试阶段重叠。网站的首次部署可能在项目早期进行。随着更多可交付物可以使用，此阶段中的活动将重复进行。项目的最终部署将是在社区中心开放运营的时候。社区中心开放后，对网站和老年人服务进行持续更新将成为业务活动的一部分。
- **收尾阶段。**随着可交付物的完成，此阶段会定期进行。在初始网站部署后，项目人员（包括承包商）将会被解散，每项可交付物的总结回顾或经验教训也将完成。当整个项目完成时，将获得各个阶段关口审查的信息，并对比基准来完成项目绩效的总体评价。在最终收尾之前，将对项目章程和商业论证进行审查，以确定可交付物是否实现了预期的收益和价值。

图 2-12 显示了社区中心项目可能的生命周期。启动和计划阶段是按顺序进行的。开发、测试和部署这几个阶段可能会相互重叠，因为不同的可交付物将在不同的时间进行开发、测试和部署，而某些可交付物会进行多次交付。该图更详细地展示了开发阶段，以说明不同的时间安排和交付节奏。测试阶段的节奏将遵循开发阶段的节奏。交付将在部署阶段显示。

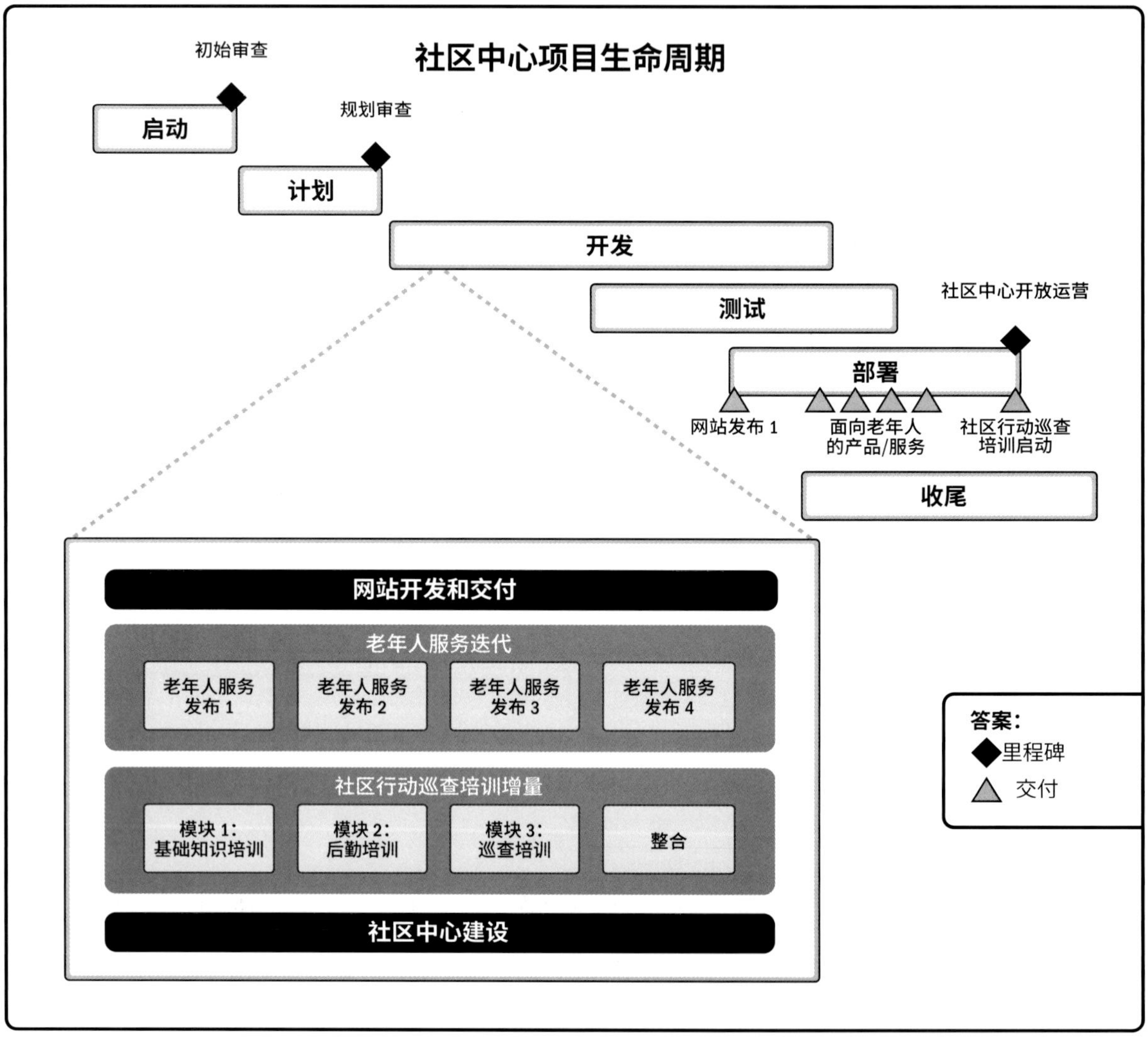

图 2-12. 社区中心项目生命周期

询问生命周期中各个阶段的名称并非所有项目从业者都能区分清楚开发方法和生命周期。在一些从业者谈到开发方法时，会说一个项目遵循敏捷生命周期。一些从业者将预测型方法称为*“瀑布式方法”*。适应型开发方法也可称为演进的方法。

由于项目管理在不断发展，因此所用的语言也在不断演变。要想了解某人所指的到底是哪种方法，最好要确定其可交付物的开发方式，并向其询问生命周期中各个阶段的名称。这有助于构建项目框架并了解人们是如何使用术语的。

2.3.7 与其他绩效域的相互作用

开发方法和生命周期绩效域与干系人绩效域、规划绩效域、不确定性绩效域、交付绩效域、项目工作绩效域和团队绩效域相互作用。所选的生命周期会影响进行规划的方式。预测型生命周期会提前进行大部分规划工作，然后继续使用滚动式规划和渐进明细来重新规划。随着威胁和机会的发生，计划也会得到更新。

开发方法和交付节奏是减少项目不确定性的一种方法。如果一个可交付物存在要满足监管要求相关的大量风险，则可能会选择一种预测型方法来增加额外测试、文档编写以及健全的流程和程序。如果一个可交付物存在要与干系人验收相关的大量风险，则可能会选择一种迭代方法，并向市场发布最小可行产品，以便在开发其他特性和功能之前获得反馈。

在考虑交付节奏和开发方法时，开发方法和生命周期绩效域与交付绩效域有很多重叠。交付节奏是确保价值交付与商业论证和收益实现计划保持一致的主要驱动因素之一。启发产品需求并满足交付绩效域所述的质量要求对开发方法有着重大影响。

在项目团队能力和项目团队领导力技能方面，团队绩效域与开发方法和生命周期绩效域会相互作用。项目团队的工作方式和项目经理的风格会因开发方法的不同而有很大差异。采用预测型方法时，通常需要更加重视预先规划、测量和控制。在开发方法频谱图另一端，适应型方法（特别是在使用敏捷方法时）需要更多的服务型领导风格，而且可能会形成自我管理的项目团队。

2.3.8 衡量成果

表 2-5 左侧列出了成果，右侧列出了针对这些结果的检查方法。

表 2-5. 检查成果 — 开发方法和生命周期绩效域

成果	检查
与项目可交付物相符的开发方法	可交付物的开发方法（预测型、混合型或适应型）反映了产品变量，而且对既定项目和组织的变量也是适合的。
由从项目开始到结束各个阶段组成的项目生命周期，这些阶段将业务交付与干系人价值联系起来。	从启动到收尾的项目工作以项目阶段表示。阶段包括适当的退出标准。
由促进提供项目可交付物所需的交付节奏和开发方法的阶段组成的项目生命周期。	开发、测试和部署的节奏以生命周期阶段表示。如果项目具有多个可交付物，且交付节奏和开发方法不同，则在必要时通过将阶段重叠或重复来表示。

2.4 规划绩效域

在整个项目期间，规划组织、详细制定和协调项目工作。

规划绩效域

规划绩效域涉及为交付项目可交付物和项目成果所需的与初始、持续进行和演变的组织和协调相关的活动和功能。

有效执行此绩效域将产生以下预期成果：

- 项目以有条理、协调一致和经过周密考虑的方式推进。
- 有一种交付项目成果的整体方法。
- 对不断演变的信息做出了详细说明，以生成开展项目所寻求获得的可交付物和项目成果。
- 规划所花费的时间适合于相关情况。
- 规划信息足以管理干系人期望。
- 在整个项目期间，根据新出现的和不断变化的需要或条件，形成了一个对计划做出调整的过程。

图 2-13. 规划绩效域

以下定义与规划绩效域相关：

估算。对某一变量的可能数值或结果的定量评估，如项目成本、资源、人力投入或持续时间。

准确度。在质量管理体系中，准确度是指对正确程度的评估。

精确度。在质量管理体系中，“精确度”是指对精准程度的评估。

赶工。通过增加资源，以最小的成本代价来压缩进度工期的一种方法。

快速跟进。一种进度压缩方法，将正常情况下按顺序进行的活动或阶段改为至少部分按并行方式开展。

预算。经批准的对整个项目、任一工作分解结构 (WBS) 组件或任一进度活动所做的估算。

2.4.1 规划概述

规划的目的是积极主动地制定一种方法来创建项目可交付物。项目可交付物会推动项目所要取得的成果。高层级规划可以在项目批准授权之前开始。项目团队会逐步制定初始项目文件，例如愿景陈述、项目章程、商业论证或类似文件，以识别或定义实现预期成果的相互合作的方法。

除了财务影响之外，在初步规划中考虑社会和环境影响的做法越来越普遍（有时称为三重底线）。这可能会采取产品生命周期评估（即评估产品、过程或系统的潜在环境影响）的形式。产品生命周期评估为产品和过程的设计提供信息。它会考虑材料和过程有关可持续性、毒性和环境的影响。

在项目开始之前和整个项目期间，规划所花费的时间应由具体情况确定。花费比需要的更多时间进行规划属于低效行为。因此，从规划中获得的信息应足以用适当方式推进工作，但这些信息不应超过必要的详细程度。项目团队会使用规划工件来确认干系人的期望，并向干系人提供信息，以便他们做出决策、采取行动，使得项目与干系人之间保持一致。

2.4.2 规划的变量

由于每个项目都是独一无二的，因此规划的数量、时间安排和频率各不相同。影响项目规划方式的变量包括（但不限于）：

- **开发方法。**开发方法会影响如何规划、规划多少及何时实施规划。范例包括：
  - 生命周期早期进行规划或组织的特定阶段。在这些情况下，大部分规划都是预先进行的。在整个项目期间，最初的计划会渐进明细地制定，但对原来的范围没有什么改变。
  - 一种预先进行高层级规划的方法，随后是使用原型的设计阶段。在项目团队和干系人对设计表示同意后，项目团队将完成更详细的规划。
  - 项目团队实施迭代的适应型方法。一些规划会提前进行，以制定发布计划，而进一步的规划会在每个迭代开始时进行。

- **项目可交付物。**通常需要以特定方式规划项目可交付物。建筑项目需要进行大量的前期规划，以便对设计、审批、材料采购、物流和交付做出说明。产品开发或高技术项目可以采用持续和适应型的规划，以便根据干系人的反馈和技术进步进行演变和变更。
- **组织需求。**组织治理、政策、程序、流程和文化可能会要求项目经理提供特定的规划工件。
- **市场条件。**产品开发项目可能会在竞争激烈的环境中进行。在这种情况下，项目团队可以进行最低限度的前期规划，因为重点是加快投入市场的速度。大量的规划必然造成延迟的成本会超过潜在返工的风险。
- **法律或法规限制。**监管机构或法规可能要求必须先提供特定的规划文件，然后才能得到进行实施的相关授权或者获得批准向市场发布项目可交付物。

2.4.2.1 交付

进行规划时，首先要了解商业论证、干系人需求以及项目和产品范围。*产品范围*是某项产品、服务或结果所具有的特性和功能。*项目范围*是为交付具有规定特性和功能的产品、服务或结果而必须完成的工作。

预测型规划方法从高层级项目可交付物开始，并将它们进行详细分解。这种方法可以使用范围说明书和/或工作分解结构 (WBS) 将范围分解为的内容。

使用迭代方法或增量方法的项目可以包含高层级的主题或史诗故事，这些主题或史诗故事会分解为各种特性，而这些特性然后会分解为用户故事和其他待办事项列表。在进行重大投资之前，对于独特、重要、有风险或与众不同的工作可进行优先级排序，以便项目开始时减少与项目范围相关的不确定性。项目团队会根据负责的最后决策时刻这一概念规划日常工作。这种方法的原理是：为了使团队能够考虑多个选项，推迟决策的时间点，直到进一步推迟将导致成本超过收益。它不会花时间为可能改变或不需要的工作制定计划，从而减少浪费。

2.4.2.2 估算

规划需要对工作投入、持续时间、成本、人员和实物资源进行估算。估算是对某一变量的可能数值或结果的定量评估，如项目成本、资源、人力投入或持续时间。随着项目的发展，估算可能会根据当前的信息和情况而变化。项目生命周期中的阶段会影响与估算相关的四个方面：

- **区间。**当没有与项目和产品范围、干系人、需求、风险和其他情况相关的很多信息时，项目开始时的估算往往有较大的区间。图 2-14 显示了开始探索项目机会时的区间为 -25% 至 +75%。在生命周期中进展良好的项目的估算区间可能为 -5% 至 +10%。
- **准确度。**准确度是指估算的正确性。准确度与区间相关，因为准确度越低，估算值的潜在区间就越大。项目开始时的估算的准确度将低于项目中途进行的估算的准确度。
- **精确度。**精确度与准确度不同（请参见图 2-15）。精确度是指与估算相关的精准度。例如，估算 2 天的时长比“本周某个时间”更精确。估算的精确度应与所需的精准度相符。
- **信心。**信心会随经验的增长而增加。处理以前的类似项目的经验有助于提高所需的信心。对于新的和不断演变的技术组件，预计人们对估算的信心会很低。

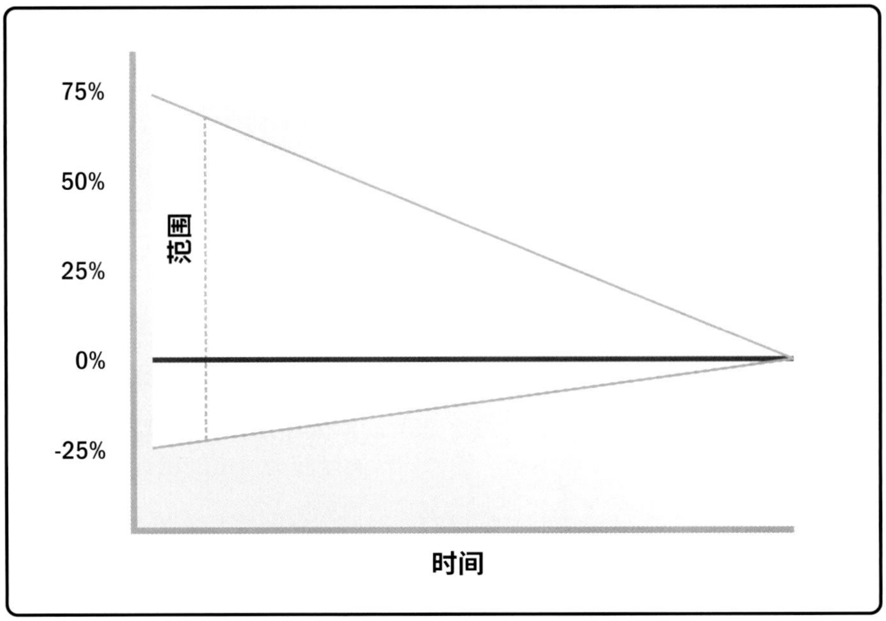

图 2-14. 估算区间随时间的推移而缩小

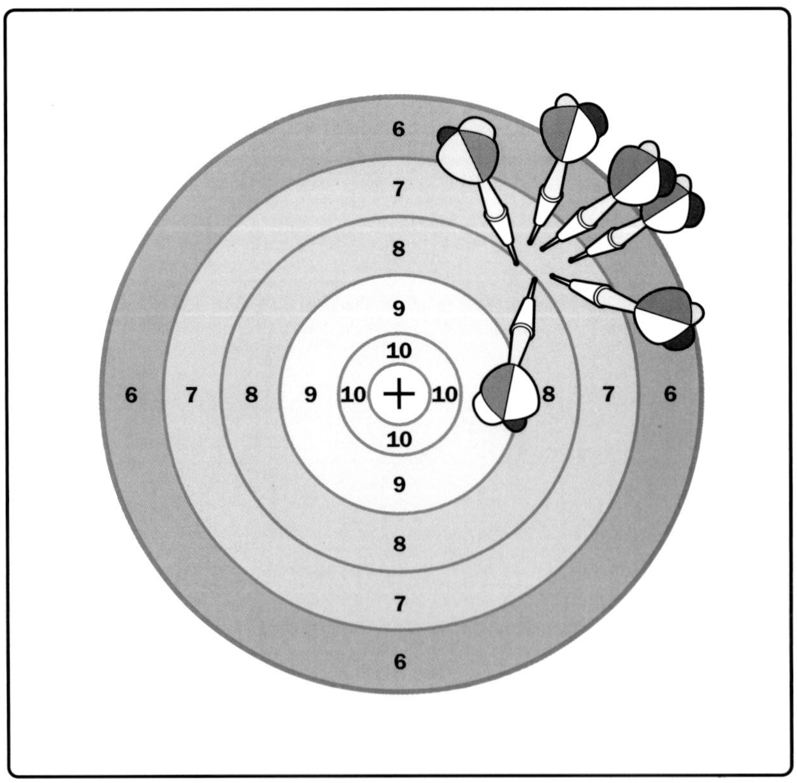

图 2-15. 准确度低但精确度高

有不同的展示和/或调整估算的方法：

- **确定性估算和概率估算。**确定性估算，也称为点估算，表示为一个数字或金额，如 36 个月。

  概率估算包括一定区间内的估算以及该区间内的相关概率。可以通过以下方式手动确定这些估算值：(a) 根据多个可能的结果计算加权平均值，或 (b) 进行模拟，对特定结果进行概率分析，通常是从成本或进度计划的角度进行分析。

从计算机模拟中得出的概率估算有三个相关因素：

1. 具有一定区间（例如 36 个月 +3 个月/-1 个月）的点估算。
2. 置信程度，例如 95% 的置信水平。
3. 概率分布 — 描述特定区间内和周围的数据分布情况。

这三个因素共同构成了一个可描述概率估算的完整测量指标。

- **绝对和相对估算。**绝对估算是具体信息，使用实际数字。人力投入的绝对估算可能显示为 120 小时的工作。假设每个工作日工作 8 小时，一名全职员工可以在 15 个工作日内完成工作。

  绝对估算很具体，而相对估算是与其他估算相对比的结果。相对估算只在特定情况下有意义。

相对估算的其中一种形式是计划扑克牌。在计划扑克牌中，开展工作的项目团队会就交付价值所需的人力投入达成共识。使用故事点来估算工作的结果可能会为该工作分配 64 个故事点。使用与分配给以前工作的点数相比的估算工作量，对新工作进行估算。因此，新工作的人力投入是在与以前已知的工作人力投入比较后估算得出的。

- **基于工作流的估算。**基于工作流的估算是通过确定周期时间和产量来制定的。周期时间是一个产品经过一个完整过程的总消耗时间。产量是指可以在给定时间内完成一个完整过程的产品数。这两个数字可以提供完成指定工作量所需的估算。
- **调整对不确定性的估算。**估算本身具有不确定性。根据定义，不确定性与风险有关。可根据为确定这些参数的不确定性区间而进行模拟的结果，以调整关键可交付物的日期或预算估算值，或者增加应急时间或资金。

2.4.2.3 进度计划

进度计划是执行项目活动的模型，包括持续时间、依赖关系和其他规划信息。制定进度计划规划时可以采用预测型方法或适应型方法。

预测型方法遵循以下分步过程：

- **第 1 步：**将项目范围分解为具体活动。
- **第 2 步：**按顺序排列相关活动。
- **第 3 步：**估算完成活动所需的人力投入、持续时间、人员和实物资源。
- **第 4 步：**根据可用性为活动分配人员和资源。
- **第 5 步：**调整顺序、估算和资源，直至达成一致同意的进度计划。

如果进度模型与最初期望的结束日期不符，则可采用进度压缩方法。赶工是一种进度压缩方法，它旨在以最低的成本增加缩短持续时间。赶工可能包括为活动增加人员、加班或通过付费的方式加快交付速度。

快速跟进也是一种进度压缩方法，将正常情况下按顺序进行的活动或任务改为至少部分按并行方式开展。快速跟进通常需要在网络路径上应用提前量和滞后量。*提前量*是指加速开展紧后活动的工作，例如在紧前活动完成之前就开始紧后活动。在图 2-16 中，任务 2 的完成与任务 4 的开始之间有一个提前量。

*滞后量*是指延迟紧后活动。使用滞后量的一个示例是先变更活动之间的关系类型，然后应用滞后量。例如，不要等待一项活动在下一项活动开始之前完成（“完成到开始”关系），而是对活动之间的关系做出调整，在紧前活动结束后的一段确定的时间之后完成紧后活动（“完成到完成”关系）。网络逻辑将显示紧前活动完成与紧后活动完成之间的滞后量。图 2-16 展示了一个“完成到完成”关系的示例，其中任务 8 和任务 7 之间存在一个滞后量。在一项活动开始和另一项活动开始之间（“开始到开始”关系）也可以应用滞后量。

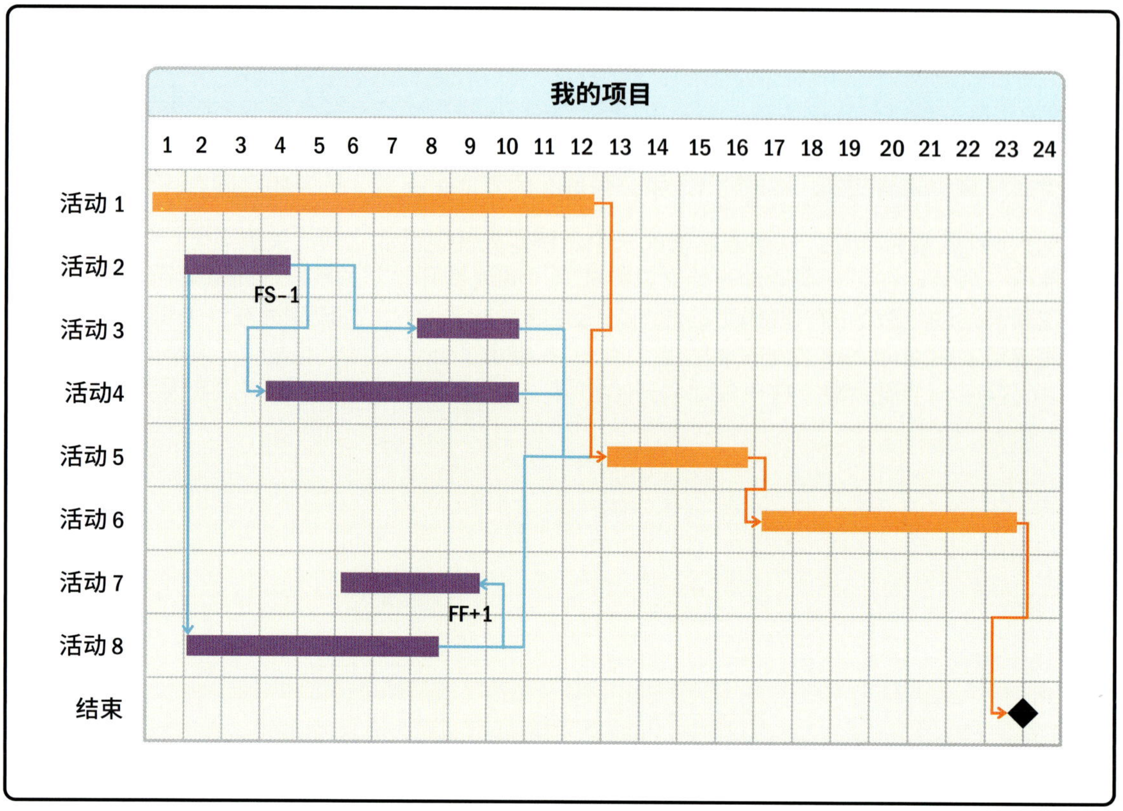

图 2-16. 快速跟进示例

压缩进度计划时，务必要确定活动之间依赖关系。由于工作的性质，某些活动无法快速跟进，而其他活动则可以。依赖关系的四种类型为：

- **强制性依赖关系。**合同要求的或工作的内在性质决定的依赖关系。这种类型的依赖关系通常不能改变。
- **选择性依赖关系。**一种基于最佳实践或项目偏好的关系。这种类型的依赖关系可以改变。
- **外部依赖关系。**项目活动与非项目活动之间的关系。这种类型的依赖关系通常不能改变。
- **内部依赖关系。**一个或多个项目活动之间的关系。这种类型的依赖关系可以改变。

适应型进度规划会采用增量规划的形式。此类制定进度计划的方法之一是基于迭代和发布计划确定的（请参见图 2-17）。制定一个高层级的发布计划，该计划将说明每个发布中要包含的基本特性和功能。在每个发布中，将有两个或多个迭代。在每个迭代中，商业价值和/或干系人价值都会有所增加。这些价值可能包括特性、风险降低、实验过程，或者交付或保护价值的其他方式。针对在未来发布的工作的规划保持在高层级，这样项目团队就不会根据早期发布的反馈对该规划做变更。

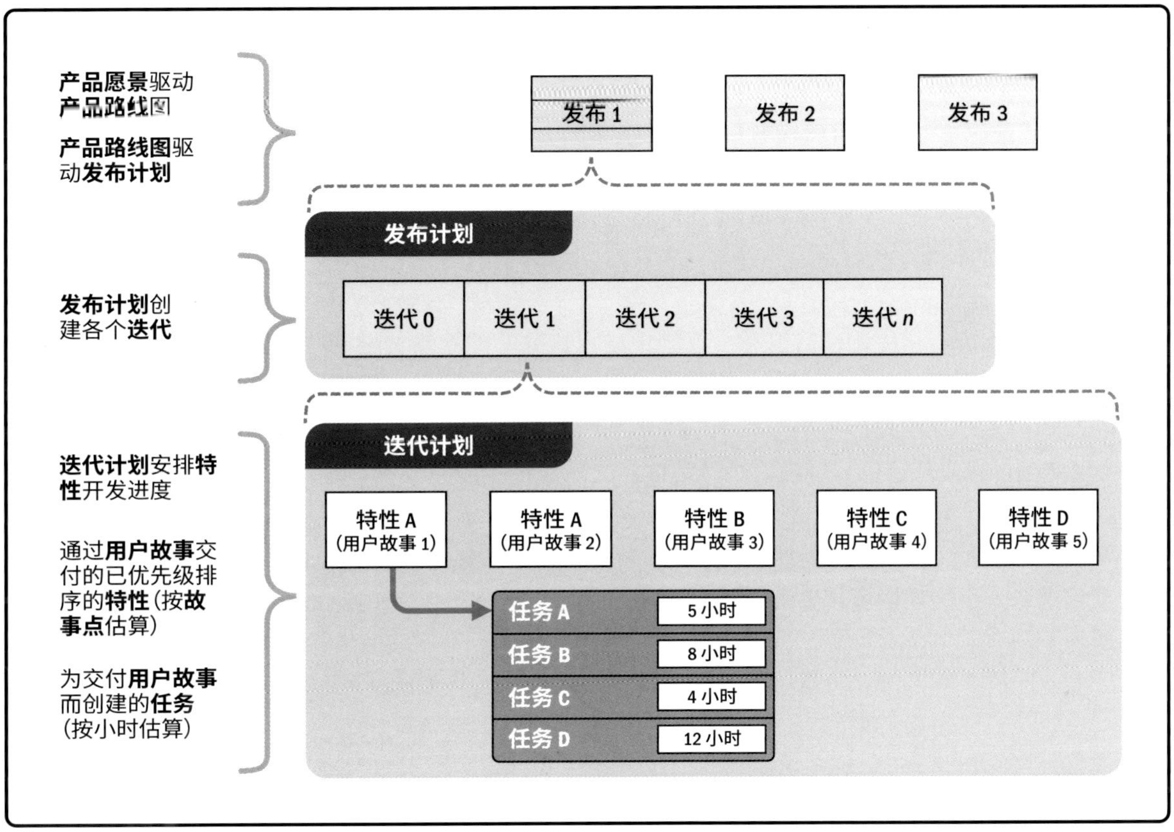

图 2-17. 发布和迭代计划

适应型方法通常会使用时间盒。每个时间盒中的工作都是基于优先级排序的待办事项列表。项目团队会确定他们在每个时间盒中可以完成的工作量，对工作做出估算，并进行自我管理，以便完成工作。在时间盒结束时，项目团队将展示已完成的工作。此时，可对待办事项列表和待完成工作的估算量做出更新，或为下一个时间盒重新优先级排序。

确定进度计划时需要使用“估算”一节中的信息来对总的持续时间和人力投入做出估算。无论采用何种方法制定进度计划，都需要处理人力投入和持续时间之间的关系。有些活动是由人力投入驱动的，这意味着可以通过增加人员来缩短持续时间。这种方法在达到一个临界点之前是奏效的，但在该临界点之后增加人员实际上可能会使持续时间延长。建造一座建筑物的工作就是由人力投入驱动的。增加人员，就可以缩短持续时间。某些活动的持续时间是固定的，例如运行测试或进行员工培训。

工作的性质将决定在由于协调、沟通、冲突和潜在返工而使时间延长之前，增加人员是否可以缩短以及能够缩短多少持续时间。没有固定的公式能确定增加人员可缩短多少持续时间。

2.4.2.4 预算

项目预算是从商定的项目估算演变而来的。第 2.4.2.2 节（“估算”）中的信息会被应用于项目成本，以制定成本估算。然后会将成本估算汇总，以制定成本基准。成本基准通常在整个项目进度计划中分配，以反映将于何时产生成本。这种实践做法使项目经理能够在特定预算期内核准的资金与所计划的工作之间取得平衡。如果某个预算期有资金限制，则可能需要重新安排工作，以符合这些限制。

项目预算应包括应急储备，以应对不确定性。之所以留出应急储备，是为了实施风险应对或应对发生的风险事件。

管理储备，则是为了应对与范围内工作有关的意外活动。管理储备可由项目、发起人、产品负责人或项目集和项目组合一级的项目管理办公室 (PMO) 管理，具体取决于组织的政策和组织结构。图 2-18 显示了预算逐渐累积的情况。

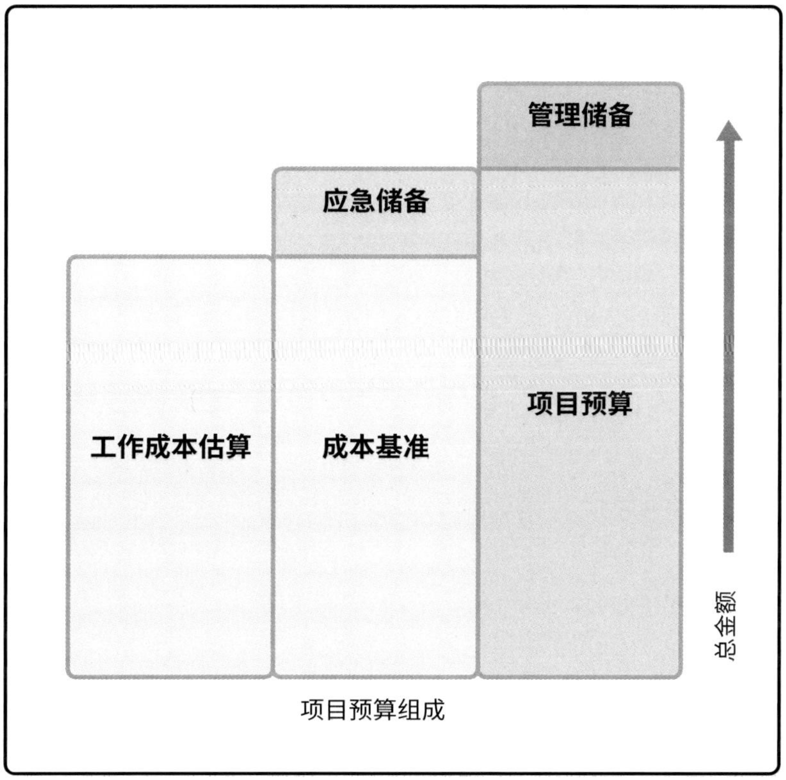

图 2-18. 预算逐渐累积

2.4.3 项目团队的组成和结构

规划项目团队[2]组成时，首要要确定完成项目工作所需的技能组合。这不仅需要评估技能，还需要评估熟练程度和类似项目方面的经验年限。

使用内部项目团队成员与获取组织外部人员的成本结构各不相同。项目经理会对外部技能给项目带来的收益与其将会产生的成本进行权衡。

---

[2] 此主题涉及针对项目团队进行规划。与项目团队领导相关的主题会在团队绩效域中讨论。

在针对项目团队进行规划时，项目经理会考虑项目团队在同一地点开展工作的能力和必要性。可以在同一个房间工作的小型项目团队能够利用渗透式沟通，并能在问题出现时就将问题解决。一些项目团队的成员位于不同地点。项目团队成员可能位于不同的城市、时区或国家/地区。项目团队成员通过虚拟方式开展工作，需要花费更多时间通过技术手段将人们连接起来。

2.4.4 沟通

沟通规划会与干系人识别、分析、优先级排序和参与的内容有所重叠，这些内容会在干系人绩效域（第 2.1 节）中描述。沟通在争取干系人有效参与方面是最重要的因素。为项目规划沟通时需要考虑以下因素：

- 谁需要信息？
- 每个干系人需要哪些信息？
- 为什么要与干系人共享信息？
- 提供信息的最佳方式是什么？
- 何时以及多久需要一次信息？
- 谁拥有所需要的信息？

可能存在不同类别的信息，例如内部信息和外部信息，敏感信息和公开信息，或一般信息和详细信息。分析干系人、信息需求和信息类别为制定项目的沟通过程和计划奠定了基础。

2.4.5 实物资源

实物资源适用于人员以外的任何资源。实物资源可以包括材料、设备、软件、测试环境、许可证等。如第 2.4.2.2 节所述，实物资源规划涉及估算以及供应链、物流和管理。拥有大量实物资源的项目（例如工程和建筑项目）将需要为采购活动制定计划，以获取资源。这可能与使用基本订购协议一样简单，也可能与管理、协调和整合多项大型采购活动一样复杂。

规划实物资源包括考虑到材料交付、移动、存储和处置的提前期，以及跟踪从抵达现场到交付集成产品的材料库存的手段。其项目需要大量实物材料的项目团队，会从战略角度思考和规划从订单到交付再到使用的时间安排。这可能包括评估批量订购对比存储成本、全球物流、可持续性，以及将实物资产与项目的其余部分进行整合管理。

2.4.6 采购

采购可以在项目期间的任何时候进行。但预先规划有助于设定期望，确保采购过程顺利进行。一旦了解了高层级范围，项目团队就会进行自制或外购分析。这包括确定将在内部开发的可交付物和服务，以及将从外部资源购买的可交付物和服务。这些信息会影响项目团队和进度计划。签订合同专业人士需要事先了解所需货物类型、何时需要这些货物以及所采购货物或服务所需的任何技术规范。

2.4.7 变更

整个项目期间会发生很多变更。某些变更是因发生风险事件或项目环境变化而导致的，有些则是基于对需求的深入了解，而其他变更则是由于客户请求或其他原因造成的。因此，项目团队应制定一种流程，以便在整个项目期间调整计划。这可能采取变更控制流程、重新确定待办事项列表的优先级排序或重新确定项目基准这些形式。具有合同要素的项目可能需要遵循已定义的合同变更流程。

2.4.8 度量指标

规划、交付和测量工作之间存在自然的联系。这种联系就是度量指标。制定度量指标包括设定临界值，指明工作绩效是否符合预期，是否有与预期绩效正向或负向偏离的趋势，或者是否不可接受。决定测量什么和多久测量一次，最好的说法是“只测量重要的东西”。

与产品相关的度量指标仅适用于正在开发的可交付物。与进度计划和预算绩效相关的度量指标通常由组织标准驱动，并与基准或者经批准版本的进度计划或预算（实际结果将与它们进行比较）相关。

作为规划的一部分，将制定绩效的度量指标、基准和临界值，以及任何测试和评估的流程和程序，用于根据项目可交付物的规格来测量绩效。作为测量绩效域的一部分，度量指标、基准和测试都被用作评估实际绩效偏差的依据。

2.4.9 一致性

在整个项目期间，规划活动和工件需要保持整合。这意味着，范围和质量要求方面的绩效规划与交付承诺、分配的资金、资源的类型和可用性、项目固有的不确定性以及干系人的需要保持一致。项目团队可能需要额外的计划工件，具体取决于项目类型。例如，物流计划需要与材料和交付需求整合，测试计划需要与质量和交付需求保持一致，等等。

一个项目的工作通常与一个项目集或发布中的其他项目并行实施。一个项目中工作的时间安排应与相关项目的工作和组织业务的工作的需要保持一致。

大型项目可以将规划工件合并到一个整合的项目管理计划中。对于较小的项目，详细的项目管理计划将是低效的。无论规划的时间安排、频率和程度如何，项目的各个方面都需要保持一致且相互整合。

2.4.10 与其他绩效域的相互作用

规划会在整个项目期间进行，并与各个绩效域互相整合。在项目开始时，会确定预期成果，并制定实现这些成果的高层级计划。根据选定的开发方法和生命周期，可以提前进行详细的规划，然后可对计划做出调整，以反映实际环境。其他生命周期鼓励在整个项目期间的各个时点进行足够的规划，而且这些计划预期会有所演变。

在整个项目期间，规划将指导项目工作、可交付物的交付和商业价值。项目团队和干系人将制定进展和成功的测量指标，并将绩效与计划进行比较。在项目团队规划如何应对不确定性和风险时，不确定性和规划会相互作用。考虑到出现的事件或情况，可能需要修订计划或制定新计划。项目团队成员、环境和项目的细节会影响与项目团队有效合作以及与干系人积极互动的计划。

2.4.11 检查结果

表 2-6 左侧列出了成果，右侧列出了针对这些成果的检查方法。

表 2-6. 检查成果 — 规划绩效域

成果	检查
项目以有条理、协调一致和经过周密考虑的方式推进。	对照项目基准和其他测量指标对项目结果进行的绩效审查表明，项目正在按计划进行。绩效偏差处于临界值范围内。
有一种交付项目成果的整体方法。	交付进度、资金的提供、资源可用性、采购等表明，项目是以整体方式规划的，没有差距或不一致之处。
对不断演变的信息做出了详细说明，以生成开展项目所寻求获得的可交付物和项目成果。	与当前信息相比，关于可交付物和需求的初步信息显示了适当的详尽阐述。与商业论证相比，当前信息表明，项目将产生预期的可交付物和项目成果。
规划所花费的时间适合于相关情况。	项目计划和文件表明，规划水平适合于项目。
规划信息足以管理干系人期望。	沟通管理计划和干系人信息表明，沟通足以管理干系人期望。
根据不断出现和变化的需要或条件，在整个项目期间有一个对计划做出调整的过程。	采用待办事项列表的项目表明，在整个项目期间会对各个计划做出调整。采用变更控制过程的项目具有变更控制委员会会议提供的变更日志和文档，这些日志和文档表明，变更控制过程正在得到应用。

2.5 项目工作绩效域

项目工作绩效域

项目工作绩效域涉及与建立项目过程、管理实物资源和营造学习环境相关的活动和功能。

有效执行此绩效域将产生以下预期成果：

- 有效率且有效果的项目绩效。
- 项目过程要适合项目和环境。
- 与干系人进行适当的沟通。
- 有效管理实物资源。
- 对采购进行有效管理。
- 通过持续学习和过程改进提高团队能力。

图 2-19. 项目工作绩效域

项目工作涉及建立过程和执行工作，以便使项目团队能够交付预期的可交付物和项目成果。

以下定义与项目工作绩效域相关：

招标文件。用于从潜在卖方征求信息、报价或建议书的所有文件。

投标人会议。在准备投标或建议书之前，与潜在卖方举行的会议，以便确保所有潜在卖方对本项采购都有清楚且一致的理解。也称承包商会议、供应商会议或投标前会议。

显性知识。可以使用文字、数字、图片等符号进行编撰的知识。

隐性知识。难以明确表达和分享的个人知识，如信念、经验和洞察力。

项目工作可使项目团队保持专注，并使项目活动顺利进行。这些工作包括（但不限于）：

- 管理现有工作、新工作和工作变更的流程；
- 使项目团队保持专注；
- 建立高效的项目系统和流程；
- 与干系人沟通；
- 管理材料、设备、用品和物流；
- 与签订合同专业人士和供应商合作以规划和管理采购和合同；
- 监督可能影响项目的变更；
- 促使项目学习和知识转移。

2.5.1 项目过程

项目经理和项目团队应建立并定期审查项目团队用于开展工作的过程。这可以采取审查任务委员会的形式，以确定该过程中是否存在瓶颈、工作是否以预期速度进行以及是否存在阻碍进展的障碍因素。

可使用过程裁剪这一技术来优化过程，从而满足项目需要。一般来说，大型项目的过程比小型项目多，而关键项目的过程比不太重要的项目多。裁剪会考虑到环境的需求。优化环境过程的方法包括：

- **精益生产方法。**精益生产利用价值流图等技术来测量增值活动和非增值活动之间的比率。计算出的度量指标形成了用以识别和消除生产系统中浪费的基础和测量系统。
- **回顾会议或经验教训。**这些会议使项目团队有机会审查其工作方式，并建议变更以改善流程和效率。
- **下一笔资金最好花在哪里？**提出此问题有助于项目团队确定他们应该继续执行当前任务，还是进入下一项活动，以优化价值交付。

审查过程可能需要确定过程是否高效，或者过程中是否存在可以消除的浪费。花在跟踪过程一致性的时间，项目团队不能用该时间去交付项目委托的成果。因此，项目团队应投入足够的时间审查是否与过程保持一致性，从而最大程度地增加审查所带来的收益，同时仍能满足过程的治理需要。

非增值工作示例。项目管理办公室 (PMO) 希望跟踪项目团队成员正在开展的工作类型。PMO要求项目团队在时间表上按特定类别记录他们正在开展的工作类型。项目团队对自己的时间进行归类和记录所花费的时间可被视为非增值工作。

除了有效率之外，过程还应该有效果。这意味着，除了产生预期成果外，它们还需要遵守质量要求、法规、标准和组织政策。过程评估可以包括过程审计和质量保证活动，以确保相关过程正得到遵循，并在实现预期成果。

2.5.2 平衡竞争性制约因素

成功领导项目包括了解与工作相关的制约因素。制约因素可能会采取固定交付日期、遵守法规、预先确定的预算、质量政策、三重底线考虑因素等形式。在整个项目期间，制约因素可能会发生变化。新的干系人需求可能需要扩展进度计划和增加预算。削减预算可能需要放宽质量要求或缩小范围。

应平衡这些不断变化的制约因素，同时保持干系人的满意度，这是一项持续进行的项目活动。有时，这可能包括与客户、发起人或产品负责人开会，以提出备选方案和说明其含义。有时，决策和潜在偏差可能在项目团队的职权范围内 — 他们可以权衡利弊，交付最终结果。无论哪种情况，这种平衡活动在整个项目期间都会持续开展。

2.5.3 使项目团队保持专注

项目经理有责任评估和平衡项目团队的专注点和注意力。这涉及根据交付目标对项目进展的短期和长期预测做出评估。

领导项目团队包括平衡工作量和评估项目团队成员是否对其工作满意，从而使他们保持被激励。为了使在整个项目期间交付的商业价值和干系人价值最大化，项目团队的注意力需要保持健康的平衡。以实现整体交付价值最大化为目标的领导工作涉及聚焦生产（交付价值）和保证项目团队的生产能力（项目团队的健康和满意度）。这样做的目标是使项目团队专注于交付价值，并始终了解项目何时发生潜在问题、延迟和成本超支。

2.5.4 项目沟通和参与

大部分项目工作都与沟通和参与（特别是与使项目团队成员和其他干系人始终参与进来相关的工作）息息相关。如干系人绩效域所述，除了需要进行口头和书面沟通外，沟通还涉及正式和非正式沟通。可以在会议、对话中以及通过从电子存储库中提取信息的方式，来收集信息。一旦收集完毕，信息就会按照项目管理沟通计划的说明进行分发。

在日常工作中，有人会提出特别沟通请求，要求提供信息、演示文稿、报告和其他形式的材料。大量特别沟通请求可能表明，沟通规划不足以满足干系人的需要。在这种情况下，可能需要干系人进一步参与，以确保满足干系人的信息需求。

2.5.5 管理实物资源

有些项目需要第三方提供材料和用品。规划、订购、运输、存储、跟踪和控制这些实物资源可能需要投入大量时间和精力。

大量实物资源需要一个集成化的物流系统。这通常记录在公司政策中，然后会在项目中实施。物流计划描述了如何在项目中实施公司政策。支持性文档包括关于材料类型的估算、估算依据、一段时间内的预期使用量、等级规范以及交付时间和地点。

从实物资源角度看的目标是：

- 减少或消除现场的材料搬运和储存；
- 消除材料等待时间；
- 最小化报废和浪费；
- 促进建设安全的工作环境。

所有这些工作都应与主项目进度计划整合在一起，以便为所有涉及方提供明确的期望和沟通。

2.5.6 处理采购事宜

许多项目涉及某种形式的签订合同或采购。采购可以涵盖从材料、资本设备和用品到解决方案、劳动力和服务的所有内容。在大多数组织中，项目经理没有签订合同的权限。相反，他们会与合同签约官或在合同、法律和法规方面具有专业知识的其他人员共同开展工作。组织通常具有与采购相关的严格政策和程序。这些政策确定了谁有权限签订合同、职权限制以及应遵循的流程和程序。

在进行采购之前，项目经理和拥有相关技术资格的项目团队成员会与合同签约专业人士合作，制定建议邀请书 (RFP)、工作说明书 (SOW)、条款和条件以及其他必要的招标文件。

2.5.6.1 招标过程

招标过程包括制定和公布招标文件、举行投标人会议和选择投标人。

招标文件可以包括：

- **信息邀请书。**在向一组选定的供应商发送招标文件之前，会使用信息邀请书从市场收集更多信息。
- **建议邀请书。**此招标文档用于复杂或繁杂的范围，在此范围内，买方正在寻找供应商以提供解决方案。
- **报价邀请书。**当价格是主要的决定因素，并且建议的解决方案随时可用时，就会使用此招标文件。

这三种类型涵盖了大多数招标需要。还有其他招标文件，但它们往往是针对特定行业的。

一旦发出招标文件，买方通常会举行投标人会议，以回答投标人的问题并提供说明性信息。然后，投标人制定答复内容，并在招标文件规定的日期之前将其交给买方。

选择最佳供应商（有时称为“供方选择”）通常基于多种标准，如经验、参考信息、价格和能否及时交付。可能会给这些变量分配权重，以反映每个变量的相对重要性。买方会根据选择合适供应商的标准对供应商投标做出评估。买方和供应商谈判条款和条件。从成本到交付和付款日期，再到工作地点、知识产权的所有权等，所有一切几乎都可以谈判。

2.5.6.2 签订合同

最后，双方达成协议并签订合同。签订合同工具的类型取决于采购规模、工作范围的稳定性以及各组织的风险承受能力。

对于对某些可交付物采用适应型方法而对其他可交付物采用预测型方法的项目，总体合同可以使用主协议。适应性工作可以放在附录或增补中。这样一来，变更发生在适应性范围中，而不会对总体合同造成影响。

一旦选定供应商，就会对项目计划和文件进行更新，以包含供应商日期、资源、成本、质量要求、风险等。从那时起，供应商将成为项目干系人。将在整个项目期间，干系人绩效域和测量绩效域中的信息适用于供应商。

采购可以在项目期间的任何时候进行。所有采购活动都将被整合进项目运行之中。

2.5.7 监督新工作和变更

适应型项目中，有一种预期，工作会有所演变和调整。因此，可以根据需要将新工作增加到产品待办事项列表中。但是，如果增加的工作多于正在完成的工作，或者增加的工作与正在完成的工作数量相同，项目将继续进行而不会结束。项目经理会与产品负责人合作，管理对于增加范围、对预算的影响以及项目团队成员可用性的期望。产品负责人会持续对项目待办事项列表进行优先级排序，以便完成优先级高的事项。如果进度计划或预算受到限制，当优先级最高的事项交付完毕，产品负责人即可认为项目已完成。

在预测型项目中，项目团队会积极管理工作变更，以确保范围基准中仅包含已批准的变更。然后，对范围的任何变更都将伴随对人员、资源、进度和预算的适当变更。范围变更可能会增加不确定性；因此，任何变更请求都应伴随对因范围扩大或变更而造成的任何新风险的评估。项目经理应与变更控制委员会和变更的请求者合作，通过变更控制流程指导变更请求。已批准的变更会被整合到适用的项目规划文件、产品待办事项列表和项目范围中。也会与适合的干系人沟通变更。

2.5.8 整个项目期间的学习

项目团队可能会定期开会，以确定他们未来在哪些方面可以做得更好（经验教训），以及他们如何在即将到来的迭代中对过程做出改进和提出质疑（回顾）。工作方式会不断演变，以产生更好的成果。

2.5.8.1 知识管理

在项目期间会有大量的学习。有些学习是针对具体项目的，例如完成特定工作的更快方式。有些学习可以与其他项目团队分享以改进项目成果，例如可以减少缺陷的质量保证方法。还有其他学习可以在整个组织中分享，例如培训用户如何使用新的软件应用程序。

2.5.8.2 显性知识和隐性知识

在整个项目期间，项目团队会开发并分享显性知识。显性知识可以使用文字、图片或数字轻松地进行编辑。例如，达成新过程的步骤是可以记录的显性知识。可以使用信息管理工具（如手册、登记册、网络搜索和数据库）将人员与信息连接起来，以便传递显性知识。

另一种知识是隐性知识。隐性知识难以表达，因为它无法编辑。隐性知识由经验、见解和实践知识或技能组成。通过将需要相关知识的人与拥有这些知识的人连接起来，可以分享隐性知识。这可以通过人际交往、访谈、工作跟随、讨论论坛、研讨会或其他类似方法来实现。

由于项目是临时性的，一旦项目完成，大部分知识就会丢失。关注知识转让对组织而言非常有用，因为它不仅能提供项目所要实现的价值，而且能使组织从运行项目的经验中获得知识。

2.5.9 与其他绩效域的相互作用

项目工作绩效域与项目的其他绩效域相互作用，而且对其他绩效域具有促进作用。项目工作可促进并支持有效率且有效果的规划、交付和测量。项目工作可为项目团队会议、互动和干系人参与提供有效的环境。项目工作可为驾驭不确定性、模糊性和复杂性提供支持，并平衡其他项目制约因素及其影响。

2.5.10 检查结果

表 2-7 左侧列出了成果，右侧列出了针对这些成果的检查方法。

表 2-7. 检查成果 — 项目工作绩效域

成果	检查
有效率且有效果的项目绩效	状态报告表明，项目工作有效率且有效果。
适合项目和环境的项目过程	证据表明，项目过程是为满足项目和环境的需要而裁剪的。过程审计和质量保证活动表明，过程具有相关性且正得到有效使用。
与干系人进行适当的沟通和互动	项目沟通管理计划和沟通工件表明，所计划的沟通信息正在交付给干系人。如有少量特别的信息需求或误解情况，可能表明参与和沟通活动缺乏成效。
有效管理实物资源	所用材料的数量、抛弃的废料和返工量表明，资源正得到高效利用。
对采购进行有效管理	采购审计表明，所采用的适当流程足以开展采购工作，而且承包商正在按计划开展工作。
有效处理变更	使用预测法的项目已建立变更日志；该日志表明，正在对变更做出全面评估，同时考虑范围、进度、预算、资源、干系人和风险影响。采用适应型方法的项目已建立待办事项列表；该列表可显示完成范围的比率和增加新范围的比率。
通过持续学习和过程改进提高能力	团队状态报告表明，错误和返工减少，而速度有所提高。

2.6 交付绩效域

交付绩效域

交付绩效域涉及与开展项目意在实现的范围和质量相关的活动和功能。

有效执行此绩效域将产生以下预期成果：

- 项目有助于实现业务目标和推进战略。
- 项目实现了启动它们旨在交付的成果。
- 在规划的时间区间内实现了项目收益。
- 项目团队对需求有清楚的认识。
- 干系人接受项目可交付物，并对项目可交付物感到满意。

图 2-20. 交付绩效域

项目支持战略执行和商业目标的推进。项目交付聚焦于满足需求、范围和质量期望，产生预期的可交付物，以推动想要的项目成果。

以下定义与交付绩效域相关：

需求。为满足业需要，某个产品、服务或结果必须达到的条件或具备的能力。

工作分解结构 (WBS)。对项目团队为实现项目目标、创建所需可交付物而需要实施的全部工作范围的层级分解。

完成的定义 (DoD)。为了考虑可交付物可供客户使用，而须达到的所有准则的检查清单。

质量。一系列内在特征满足需求的程度。

质量成本 (COQ)。在整个产品生命周期所产生的所有成本，即：为预防产品或服务不符合需求而进行的投资，为评估产品或服务是否符合需求而产生的成本，以及因产品或服务未达到要求而带来的损失。

项目通过开发新产品或服务、解决问题或修复有缺陷或次优的特性来提供商业价值。项目通常会交付多项成果，而各干系人可能会以不同的方式重视这些成果。例如，一个群体可能重视可交付物的易用性或省时这些方面，而另一个群体则重视其经济回报或市场差异化。

2.6.1 价值的交付

对于其使用的开发方法支持在整个项目生命周期内发布可交付物的项目，可以在项目期间开始向商业、客户或其他干系人交付价值。在项目生命周期结束时交付大量可交付物的项目会在初始部署后产生价值。

在初始项目结束后的很长时间内，往往可以继续获得商业价值。通常，较长的产品和项目集生命周期用于测量早期项目带来的收益和价值。

商业论证文件通常会提供商业理由和对项目预期商业价值的预测。这种商业论证的格式会基于所选的开发方法和生命周期而异。示例包括具有详细估算投资回报的商业论证文件，或是描述问题、解决方案、收入流和成本结构等高层级要素的精益创业画布。这些商业文件说明了项目成果如何与组织的商业目标保持一致。

项目授权文件试图量化项目的预期成果，以便进行定期测量。这些文件可能包括详细的基准计划或高层级路线图，这些计划或路线图会概述项目生命周期、主要发布、关键可交付物、评审和其他顶层信息。

2.6.2 可交付物

在此背景中，*可交付物*是指项目的临时或最终的产品、服务或结果。可交付物有助于取得项目所要实现的成果。可交付物反映了干系人需求、范围和质量，以及对利润、人和地球环境的长期影响。

2.6.2.1 需求

需求是指为满足业务需要，某个产品、服务或结果必须达到的条件或具备的能力。需求可以是非常高层级的，例如商业论证中发现的需求，也可以非常详细，例如在系统组件的验收标准中发现的需求。

具有范围明确且相对稳定的项目通常与项目干系人合作，在预先规划期间启发并记录需求。对于在项目开始时对需求已有高层级了解的项目，这些需求可能会随着时间的推移而发生演变。一些项目会在项目工作进行期间发现需求。

- **需求启发。**启发是指引导说出、产生或唤起。收集需求不仅仅是进行访谈或开展焦点小组会议，还包括更多方式。有时，需求是通过分析数据、观察过程、审查缺陷日志或其他方式来得出的。

  作为启发需求工作的一部分，要记录相关需求并征得干系人同意。明确记录的需求符合以下标准：

  - *清晰*。只有一种解释需求的方式。
  - *简要*。要用尽可能少的文字表述需求。
  - *可核实*。有一种方法可以核实需求是否已得到满足。
  - *一致性*。没有相互矛盾的需求。
  - *完整*。整组需求代表了当前项目或产品需要的全部。
  - *可跟踪*。每个需求都可以由一个唯一的标识码来识别。

- **不断演变和发现的需求。**对于没有预先明确定义需求的项目，可以使用原型、演示、故事板和模型来演变需求。在这些情况下，干系人更有可能采取"眼见为实"的方法来制定需求。需求演变常见于使用迭代、增量或适应型开发方法的项目。在某些情况下，会产生改变需求的新机会。

- **管理需求。**无论需求是否已预先记录，不断演变着，还是后来发现的，都需要对其进行管理。无效的需求管理可能导致返工、范围蔓延、客户不满意、预算超支、进度延迟和总体项目失败。因此，许多项目都设有一名进行需求管理的负责人。此人可以担任商业分析师、产品负责人、价值工程师或其他职务。需求管理人员可以使用专用软件、待办事项列表、索引卡、跟踪矩阵或其他方法来确保需求灵活性与稳定性之间处于适当的水平，并且新的和不断变化的需求得到所有有关干系人的同意。

2.6.2.2 范围定义

随着需求被识别，满足这些需求的范围也应被定义。范围是项目所提供的产品、服务和结果的总和。随着范围被定义，还需要识别更多的需求。因此，与需求一样，范围可以预先定义好，可以随着时间的推移而演变，也可以被发现。

- **范围分解。**可以使用范围说明书来阐明范围，以识别与项目关联的主要可交付物以及每个可交付物的验收标准。还可以通过使用工作分解结构 (WBS) 将范围分解为较低层级的细节，从而详细说明范围。WBS 是对项目团队为实现项目目标、创建所需可交付物而需要实施的全部工作范围的层级分解。该层次结构中的每下一个层级代表着关于可交付物的更详细的信息以及生成可交付物所需的工作。

  详细说明范围的另一种方法是在敏捷章程、路线图或作为产品层次结构的一部分来确定项目的各个主题。这些代表着大量用户价值的主题可表示为用户故事，该用户故事与诸如功能、数据源，或安全级别等常见因素相关。为了完成这些主题，项目团队会开发史诗故事。史诗故事是一种逻辑容器，用于容纳因太大而无法在一个迭代中完成的较大的用户故事。史诗故事可以分解为多个特性。这些特性是一组通常被描述为简短的短语或功能的相关需求，代表着产品的特定行为。每个特性都有多个用户故事。用户故事简要描述特定用户已经取得的成果，而且确保读者可以通过对话弄理清细节。项目团队会在负责的最后决策时刻定义故事细节，以避免在范围发生变更时造成规划浪费。故事可清晰且简要地描述从最终用户的角度编写的需求。

- **完成可交付物。**根据所使用的方法，有不同的方式来描述组件或项目的完成情况：
  - ▷ *验收或完成的标准。*在客户验收可交付物之前，或在项目被视为完成之前需要满足的标准通常会记录在范围说明书中。
  - ▷ *技术绩效测量指标。*产品的技术规范可能记录在单独的规范文件中，也可能记录为 WBS 的扩展。这一扩展称为 WBS 字典，它详细说明了 WBS 中每项可交付物（工作包）的信息。
  - ▷ *完成的定义。*可将完成的定义与适应型方法一起使用，特别是在软件开发项目中。它是为了考虑可交付物可供客户使用，而须达到的所有标准的检查清单。

2.6.2.3 完成的目标不断变化

在不确定和快速变化的环境中运行的项目面临着“足够好可以发布”或“已完成”的目标可能会发生变化的情况。在竞争对手频繁发布新产品的市场中，新的发布中计划的特性可能会有所更新。同样，新的技术趋势（例如移动设备或可穿戴设备）可能会触发方向变化或引入新的需求。

在这些环境中，正在交付或“已完成”的项目目标的定义正在不断变化。项目团队会跟踪计划的项目目标实现率（相对于进度完成率）。完成项目耗费的时间越长，与“完成”的项目目标的距离就越远。这有时被称为完成偏移。

图 2-21 显示了一个开发新智能手表的场景。初始进度计划显示，开发具有一组初始功能和特性的手表需要 12 个月。随着竞争对手类似产品的上市，在这组初始功能和特性的基础上不断扩增，以便紧跟市场脉动。这将上市日期推迟至第 14 个月。第 13 个月，另一个竞争对手上市了一款功能更多的产品。增加这些功能会将上市日期延迟到第 16 个月。项目团队将在某个时点决定是否发布产品（即使它没有最新特性），或者在上市之前继续对这些特性做出更新。

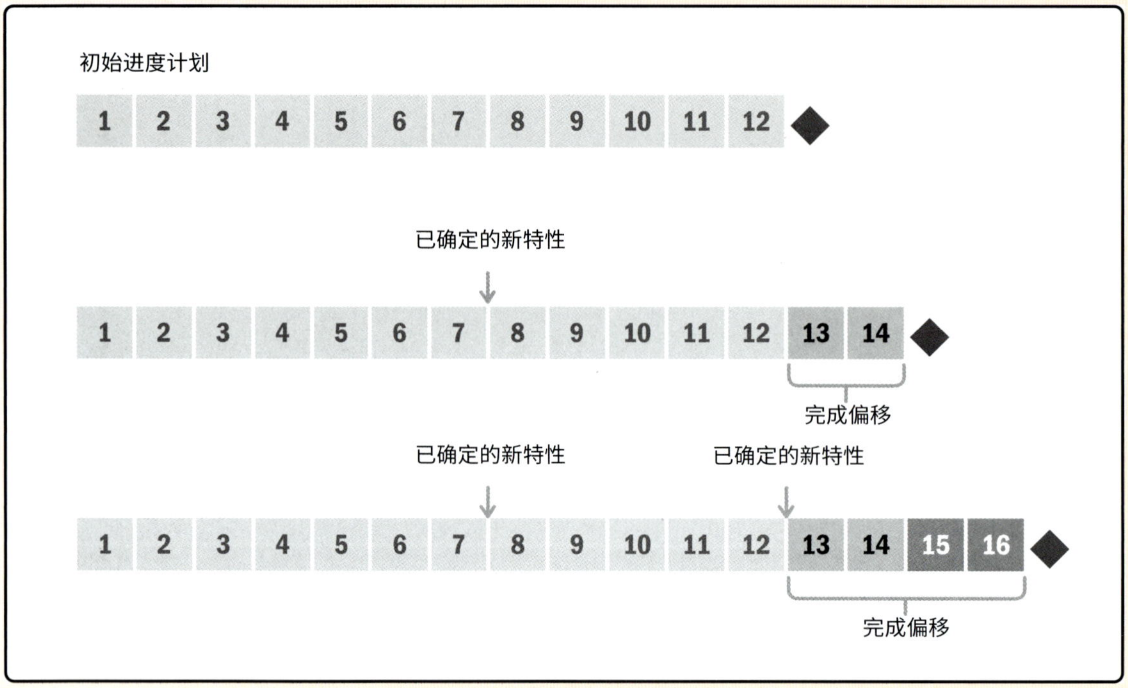

图 2-21.开发智能手表的场景

在更加稳定的环境中运行的项目通常会面临“范围蔓延”。在这种情况下，将接受额外的范围或需求，而不对相应的进度、预算或资源需要等做出调整。为了应对范围蔓延，项目团队会使用变更控制系统；在该系统中评估所有变更，以了解变更为项目带来的潜在价值，及实现该价值所需的潜在资源、时间和预算。然后，项目团队将这些变更提交给项目治理机构、产品负责人或执行发起人，以待其正式批准。

2.6.3 质量

交付不仅仅只是范围和需求。范围和需求聚焦于需要交付的内容。质量聚焦于需要达到的绩效水平。质量需求可能会反映在完成标准、完成的定义、工作说明书或需求文件中。

与质量相关的很多成本都由发起组织承担的，并反映在政策、程序和工作过程中。例如，治理如何执行工作的组织政策和规定工作过程的程序通常是组织质量政策的一部分。尽管管理费用、培训和过程审计的成本是由项目使用的，但它们却由组织承担。在各个项目中，必须在过程和产品的质量需要与满足这些需要的相关成本之间取得平衡。

2.6.3.1 质量成本

质量成本 (COQ) 这种方法用于在质量预防和评估之间找到恰当的投资平衡点，以避免缺陷或产品失败。该模型确定了与质量相关的四类成本：预防、评估、内部失败和外部失败。预防成本和评估成本与质量需求一致性成本有关。内部和外部失败成本与非一致性成本相关。

- **预防。**预防成本的产生是为了防止产品出现缺陷和失败。预防成本可避免质量问题。它们与质量管理体系的设计、实施和维护相关。它们是在实际运营之前计划和产生的。范例包括：
  - *产品或服务需求*，例如制定来料、流程、成品和服务的规范；
  - *质量规划*，例如制定质量、可靠性、运营、生产和检查的计划；
  - *质量保证*，例如质量体系的创建和维护；
  - *培训*，例如项目集的开发、准备和维护。
- **评估。**评估成本的产生是为了确定对质量要求的符合程度。评估成本与质量有关的测量和监督活动相关。这些成本可能与评估采购材料、流程、产品和服务相关，以确保它们符合规范。它们可能包括：
  - *核实*，例如根据商定的规范检查来料、流程设置和产品；
  - *质量审计*，例如确认质量体系是否正常运作；
  - *供应商评级*，例如对产品和服务供应商的评价和批准。

- **内部失败。**内部失败成本与在客户收到产品之前查找和纠正缺陷相关。工作结果未达到设计质量标准时即会产生这些成本。范例包括：
  - *浪费*，例如执行不必要的工作，或持有过高的库存是因为错误、组织不善或沟通不畅；
  - *报废*，例如无法修理、使用或出售的缺陷产品或材料；
  - *返工或校正*，例如纠正缺陷材料或错误；
  - *失败分析*，例如确定内部产品或服务失败原因所需的活动。
- **外部失败。**外部失败成本与客户拥有产品后发现的缺陷相关，也与补救工作相关。请注意，要全面考虑这些失败，需要考虑项目产品在数月或数年后运行时的情况，而不仅仅是在移交日期。当未能达到设计质量标准的产品或服务在交给客户后才被发现，就会发生外部失败成本。范例包括：
  - *修理和服务*，这针对的是退回和已部署的产品；
  - *保修索赔*，例如更换故障产品或在保修期内重新提供的服务；
  - *投诉*，与处理和服务客户投诉相关的所有工作和成本；
  - *退货*，用于处理和调查被拒绝或被召回的产品，包括运输成本；
  - *声誉*，这适用于根据缺陷的类型和严重程度，声誉和公众认知可能会受到损害的情况。

为了优化所交付的价值，聚焦于尽早发现质量问题的早期检查和审查工作都是良好的投入。在开发生命周期的后期尝试“测试质量”可能会失败，因为在开发后期发现质量问题会造成时间和成本的高昂，这是由于高报废率和返工率，伴随着对下游输出和干系人的连锁反应。

2.6.3.2 变更成本

发现缺陷的时间越晚，纠正缺陷的成本就越高。这是因为设计和开发工作通常已经基于有缺陷的组件而进行。此外，随着生命周期的进展，活动的调整成本有所增加，因为更多的干系人会受到影响。变更成本曲线即可描述这种现象（见图 2-22）。

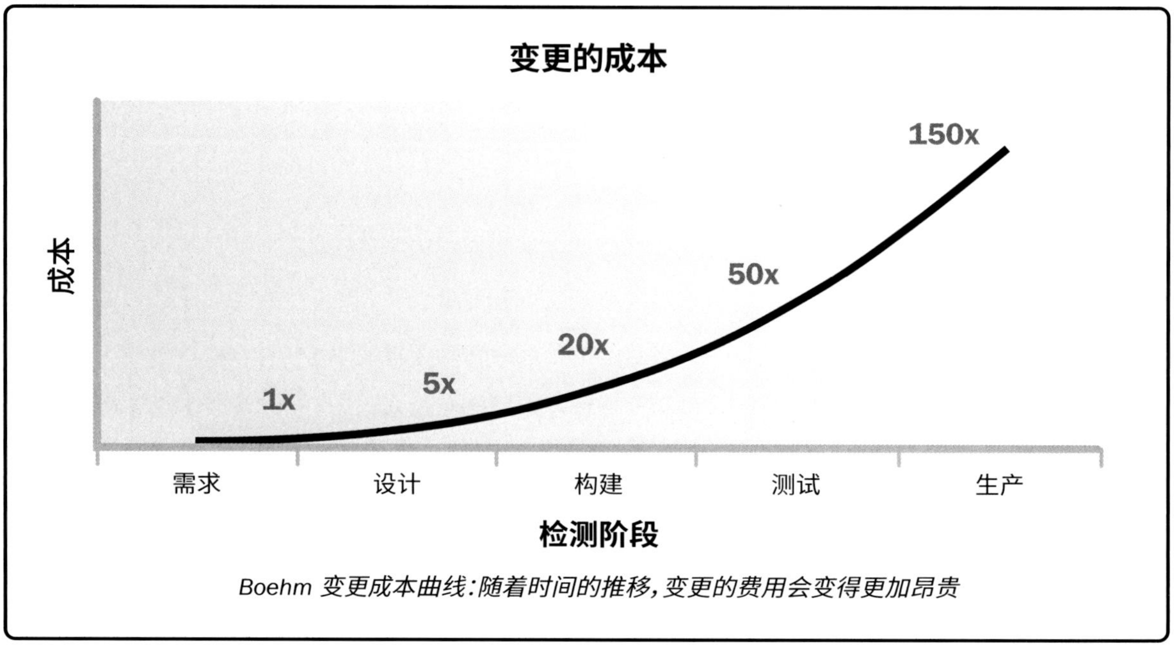

图 2-22. 变更成本曲线

为了应对变更成本曲线的影响，项目团队会设计项目过程，以便将质量纳入进来。这种方法可以包括质量分析师与设计师和工程师合作，了解并确定如何在项目生命周期的每个步骤以最佳方式达到质量要求。积极主动地开展质量工作有助于避免较高的变更成本，该成本与解决生命周期后期发现的质量问题相关。与解决影响数百个单元的组件问题或者召回影响数千客户的产品相比，解决两名工程师之间的设计问题要更快、更具成本效率。

2.6.4 次优的成果

所有项目都试图交付成果，尽管有些项目可能未能实现此目标，或可能会产生次优成果。每个项目中都存在次优成果的可能性。在一个完全属于试验性的项目中，组织正在试图取得突破，例如创造一种全新的技术。这需要对不确定的成果进行有意的投资。生产新药物或化合物的公司在找到成功的配方之前可能会经历多次失败。有些项目可能无法交付成果，因为市场机会已经擦肩而过，或者竞争对手已抢先推出产品。有效的项目管理可以最小化负面成果，但这种可能性是试图产生独特可交付物所面临的不确定性的一部分。

2.6.5 与其他绩效域的相互作用

交付绩效域是在规划绩效域中所执行所有工作的成果。交付节奏是基于开发方法和生命周期绩效域中工作的结构方式。项目工作绩效域通过建立各种过程、管理实物资源、管理采购等促使交付工作。项目团队成员为有关干系人在此绩效域中执行工作。创建交付的工作性质会影响项目团队驾驭不确定性的方式，该不确定性会对项目产生影响。

2.6.6 检查结果

表 2-8 左侧列出了成果，右侧列出了针对这些成果的检查方法。

表 2-8. 检查成果 — 交付绩效域

成果	检查
项目有助于实现商业目标和战略推进	商业计划、组织的战略计划以及项目授权文件表明，项目可交付物和商业目标保持一致。
项目实现了启动它们旨在交付的成果	商业论证和基础数据表明，项目仍处于正轨，可实现预期成果。
在规划的时间区间内实现了项目收益	收益实现计划、商业论证和/或进度表明财务指标和所规划的交付正在按计划实现。
项目团队对需求有清楚的认识	在预测型开发中，在初始需求的基础上所做变更的幅度往往不大，这体现出了对于需求的良好认知。在需求不断演变的项目中，在项目进展顺利之前，可能无法清楚地理解需求。
干系人接受项目可交付物，并对项目可交付物感到满意	访谈、观察和最终用户反馈可表明干系人对可交付物的满意度。投诉和退货的数量也可用于表示满意度。

2.7 测量绩效域

测量绩效域

测量绩效域涉及与评估项目绩效和采取适当行动维持可接受绩效相关的活动和功能。

有效执行此绩效域将产生以下预期成果：

- 对项目状况产生可靠的理解。
- 可促进决策、具有实际价值的数据。
- 及时采取适当行动，确保项目绩效处于正轨。
- 根据可靠的预测和评估做出明智而及时的决策来实现目标并产生商业价值。

图 2-23. 测量绩效域

测量涉及评估项目绩效和实施适当的应对措施，以保持最佳绩效。

以下定义与测量绩效域相关：

度量指标。对项目或产品属性及其测量方式的描述。

基准。工作产品的经批准版本，用作与实际结果进行比较的依据。

仪表盘。一组图表和图形，显示相对于项目的重要指标所取得的进展或绩效。

测量绩效域会评估交付绩效域中完成的工作在多大程度上符合规划绩效域中确定的度量指标。例如，可以使用规划绩效域中确定的基准来测量和评估绩效。拥有关于项目工作和绩效的及时和准确信息，可使项目团队能够了解并确定采取哪些适当措施来解决与预期绩效相比的当前或预期偏差。

人们会出于多种原因使用测量指标，包括：

- 对比计划评估绩效；
- 跟踪资源利用情况、已完成的工作、支出的预算等；
- 表明终责情况；
- 向干系人提供信息；
- 评估项目可交付物是否处于正轨，能否交付计划收益；
- 聚焦关于权衡、威胁、机会和选项的对话；
- 确保项目可交付物符合客户验收标准。

测量的价值不在于收集和传播数据，而在于关于如何使用数据以采取适当行动的对话。因此，虽然这一绩效域的大部分内容涉及可以捕获的各种类型的测量，但这些测量指标的使用是在其他绩效域的活动背景中发生的，例如项目团队和干系人讨论、协调项目工作等。

此绩效域聚焦于进展中项目的测量指标。项目组合领导者可能希望包含涉及项目完成后项目成功的测量指标，例如项目是否交付了预期成果和收益。项目组合领导者可以评估项目成果是否提高了客户满意度或降低了单位成本，还可以评估项目结束前无法获得的其他测量指标。同样，业务经理也可以从成果对组织的价值的角度来评估项目。业务测量指标可能包括市场份额增加、利润增加或单位成本下降。测量绩效域涉及项目期间使用的测量指标和度量指标。

2.7.1 制定有效的测量指标

制定有效的测量指标有助于确保对正确的事情进行测量并向干系人报告。有效的测量指标允许跟踪、评估和报告相关信息，该信息能够沟通项目状态，有助于改善项目绩效，并降低绩效恶化的可能性。这些测量指标使项目团队能够利用相关信息及时做出决策并采取有效行动。

2.7.1.1 关键绩效指标

项目的关键绩效指标 (KPI) 是用于评估项目成功与否的可量化测量指标。KPI 有两种类型：提前指标和滞后指标。

- **提前指标。**提前指标可预测项目的变化或趋势。如果变化或趋势不利，项目团队将评估提前指标测量的根本原因，并采取行动扭转这一趋势。以这种方式，通过在潜在绩效偏差超出公差临界值之前将其识别，提前指标可以降低项目的绩效风险。

  提前指标可以量化，如项目规模或待办事项列表中正在进展的事项的数量。其他提前指标更难以量化，但它们可提供潜在问题的预警信号。风险管理过程缺乏、干系人未到位或没有参与、或者项目成功标准定义不明确，都是项目绩效可能面临风险的提前指标的示例。

- **滞后指标。**滞后指标可测量项目可交付物或事件。它们在事后提供信息。滞后指标反映的是过去的绩效或状况。滞后指标比提前指标更容易测量。示例包括已完成的可交付物的数量、进度偏差或成本偏差以及所消耗资源的数量。

  滞后指标也可用于寻找成果与环境变量之间的相关性。例如，显示进度偏差的滞后指标可表明与项目团队成员不满意度的相关性。这种相关性可以帮助项目团队找到根本原因；如果唯一的测量指标是进度状态，则根本原因可能并不明显。

就其本身而言，KPI 只是在使用之前没有实际用处的测量指标。讨论提前指标和滞后指标并视情况确定需要改进的方面可对绩效产生积极影响。

2.7.1.2 有效度量指标

测量需要投入时间和精力，否则时间和精力可能会花在其他生产性工作上；因此，项目团队只应测量具有相关性的内容，并应确保度量指标是有用的。有效的度量指标（或称为 SMART 标准）的特征包括：

- **具体的。**针对要测量的内容，测量指标是具体的。示例包括缺陷数量、已修复的缺陷或修复缺陷平均花费的时间。
- **有意义的。**测量指标应与商业论证、基准或需求相关。测量未达到目标或未提高绩效的产品属性或者项目绩效并非有效。
- **可实现的。**在人员、技术和环境既定的情况下，目标是可以实现的。
- **具有相关性。**测量指标应该具有相关性。测量指标提供的信息应能带来价值，并考虑到具有实际价值的信息。
- **具有及时性。**有用的测量指标具有及时性。旧信息不如新信息有用。前瞻性信息（例如新兴趋势）可以帮助项目团队改变方向并做出更好的决策。

前面所述的 SMART 这个首字母缩略词中各个字母可以指代其他词语。例如，有些人更喜欢“可测量”(Measurable) 而非*“有意义”(Meaningful)*，“同意”(Agreed to) 而非*“可实现”(Achievable)*，“切合实际”(Realistic) 或“合理”(Reasonable) 而非*“具有相关性”(Relevant)*，“有时限”(Time bound) 而非*“及时”(Timely)*。

2.7.2 测量内容

测量内容、参数和测量方法取决于项目目标、预期成果以及开展项目的环境。常见的度量指标类别包括：

- 可交付物度量指标；
- 交付；
- 基准绩效；
- 资源；
- 商业价值；
- 干系人；
- 预测。

一组平衡的测量标准有助于让人了解项目及其绩效和结果的整体情况。

第 2.7.2.1 节至第 2.7.2.7 节将简要介绍这些类别。

2.7.2.1 可交付物度量指标

根据需要，所交付的产品、服务或结果决定了有用的测量指标。常用的测量指标包括：

- **有关错误或缺陷的信息。**此测量指标包括缺陷的来源、识别的缺陷数量和已解决的缺陷数量。
- **绩效测量指标。**绩效测量指标可描述与系统运行相关的物理或功能属性。其中的示例包括尺寸、重量、容量、准确度、可靠性、效率和类似的绩效测量指标。
- **技术绩效测量指标。**使用量化的技术绩效测量指标，确保系统组件符合技术要求。它们为实现技术解决方案的进展提供了洞察。

2.7.2.2 交付

交付测量指标与在制品相关联。这些测量指标经常在适应型方法的项目中使用。

- **在制品。**此测量指标可表明任何特定时间正在处理的工作事项的数量。它用于帮助项目团队将正在进行的工作事项的数量限制到可管理的规模。
- **提前期。**此测量指标可表明从故事或工作块进入待办事项列表到迭代或发布结束的实耗时间量。提前期越短，过程越有效，项目团队越富有成效。
- **周期时间。**周期时间与提前期相关，表明项目团队完成任务所需的时间量。周期时间越短，项目团队越富有成效。如果工作用时相对稳定，那么就可以更好地预测未来的工作速度。
- **队列大小。**此测量指标用于跟踪队列中事项的数量。可以将此度量指标与在制品限值进行比较。利特尔法则 (Little’s Law) 说明，队列大小与事项进入队列的比率和队列中工作事项的完成率成正比。我们可以通过测量在制品并预测未来的工作完成情况来深入了解完成时间。
- **批量大小。**批量大小可测量预期在一次迭代中完成工作的估算量（人力投入量、故事点等）。
- **过程效率。**过程效率是精益系统中使用的一种优化工作流程的比率。此测量指标可计算增值时间和非增值活动二者的比率。正在等待的任务会增加非增值时间。正在开发或正在核实的任务代表着增值时间。这一比率越高，过程效率越高。

2.7.2.3 基准绩效

最常见的基准是成本和进度。跟踪范围或技术基准的项目可以使用可交付物测量指标中的信息。

大多数进度测量指标会根据以下相关的计划绩效来跟踪实际绩效：

- **开始日期和完成日期。**将实际开始日期与计划开始日期进行比较，并将实际完成日期与计划完成日期进行比较，可以测量工作按计划完成的程度。即使工作不在项目的最长路径（关键路径）上，延迟的开始日期和完成日期也表明项目未按计划执行。
- **人力投入和持续时间。**实际人力投入和持续时间与计划人力投入和持续时间相比较，可表明工作量估算和工作所需时间估算是否有效。
- **进度偏差 (SV)。**通过查看关键路径上的绩效来确定简单的进度偏差。使用挣值管理时，进度偏差表示为挣值与计划价值之差。图 2-24 显示了一张说明进度偏差的挣值图。
- **进度绩效指数 (SPI)。**进度绩效指数是一种挣值管理测量指标，可表明计划工作的执行效率。
- **特性完成率。**在频繁审查期间，检查特性验收率有助于评估进展情况并估算完成日期和成本。

常见的成本测量指标包括：

- **与计划成本相比的实际成本。**此成本测量指标将实际人工或资源的成本与估算成本进行比较。此术语可称为燃烧率。
- **成本偏差 (CV)。**通过比较可交付物的实际成本和估算成本来确定简单的成本偏差。使用挣值管理时，成本偏差表示为挣值与实际成本之差。图 2-24 显示了一张说明成本偏差的挣值图。
- **成本绩效指数 (CPI)。**一种挣值管理测量指标，可表明相对于工作的预算成本，执行工作的效率。

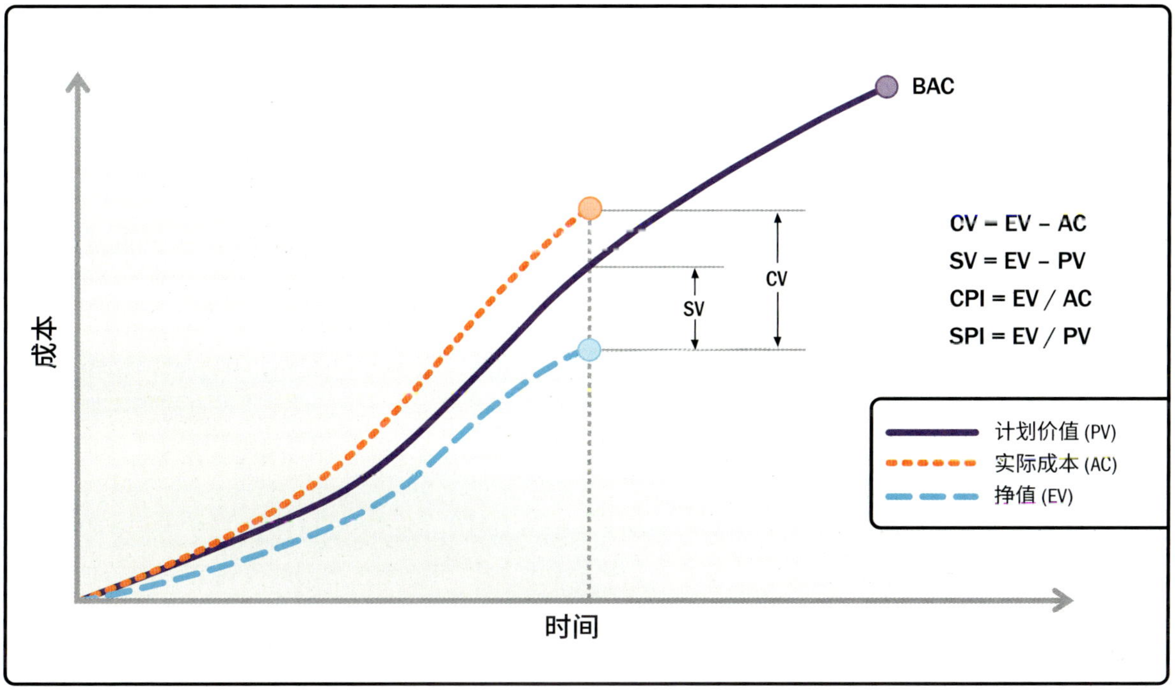

图 2-24. 表明进度偏差和成本偏差的挣值分析

2.7.2.4 资源

资源测量指标可能是成本测量指标的子集，因为资源偏差经常导致成本偏差。这两个测量指标可评估价格偏差和利用率偏差。这些测量指标包括：

- **与实际资源利用率相比的计划资源利用率。**此测量指标将资源的实际利用率与估算利用率进行比较。利用率偏差可通过从实际利用率中减去计划利用率计算得出。
- **与实际资源成本相比的计划资源成本。**此测量指标将资源的实际成本与估算成本进行比较。价格偏差可通过从实际成本中减去估算成本计算得出。

2.7.2.5 商业价值

商业价值测量指标用于确保项目可交付物与商业论证和收益实现计划保持一致。商业价值有许多方面 — 包括财务的和非财务的。测量财务的商业价值的度量指标包括：

- **成本收益比率。**这是针对具有初始成本的投资的预期现值的测量指标。成本收益比率用于确定项目的成本是否超过其收益。如果成本高于收益，结果将大于 1.0。在这种情况下，除非有监管、社会利益或其他原因来做该项目，否则不应考虑该项目。一个类似的测量指标是收益成本比率。收益成本比率使用相同的测量指标，但分子是收益，分母是成本。对于此测量指标，如果比率大于 1.0，则应考虑该项目。
- **与实际收益交付相比的计划收益交付。**作为商业论证的一部分，组织可以把价值确定为做该项目将交付的收益。对于预期在项目生命周期内交付收益的项目，测量所交付的收益和这些收益的价值，然后将这些信息与商业论证进行比较，可以提供信息用以证明继续开展项目，或在某些情况下取消项目的合理性。
- **投资回报率 (ROI)。** ROI 是一种将财务回报金额与成本相比较的测量指标，它通常是作为开展项目决策的一种输入而开发的。在整个项目生命周期中，可能会在不同时点对 ROI 进行估算。通过在整个项目期间测量 ROI，项目团队可以确定继续投入组织资源是否有意义。
- **净现值 (NPV)。** NPV 是一段时间内资本流入的现值与资本流出的现值之差，通常是在决定开展项目时开发的。通过在整个项目期间测量 NPV，项目团队可以确定继续投入组织资源是否有意义。

2.7.2.6 干系人

可以通过调查或推断满意度，或查看有关度量指标（在缺少满意度的情况下）来测量干系人满意度，例如：

- **净推荐值® (NPS®)。**净推荐值可测量干系人（通常是客户）愿意向他人推荐产品或服务的程度。它的测量区间为 -100 到 +100。高净推荐值不仅测量对品牌、产品或服务的满意度，它还是客户忠诚度的指标。
- **情绪图。**情绪图表可以跟踪一组非常重要的干系人（项目团队）的情绪或反应。在每天结束时，项目团队成员可以使用颜色、数字或表情符号来表示他们的心情。图 2-25 显示了使用表情符号的情绪图。跟踪项目团队的情绪或单个项目团队成员的情绪有助于确定潜在问题和需要改进的领域。

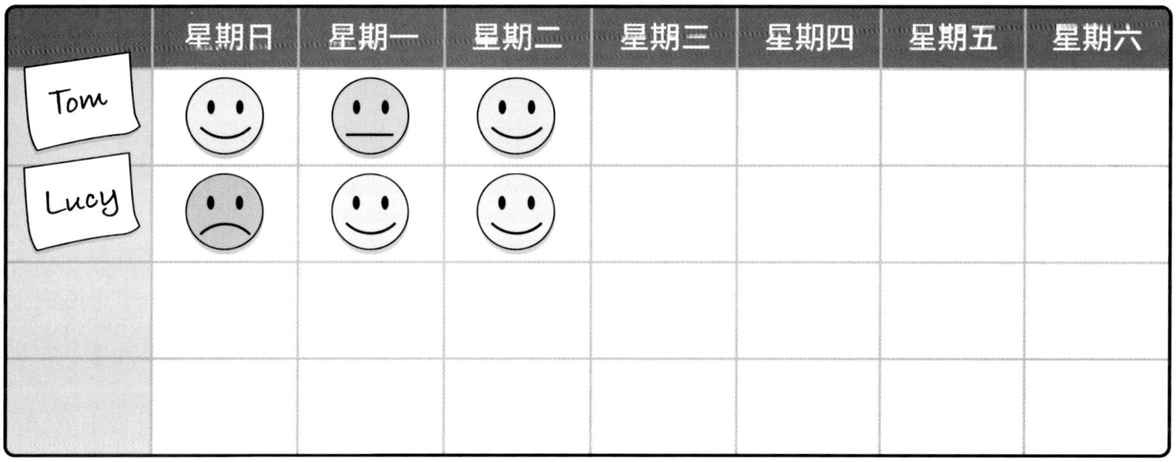

图 2-25. 情绪板

- **士气。**由于情绪板可能具有主观性，另一种选项是测量项目团队的士气。这可以通过问卷调查来完成，即让项目团队成员将他们对以下陈述的认可度打分，分值范围为 1 到 5：
  - 我觉得我的工作对取得总体成果做出了贡献。
  - 我感到自己受到赏识。
  - 我对我的项目团队的合作方式感到满意。
- **离职率。**跟踪士气的另一种方法是查看意料外的项目团队成员的离职率。意料外的人员离职率高可能表明士气低落。

2.7.2.7 预测

项目团队通过预测来考虑未来可能发生的情况，以便他们可以考虑并讨论是否相应地调整计划和项目工作。预测可以是定性的，例如对关于未来会怎么样而使用专家判断。在试图了解特定事件或条件对未来事件的影响时，它们也可能是因果关系。定量预测试图利用过去的信息来估算未来发生的情况。定量预测包括：

- **完工尚需估算 (ETC)。**[3]一种挣值管理测量指标，可预测完成所有剩余项目工作的预期成本。有许多不同的方法可以用来计算完工尚需估算。假设过去的绩效可反映未来的绩效，那么，一个常见的测量方法是：完工预算减去挣值，然后除以成本绩效指数。有关确定 ETC 的更多计算方法，请参阅*《挣值管理标准》*[2]。
- **完工估算 (EAC)。**此挣值管理测量指标可预测完成所有工作的预期总成本（请参见图 2-26）。有许多不同的方法可以用来计算完工估算。假设过去的绩效可反映未来的绩效，那么一个常见的测量方法是：完工预算除以成本绩效指数。有关确定 EAC 的更多计算方法，请参阅*《挣值管理标准》*[2]。

[3] 与挣值管理相关的定量预测通常用于非常大的项目。这些项目中的某些可交付物可能会使用适应型开发方法。然而，挣值管理中的预测性度量指标主要用于预测型环境。

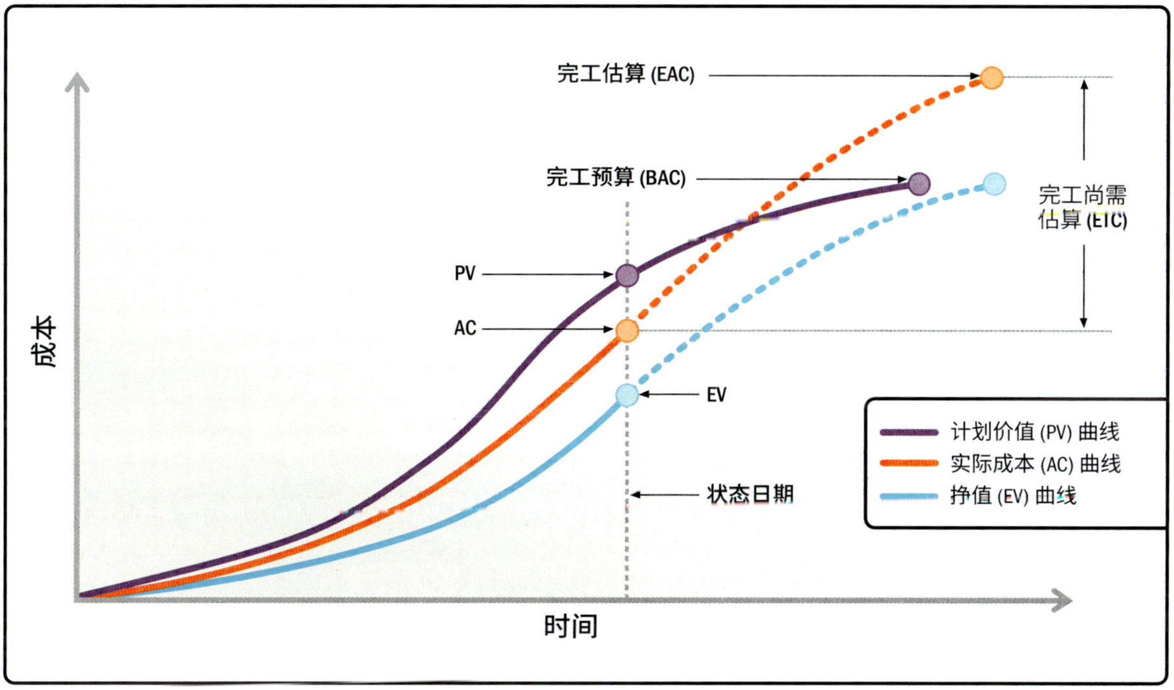

图 2-26. 完工估算和完工尚需估算的预测

- **完工偏差 (VAC)。**一种挣值管理测量指标，用于预测预算赤字或盈余金额。它表示为完工预算 (BAC) 和完工估算 (EAC) 之差。
- **完工尚需绩效指数 (TCPI)。**一种挣值管理测量指标，用于估算达到特定的管理目标所需的成本绩效。TCPI 表示为完成剩余工作所需的成本与剩余预算的比率。
- **回归分析。**通过考察一系列输入变量及其对应的输出结果，建立数学或统计关系的一种分析方法。这种关系可以用来推断未来的绩效。
- **产量分析。**这种分析方法可评估在固定时间范围内已完成事项的数量。采用适应型实践的项目团队使用产量度量指标（例如对比已完成特性与剩余特性、速度和故事点）来评估其进展情况，并估算可能的完成日期。使用稳定的项目团队的情况下的持续时间估算和燃烧率有助于核实和更新成本估算。

2.7.3 展示信息

正在收集的测量指标很重要，而使用这些测量指标开展的工作也同样重要。信息要想有用，就必须及时、容易获取、易于吸收和领会，并加以展示，以便正确表达出与信息相关的不确定性程度。带有图形的可视化显示可以帮助干系人吸收和理解信息。

2.7.3.1 仪表盘

显示有关度量指标的大量信息的常见方法是仪表盘。仪表盘通常以电子方式收集信息并生成描述状态的图表。仪表盘通常提供高层级数据概要，并允许对起作用的数据进行深入分析。图 2-27 提供了一个仪表盘示例。

仪表盘通常包括以信号灯图（也称为 RAG 图，其中 RAG 是红黄绿的缩写）、横道图、饼状图和控制图显示的信息。对于超出既定临界值的任何测量指标，都可以使用文本解释。

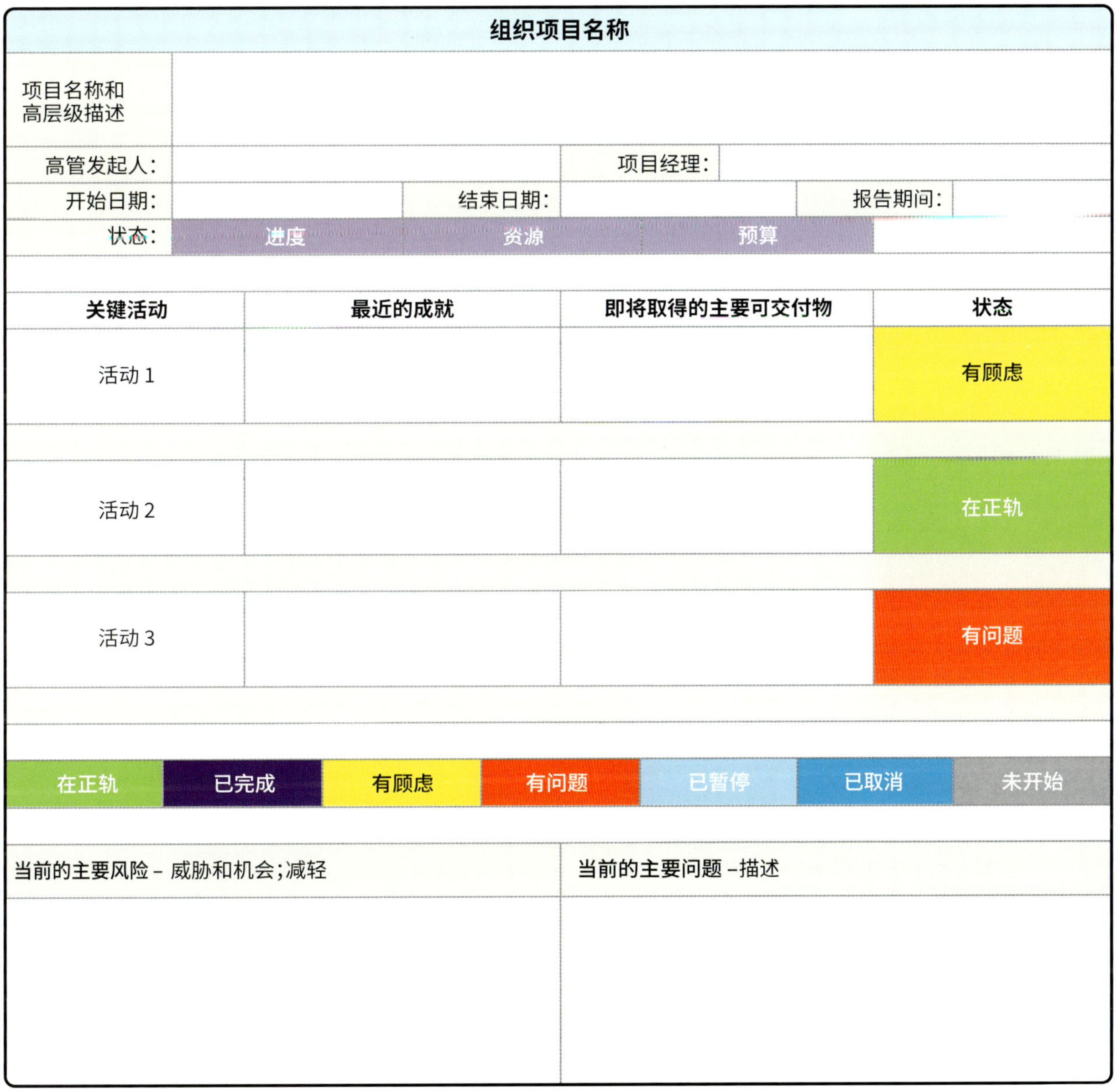
组织项目名称
项目名称和高层级描述
高管发起人：
项目经理：
开始日期：
结束日期：
报告期间：
状态：
进度
资源
预算
关键活动
最近的成就
即将取得的主要可交付物
状态
活动 1
有顾虑
活动 2
在正轨
活动 3
有问题
在正轨
已完成
有顾虑
有问题
已暂停
已取消
未开始
当前的主要风险 – 威胁和机会；减轻
当前的主要问题 –描述

图 2-27. 仪表盘示例

2.7.3.2 信息发射源

信息发射源也称为大型可见图表 (BVC)，是一种可见的实物展示工具，可向组织其他成员提供信息，从而实现及时的知识共享。它们发布在人们可以很容易地看到信息的地方，而不是仅在进度计划编制工具或报告工具中含有信息。BVC 应该易于更新，并且应该经常更新。它们通常是“低科技高感触”，因为它们是手动维护的，而不是电子生成的。图 2-28 显示了与已完成工作、剩余工作和风险相关的信息发射源。

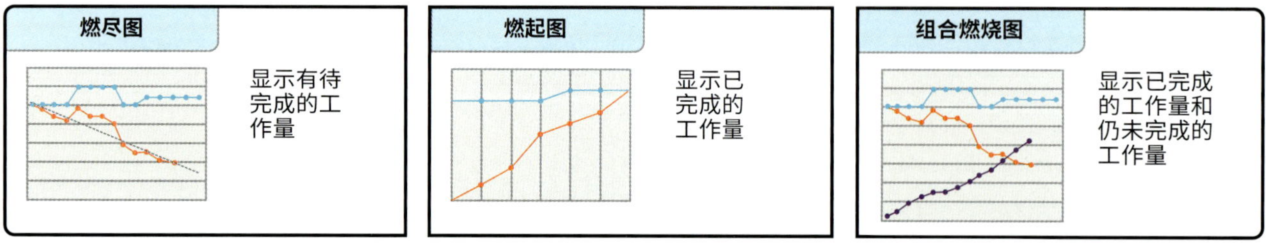

参考编号	风险描述	日期	可能性	影响	风险等级	应对措施	负责人
1	因为其他商业承诺，主要供应商无法按时交货	3 月 21 日	可能	高	**高**	在合同中包含惩罚条款；将应急措施纳入进度计划；监督承包商的履行情况	Annie
2	租用线路的提前期超过 90 天	3 月 21 日	不太可能	中等	**中等**	比所需的时间提前订购租用线路；产生额外的租赁费	Jim
3	由于在计划的开始时间之后才进行用户验收测试，因此新系统的发布延迟。	3 月 21 日	很有可能	高	**高**	雇用临时人员，以便腾出资源用于测试；修改项目进度计划	Mark
4	没有足够的能力来为数据迁移和测试创建额外的数据库实例	4 月 18 日	非常不可能	中等	**低**	确定项目的优先级排序；暂时移除备选开发实例	Jim

风险日志

图 2-28. 信息发射源

2.7.3.3 目视管理

在精益环境中，信息发射源被称为目视管理。目视管理说明了较容易地比较实际和预期绩效的过程。目视管理使用可视化提示来显示一个过程。从要交付的商业价值到已开始的任务，可以对其中所有层级的信息进行目视管理。它们应该是显而易见的，让任何人都能看到。

- **任务板。** 任务板是对计划工作的可视化表示，使每个人都能看到各项任务的状态。任务板可以显示已准备就绪可以开始（待办）的工作、在制品和已完成的工作（参见图 2-29）。

  借助任务板，任何人都能一目了然地查看特定任务的状态或每个工作阶段中的任务数。不同颜色的便利贴可以代表不同类型的工作，并且可以使用圆点来显示任务已处于其当前位置的天数。

  基于工作流的项目（如使用看板的项目）可以使用这些图表来限制在制品的数量。如果看板中某列的任务接近在制品限值，那么项目团队成员可以对当前工作采取“蜂拥模式”，以帮助那些人来处理使流程减缓的任务。

- **燃烧图。** 燃烧图（例如燃起图或燃尽图）可以显示项目团队的速度。“速度”可测量在预先定义的时间间隔内生成、确认和接受可交付物的生产率。燃起图可以对照预期应完成的工作来跟踪已完成的工作量（参见图 2-30）。燃尽图可以显示剩余故事点的数量或已减少的风险敞口的数量。

- **其他类型的图表。** 可视化图表还可以包括诸如障碍因素清单之类的信息，该清单描述了完成工作所面临的障碍因素、严重程度以及为应对障碍因素而采取的行动。

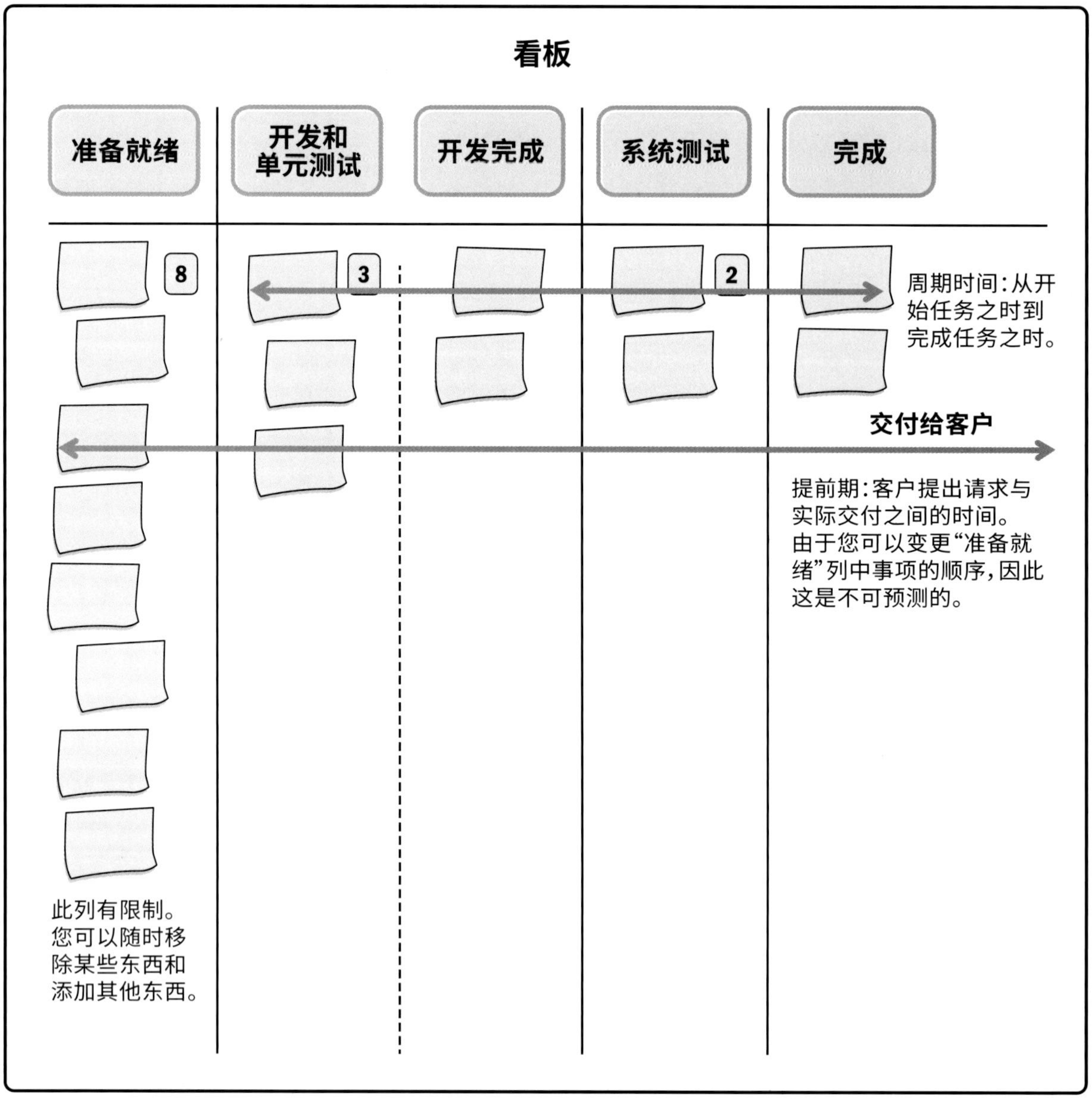
看板
准备就绪
开发和
单元测试
开发完成
系统测试
完成
8
3
2
周期时间：从开始任务之时到完成任务之时。
交付给客户
提前期：客户提出请求与实际交付之间的时间。
由于您可以变更“准备就绪”列中事项的顺序，因此这是不可预测的。
此列有限制。
您可以随时移除某些东西和添加其他东西。

图 2-29. 任务板或看板

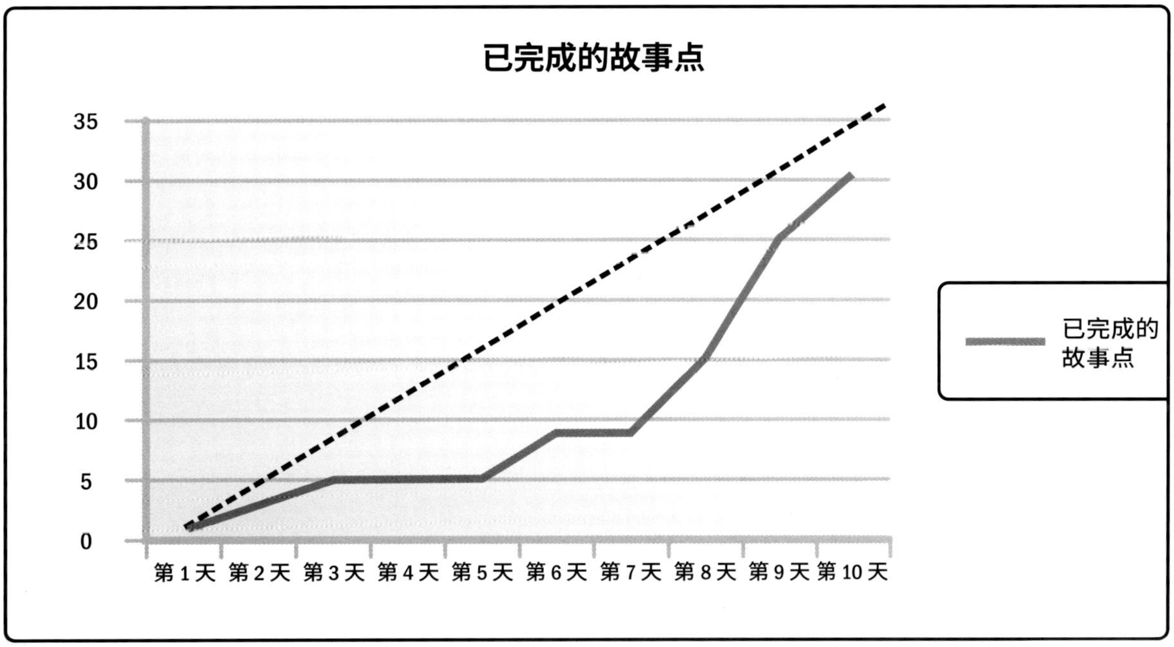

图 2-30. 燃起图

2.7.4 测量陷阱

项目测量指标有助于项目团队实现项目目标。然而，会存在一些与测量有关的陷阱。认识到这些陷阱有助于最小化其负面影响。

- **霍桑效应。**霍桑效应指出，测量某种事物的行动会对行为产生影响。因此，制定度量指标时要慎重。例如，仅测量项目团队可交付物的输出，会鼓励项目团队专注于创建更多数量的可交付物，而不是专注于提供更高客户满意度的可交付物。
- **虚荣指标。**似乎会显示某些结果但不提供决策所需有用信息的测量指标。测量网站的页面访问量不如测量新访问者的数量有用。
- **士气低落。**如果设定了无法实现的测量指标和目标，项目团队的士气可能会因持续未能达到目标而下降。设定拓展性目标和激励人心的测量指标是可以接受的，但人们也希望看到他们的辛勤工作得到认可。不现实或无法实现的目标可能适得其反。
- **误用度量指标。**尽管存在用于测量绩效的度量指标，人们可能会扭曲测量指标或专注于错误的事情。范例包括：
  - 专注不太重要的度量指标，而不是最重要的度量指标；
  - 专注于做好短期测量指标的工作，而以牺牲长期度量指标为代价；
  - 为了改进绩效指标，开展易于完成的失序活动。
- **确认偏见。**从人的角度，我们倾向于寻找并看到支持我们原有观点的信息。这可能会导致我们对数据作出错误解释。
- **相关性与因果关系对比。**解释测量数据的一个常见错误是将两个变量之间的相关性与一个变量导致了另一个变量这一观念混淆起来。例如，看到项目进度落后且预算超支，可能就会推断是预算超支导致了进度问题。这并非真实情况，而且也并非进度落后导致了预算超支。相反，可能还有其他相关因素未考虑进来，例如估算技能、管理变更的能力和积极管理风险。

我们除了警惕与不适当的测量指标相关的危险外，了解与度量指标相关的陷阱有助于我们制定有效的度量指标。

2.7.5 对绩效问题进行故障诊断

针对超出临界值区间的测量指标的计划达成一致是测量的一部分。可以针对各种度量指标（如进度、预算、速度和项目特有的其它测量指标）制定临界值。偏差程度将取决于干系人的风险承受能力。

图 2-31 显示了预算临界值设置为预测支出率的 +10%（橙色）和 -20%（绿色）的示例。蓝线正在跟踪实际支出；1 月份，它超过了会触发例外计划的 +10% 的公差上限。

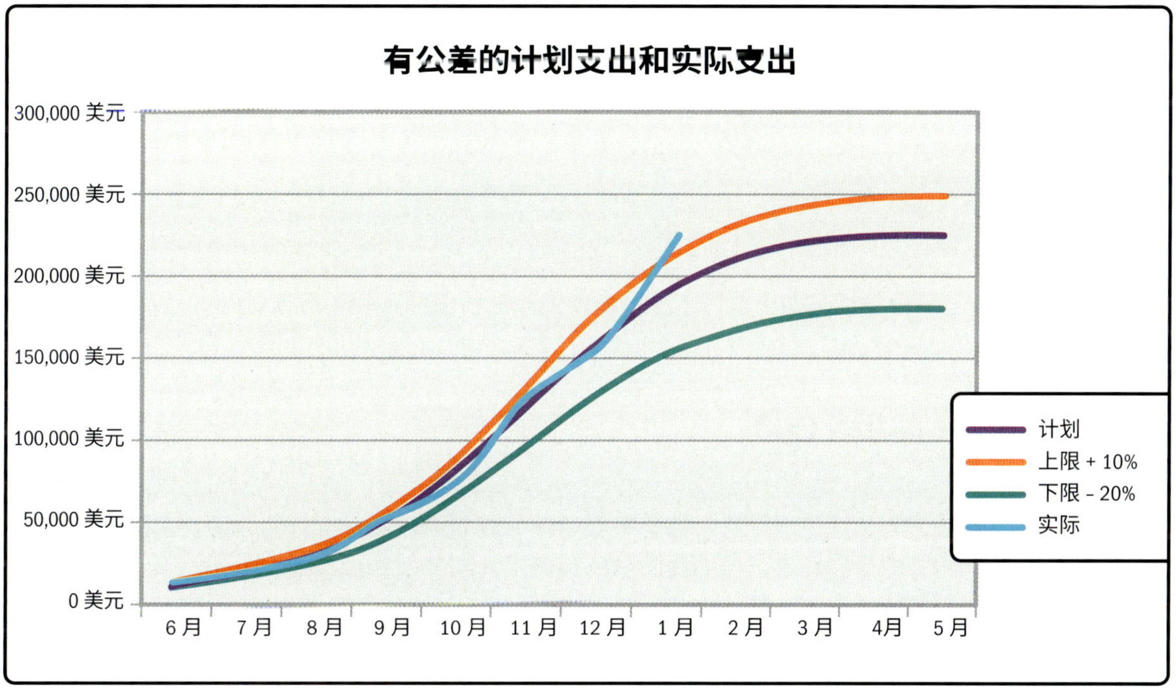

图 2-31. 计划支出率和实际支出率

理想情况下，项目团队不应等到突破临界值才采取行动。如果可以通过趋势或新信息预测会超过临界值，项目团队就可以主动解决预期的偏差。

例外计划是一组商定的，在超过临界值或预测时采取的行动。例外计划不必是正式的；它们可以像召集干系人开会讨论问题一样简单。例外计划的重要性在于讨论问题并针对需要做的事情制定计划，然后持续跟进，确保计划得到实施并确定计划是否有效。

2.7.6 成长和改进

测量和展示数据的目的是学习和改进。为了优化项目绩效和效率，只应测量和报告信息，为了：

- 使项目团队能够学习；
- 推动决策；
- 改进产品或项目绩效的某些方面；
- 有助于避免问题；
- 防止绩效下降。

若应用得当，这些测量指标有助于项目团队提高创造商业价值并实现项目目标和绩效目标的能力。

2.7.7 与其他绩效域的相互作用

测量绩效域与规划绩效域、项目工作绩效域和交付绩效域相互作用，因为计划构成了将交付和计划进行比较的基础。测量绩效域可以通过提供最新信息来支持作为规划绩效域一部分的活动，从而使经验教训能够反映针对更新计划的有利或不利信息。在项目团队成员制定计划并创建可测量的可交付物时，团队绩效域和干系人绩效域会相互作用。

当不可预测的事件发生时（无论是积极事件还是消极事件），它们会影响项目绩效，从而影响项目的测量和度量指标。应对已发生的不确定事件造成的变更包括了更新受此影响的测量。不确定性绩效域中的活动（例如识别风险和机会）可以根据绩效测量启动。

作为项目工作的一部分，应与项目团队和其他干系人合作，以便制定度量指标、收集数据、分析数据、做出决策并报告项目状态。

2.7.8 检查结果

表 2-9 左侧列出了有效应用测量绩效域的成果，右侧列出了针对这些成果的检查方法。

表 2-9. 检查成果 — 测量绩效域

成果	检查
对项目状况产生可靠的理解	审计测量结果和报告可表明数据是否可靠。
可促进决策、具有实际价值的数据	测量结果可表明项目是否按预期进行，或者是否存在偏差。
及时采取适当行动，确保项目绩效处于正轨	测量结果提供了提前指标，和/或当前状态可导致及时的决策和行动。
基于可靠的预测和评估，通过做出明智而及时的决策来实现目标并产生商业价值	回顾过去的预测和当前的绩效可发现，以前的预测是否准确地反映了目前的情况。将实际绩效与计划绩效进行比较并评估业务文档可表明项目实现预期价值的可能性。

2.8 不确定性绩效域

不确定性绩效域

不确定性绩效域涉及与风险和不确定性相关的活动和功能。

有效执行此绩效域将产生以下预期成果：

- 了解项目的运行环境，包括但不限于技术、社会、政治、市场和经济环境。
- 积极探索和应对不确定性。
- 了解项目中多个变量之间的相互依赖性。
- 能够预测威胁和机会并了解问题的后果。
- 项目交付很少或不会受到不可预见事件或情况的消极影响。
- 利用机会改进项目的绩效和成果。
- 有效利用成本和进度储备，从而与项目目标保持一致。

图 2-32. 不确定性绩效域

项目存在于具有不同程度不确定性的环境中。不确定性表现为威胁和机会，项目团队可以探索、评估并决定如何处理它们。

以下定义与不确定性绩效域相关：

不确定性。缺乏对问题、事件、要遵循的路径或要追求的解决方案的理解和认识。

模糊性。不清晰的状态，难以识别事件的起因，或者有多个从中选择的选项。

复杂性。由于人类行为、系统行为和模糊性而难以管理的项目集、项目或其环境的特征。

易变性。快速且不可预测的变化的可能性。

风险。一旦发生，会对一个或多个项目目标产生积极或消极影响的不确定事件或条件。

最广义的不确定性是一种不可知或不可预测的状态。不确定性有许多细微差别，例如：

- 与不可知未来事件相关的风险；
- 与不了解当前或未来状况相关的模糊性；
- 与具有不可预测结果的动态系统相关的复杂性。

成功驾驭不确定性首先要了解项目运行的大环境。造成项目不确定性的环境因素包括（但不限于）：

- 经济因素，例如价格波动、资源可用性、借款能力，以及通货膨胀/通货紧缩；
- 技术考虑因素，例如新技术或新兴技术、与系统相关的复杂性以及接口；
- 法律的或者立法的约束或要求；
- 与安全、天气和工作条件相关的物理环境；
- 与当前或未来条件相关的模糊性；
- 由舆论和媒体塑造的社会和市场影响；
- 组织外部或内部的政治影响。

此绩效域涉及不确定性的各个方面、不确定性的影响（例如项目风险）以及应对各种不确定性的方案。

2.8.1 普遍不确定性

所有项目中必然存在不确定性。因此，任何活动的影响都无法准确预测，而且可能会产生一系列结果。对项目目标有益的潜在结果称为机会；对目标产生负面影响的潜在结果称为威胁。这些机会和威胁共同构成了项目风险。有多种方案应对不确定性：

- **收集信息。**有时，可以通过发现更多信息（如进行研究、争取专家参与或进行市场分析）减少不确定性。进一步的信息收集和分析何时会超过获得额外信息的益处，认识到这一点也很重要。
- **为多种结果做好准备。**在源自某一不确定性的领域只有几个可能的结果的情况下，项目团队可以为每一个结果做好准备。这就需要制定可用的主要解决方案，以及在初始解决方案不可行或无效时有可用的备份或应急计划。如果存在大量潜在结果，项目团队可以对潜在原因进行分类和评估，以便估算其发生的可能性。这使项目团队能够确定最可能的潜在结果，并专注于这些结果。
- **基于集合的设计。**可以在项目早期研究多种设计或备选方案，以减少不确定性。这使项目团队能够考虑权衡因素，例如时间与成本、质量与成本、风险与进度、进度与质量。其目的是探索各种选项，以便项目团队能够从使用各种备选方案中有所收获。在整个过程中，无效或次优的替代方案将被舍弃。
- **增加韧性。**韧性是对意外变化快速适应和应对的能力。韧性既适用于项目团队成员，也适用于组织过程。如果对产品设计的初始方法或原型无效，则项目团队和组织需要能够快速学习、适应和应对。

2.8.2 模糊性

模糊性有两类：概念模糊性和情景模糊性。当人们以不同的方式使用类似的术语或论点时，就会出现概念模糊性 — 缺乏有效的理解。例如，“上周，报告的进度计划处于正轨”这句话不明确。到底是上周进度计划处于正轨，还是这个情况是上周报告的，这些都不明确。此外，对于何谓“处于正轨”，人们可能也会有疑问。通过正式确立共同的规则并定义术语（例如“处于正轨”的含义），可以减少这种类型的模糊性。

当可能出现多个结果时，就会出现情景模糊性。有多个选项解决一个问题是情景模糊性的一种形式。探究模糊性的解决方案包括渐进明细、实验和使用原型法。

- **渐进明细。**这是随着信息越来越多、估算越来越准确，而不断提高项目管理计划的详细程度的迭代过程。
- **实验。**精心设计的一系列实验可以帮助识别因果关系，或者至少可以减少模糊性数量。
- **原型法。**原型法有助于区分不同变量之间的关系。

2.8.3 复杂性

复杂性是由于人类行为、系统行为和模糊性而难以管理的项目集、项目或其环境的特征。当有许多相互关联的影响以不同的方式表现出来并相互作用时，就会存在复杂性。在复杂的环境中，单个要素的累积最终导致无法预见或意外的结果，这种情况并不少见。复杂性的影响是使人们无法准确预测发生任何潜在结果的可能性，甚至无法知道可能会出现什么样的结果。处理复杂性有许多方法，一些方法是基于系统，一些方法需要重新构造，而其他方法则是基于过程。

2.8.3.1 基于系统

处理基于系统的复杂性的示例包括：

- **解耦。**解耦需要断开系统的各个部分，以简化系统并减少相互之间有关联的变量的数量。确定系统的一部分如何独立工作，可降低问题的总体规模。
- **模拟。**可能有类似但不相关的情景可用于模拟某一系统的各个组件。一个包含购物区和多间餐厅的新机场建设项目，可以通过寻找关于商场和娱乐场所的类似信息来了解消费者的购买习惯。

2.8.3.2 重新构造

处理需要重新构造的复杂性的示例包括：

- **多样性。**需要从不同的角度看待复杂的系统。这可能包括与项目团队进行头脑风暴，以开启看待系统的不同方式。它还可以包括像德尔菲法一样的过程 — 从发散思维转变为收敛思维。
- **平衡。**平衡使用的数据类型，可提供更广阔的视角，而不仅仅使用预测数据或过去报告的数据或滞后指标。这可以包括使用其不同点可能抵消彼此潜在负面影响的要素。

2.8.3.3 基于过程

处理基于过程的复杂性的示例包括：

- **迭代。**以迭代或增量方式构建。一次增加一个特性。每个迭代后，确定哪些特性有效、哪些特性无效、客户反应以及项目团队学到了什么。
- **参与。**创造机会争取干系人参与。这可以减少假设的数量，并将学习和参与融入到过程之中。
- **故障保护。**对系统中的关键要素，要增加冗余，或者增加在关键组件出现故障时能提供正常降低功能的要素。

2.8.4 易变性

易变性存在于可能会快速且不可预测的变化的环境中。当可用技能组合或多种材料持续波动时，可能就会发生易变性。易变性通常会影响成本和进度计划。备选方案分析和成本或进度储备的使用可解决易变性问题。

- **备选方案分析。**寻找和评估备选方案，例如寻找实现目标的不同方法（例如使用不同的技能组合、对工作重新排序或将工作外包）。备选方案分析可包括确定在评估不同选项时要考虑的变量，以及每个变量的相对重要性或权重。
- **储备。**成本储备可用于弥补由于价格波动造成的预算超支。在某些情况下，可以使用进度储备来处理由于资源可用性的波动而造成延迟。

有效地驾驭不确定性、模糊性、复杂性和易变性可提高预测形势、做出明智决策、规划和解决问题的能力。

2.8.5 风险

风险是不确定性的一个方面。风险是指一旦发生即会对一个或多个项目目标产生积极或消极影响的不确定事件或条件。消极风险称为威胁，积极风险称为机会。所有项目都有风险，因为它们是不确定性程度各异的独特工作。

在整个项目期间，项目团队成员应主动识别风险，以避免或最小化威胁的影响，并触发或最大化机会的影响。威胁和机会都会规划一套可能的应对策略，可以在风险发生时实施这些策略。

为有效驾驭风险，项目团队需要知道，在追求项目目标的过程中，可接受多大的风险敞口。这一点则由可测量的风险临界值来确定，风险临界值反映了组织和干系人的风险偏好。风险临界值表示的是针对目标可接受的偏差范围，它反映了组织和干系人的风险偏好。风险临界值通常应该明确规定，与项目团队沟通，并反映在项目的风险影响级别的定义中。

整体项目风险

整体项目风险是不确定性对整个项目的影响，该风险是由所有不确定性来源引起的。这包括多个单个风险，以及对项目成果变化的影响（包括正面影响和负面影响）的风险敞口。整体风险通常是一个复杂性、模糊性和易变性的函数。对整体项目风险的应对与对单个威胁和机会的应对相同，尽管应对措施适用于整个项目而非特定事件。如果项目的整体风险过高，组织可以选择取消项目。

2.8.5.1 威胁

威胁是指一旦发生，会对一个或多个目标产生消极影响的事件或条件。针对威胁，可以考虑下列五种备选策略：

- **规避。**威胁规避是指项目团队采取行动来消除威胁，或保护项目免受威胁的影响。
- **上报。**如果项目团队或项目发起人认为某威胁不在项目范围内，或提议的应对措施超出了项目经理的权限，就应该采取上报策略。
- **转移。**转移策略涉及到将应对威胁的责任转移给第三方，让第三方管理风险并承担威胁发生的影响。
- **减轻。**威胁减轻是指采取措施来降低威胁发生的概率和/或影响。提前采取减轻措施通常比威胁出现后尝试进行补救更加有效。
- **接受。**威胁接受是指承认威胁的存在，但不主动规划措施。主动接受风险可以包括制定在事件发生时触发的应急计划；也可以包括被动接受，即什么也不做。

对某个特定威胁的应对措施可能包括多种策略。例如，如果不能避免这种威胁，就可以将其减轻到可以转移或接受的程度。

实施威胁应对措施的目标是减少负面风险数量。有时，接受的风险会随着时间的推移或由于风险事件没发生而减少。图 2-33 显示了随着时间推移如何跟踪和减少风险。

			一月			二月			三月			四月	
ID	**风险简称**	**影响**	**概率**	**严重性**	**影响**	**概率**	**严重性**	**影响**	**概率**	**严重性**	**影响**	**概率**	**严重性**
1	已取得许可	3	3	9	3	2	6	3	0	0	3	0	0
2	工厂未及时准备就绪	2	2	4	2	0	0	2	0	0	2	0	0
3	道路提前解冻	3	2	6	3	1	3	2	1	2	3	0	0
4	生产储备	2	2	4	2	3	6	2	2	4	2	1	2
5	泵流量	3	1	3	3	2	6	3	3	9	3	3	9

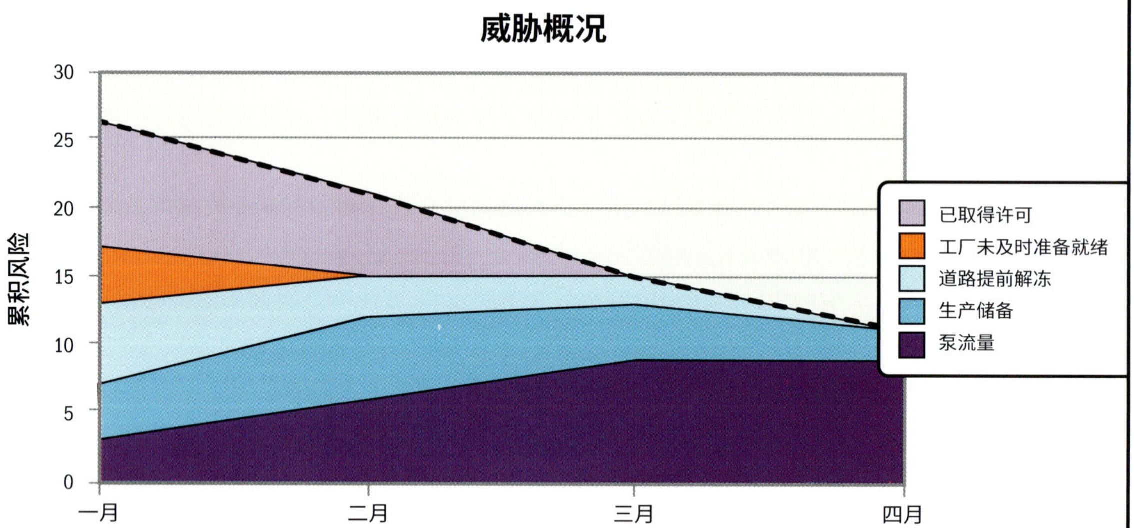

图 2-33. 随着时间推移风险减少

2.8.5.2 机会

机会是指一旦发生，会对一个或多个项目目标产生积极影响的事件或条件。机会的一个示例是基于工料合同的分包商，他们提前完成工作，从而降低成本并节省时间。

针对机会，可以考虑下列五种备选策略：

- **开拓。**一种应对策略，项目团队采取行动以确保机会出现。
- **上报。**与威胁一样，如果项目团队或项目发起人认为某机会不在项目范围内，或提议的应对措施超出了项目经理的权限，就应该采取机会应对策略。
- **分享。**机会分享涉及将应对机会的责任分配给最能获得该机会收益的第三方。
- **提高。**在机会提高策略中，项目团队采取行动提高机会发生的概率或扩大机会带来的影响。提前采取提高措施通常比机会出现后尝试改善机会更加有效。
- **接受。**与威胁一样，接受机会是指承认机会的存在性，但并不规划主动措施。

一旦制定了一套风险应对措施，就应该对其进行审查，以确定计划的应对措施是否增加了任何次生风险。审查还应对采取应对措施后仍将存在的残余风险做出评估。应对规划应反复进行，直至残余风险与组织的风险偏好相符。

从经济角度看待工作优先级，可使团队对规避和减轻威胁的活动优先级排序。

将风险的预期货币价值 (EMV) 与可交付物或特性的预期投资回报率 (ROI) 进行比较，可使项目经理与发起人或产品负责人就何时何地将风险应对措施纳入所计划的工作进行对话（请参见图 2-34）。

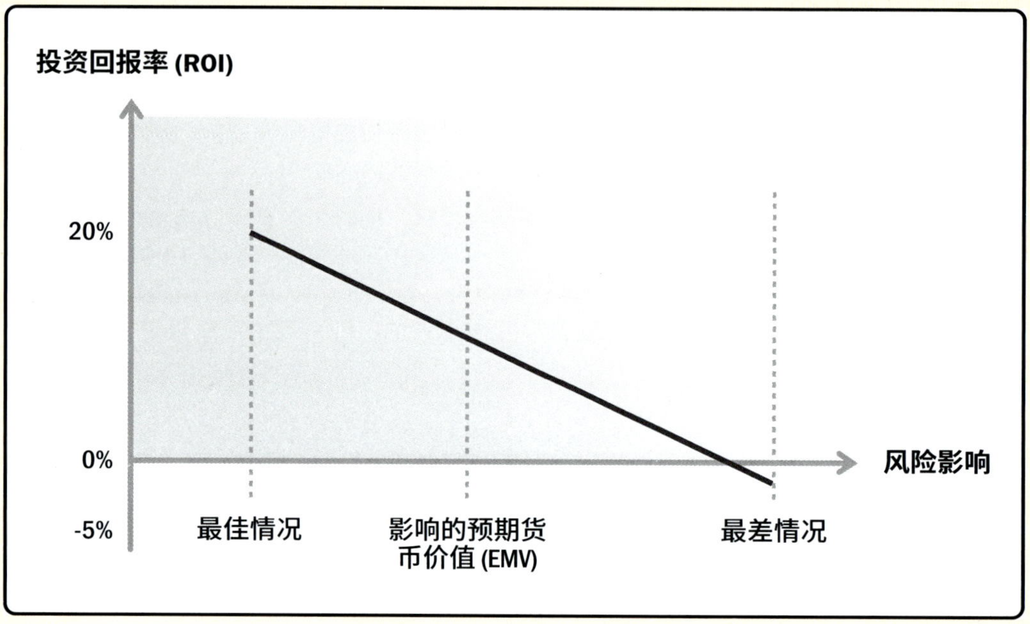

图 2-34. 风险调整 ROI 曲线

2.8.5.3 管理储备和应急储备

储备是为应对风险而预留的时间或预算。应急储备将用于应对可能发生的已识别风险。管理储备是针对未知事件（如未计划的、范围内的工作）的预算类别。

2.8.5.4 风险审查

与广泛选出的干系人举行频繁有节奏的审查和反馈会议，有助于驾驭项目风险并主动应对风险。

每日站会可用于任何项目，而且是识别潜在威胁和机会的一个来源。如果继续拖延进展，报告中的阻碍因素可能成为威胁。同样，关于进展和突破的报告可能指出需要进一步充分利用和分享的机会。

频繁演示产品或服务的增量，中间过渡的设计或概念证明可能会使威胁和机会显现出来。来自演示或设计审查的负面反馈如果不被纠正，可能会成为与干系人不满有关的威胁的早期迹象。积极反馈有助于让项目团队了解业务代表高度重视的发展领域。

在每周状态会议上解决风险问题可确保风险管理保持相关性。这些会议可用于识别新风险以及识别现有风险的变化。

回顾会议和总结经验会议可用于识别对绩效、项目团队凝聚力等的威胁，并可用于寻求改进。它们还可以帮助识别相关实践，以便尝试不同方式开拓和提高机会。

2.8.6 与其他绩效域的相互作用

从产品或可交付物的角度看，不确定性绩效域与规划绩效域、项目工作绩效域、交付绩效域和测量绩效域相互作用。随着规划的进行，可将减少不确定性和风险的活动纳入计划。这些工作是在交付绩效域中执行的。测量可以表明随着时间的推移风险级别是否有所变化。

项目团队成员和其他干系人是不确定性的主要信息来源。在应对各种形式的不确定性方面，他们可以提供信息、建议和协助。

生命周期和开发方法的选择将影响不确定性的应对方式。在范围相对稳定的预测型项目中，可以使用进度和预算中的储备来应对风险。在采用适应型方法的项目中，需求可能会演变，在系统如何互动或干系人如何反应方面可能存在模糊性，项目团队可以调整计划，以反映对不断演变情况的理解，还可以使用储备来抵消已发生的风险的影响。

2.8.7 检查结果

表 2-10 左侧列出了成果，右侧列出了检查方法。

表 2-10.检查成果 — 不确定性绩效域

成果	检查
了解项目的运行环境，包括但不限于技术、社会、政治、市场和经济环境	团队在评估不确定性、风险和应对措施时考虑了环境因素。
积极探索和应对不确定性	风险应对措施与项目制约因素（例如预算、进度和绩效）的优先级排序保持一致。
了解项目中多个变量之间的相互依赖性	应对复杂性、模糊性和波动性的措施适合于项目。
能够预测威胁和机会并了解问题的后果	用于识别、捕获和应对风险的系统非常强大。
项目交付很少或不会受到不可预见事件或情况的消极影响	满足计划的交付日期，预算执行情况处于偏差临界值内。
利用机会改进项目的绩效和成果	团队使用既定机制来识别和利用机会。
有效利用成本和进度储备，从而与项目目标保持一致	团队采取步骤主动预防威胁，从而限量使用成本或进度储备。

3

裁剪

3.1 概述

裁剪是对有关项目管理方法、治理和过程深思熟虑后作出调整，使之更适合特定环境和目前工作。

在项目环境中，裁剪会考虑开发方法、过程、项目生命周期、可交付物以及与其共同参与工作的人员的选择。裁剪过程受*《项目管理标准》*[1] 中的指导性项目管理原则、组织价值观和组织文化的驱动。例如，如果核心的组织价值观是“以客户为中心”，那么为启发需求和确认范围而选择的活动就要倾向于采用以客户为中心的方法。这种方法符合“有效地与干系人参与”这一原则。同样，在项目的整个生命周期，风险偏好较低的组织可能有许多流程和程序来指导项目。而在同一市场上运营但风险承受能力高的类似公司可能会有较少的流程和程序。在这两个示例中，尽管各个组织的偏好、流程和程序各不相同，但它们都遵守“优化风险应对”这一原则。

使用裁剪需要谨慎选择和调整多个项目因素，无论是否使用“裁剪”标签皆是如此。

剪裁的替代方案是使用未经修改的框架或方法论。有许多方法论可以描述项目中使用的过程、阶段、方法、工件和模板。这些方法及其组件不是根据组织环境定制的。

它们中的大多数都有明确的指导说明，指出不应只是严格遵守，而是要经过一个裁剪过程，以便根据项目的特定类型、规模和复杂性确定哪些要素最有用。可是一些经验不足的从业者试图完完全全地应用该方法论，而不考虑项目规模、复杂性、持续时间或组织环境。

进行裁剪时需要了解项目背景、目的和运行环境。项目的运行环境非常复杂，需要平衡下列潜在的互相矛盾的要求，包括但不限于：

- 尽快交付；
- 最大限度地降低项目成本；
- 优化所交付的价值；
- 创建高质量的可交付物和项目成果；
- 遵守监管标准；
- 满足不同干系人的期望；
- 适应变化。

需要理解、评估和平衡这些因素，以便为项目创造切实可行的运行环境。

有些情况可能会限制项目团队调整其方法的程度，例如，当组织政策要求使用特定方法或合同强制规定了某种方法时。

3.2 为什么要裁剪？

裁剪旨在更好地满足组织、运行环境和项目的需要。许多变量都是裁剪过程的考虑因素，包括项目的重要性和所涉及干系人的数量。以这些变量为例，关键项目（如建造核反应堆）所需的严谨、制衡和报告的要求显然要远远高于建造新办公楼。

同样，能满足一个 10 人项目团队需求的必要沟通和工作协调对于一个 200 人项目团队来说也是不够的。过程太少会忽略可支持有效项目管理的关键活动，而如果使用的过程多于所需数量，则引发成本高昂和浪费。因此，裁剪有助于对运行环境和项目需求进行适当管理。

用于交付项目的结构既可以规模很大也可以是很小的，既可以非常严密也可以是轻量级的，既可以是稳健型的也可以简单的。没有一种单一的方法可以一直应用于所有项目。相反，裁剪应反映每个项目的规模、持续时间和复杂性，并应适应组织所在的行业、组织文化和项目管理成熟度。

裁剪可为组织带来直接和间接的收益。这些属性包括但不限于：

- 帮助对方法进行裁剪的项目团队成员，可以做出更多承诺；
- 以客户为本（因为客户需要是组织发展的重要影响因素）；
- 更有效地利用项目资源。

3.3 裁剪的内容

可以裁剪的项目方面包括：

- 生命周期和开发方法的选择；
- 过程；
- 参与；
- 工具；
- 方法和工件。

第 3.3.1 节至第 3.3.4 节将更详细地探讨其中的每一项。

3.3.1 生命周期和开发方法的选择

决定生命周期及其阶段是裁剪的一个示例。在选择项目的开发和交付方法时，可以进行其他裁剪。一些大型项目可能同时使用各种开发和交付方法的组合。例如，建设新的数据中心可能涉及 (a) 使用预测型方法进行实体施工和修整，和 (b) 采用迭代型方法来了解和构建所需的计算能力。从项目层面来看，这种组合代表着混合型方法，但施工团队和计算团队可能只会使用预测型或迭代型开发方法。

3.3.2 过程

针对选定生命周期的过程裁剪和开发方法包括要确定对哪些部分或要素实施以下操作：

- *增加*，以实现所需的严格性、覆盖范围，或应对独特的产品或运营环境的状况等（例如，对安全性要求比较高的项目要增加独立检查这一环节）；
- *修改*，以更好地满足项目或项目团队的需求（例如，修改项目文档的格式，以考虑视力较差的项目团队成员）；
- *取消*，以减少成本或人力投入，因为相对于它所增加的价值，它没有必要或不经济实惠（例如，对一个集中办公、具有良好沟通的小型项目团队，可以取消会议记录）；
- *混合*，通过混合或合并各种要素带来额外的收益或价值（例如，将组织管理中的欣赏式探询寻法添加至预测型项目管理的经验教训会议中，以帮助促进更好的协作）；
- *调整*，以协调各种要素，从而形成一致的定义、理解和应用（例如，许多学科都有与风险管理相关的标准和实践，这些标准和实践彼此之间存在很大差异，需要进行调整）。例如，在涉及多个学科的项目团队中，不同学科可能存在特定要素，如与同一焦点领域有关的各自语言、工具以及实践。

3.3.3 参与

对项目所涉及人员参与进行裁剪包括：

- **人员。**这需要评估项目领导层和项目团队的技能和能力，然后根据项目类型和运作情况选择应参与的人员以及应具备的能力。例如，在具有挑战性或有时间约束的项目中，指派经验丰富的项目团队成员比使用经验不足的项目团队成员更合乎情理。
- **赋能。**赋能涉及选择应将哪些职责和现场决策形式下放给项目团队。某些环境和团队成员能力支持进行高层级赋能。在其他情况下，减少赋能、增加监督和指导也许更为可取。
- **整合。**除了发起组织的内部员工之外，项目团队还可以包括来自具有合同关系的实体、渠道合作伙伴和其他外部实体的贡献者。进行裁剪时，应会考虑如何从各类不同的贡献者中遴选成员组建项目团队，以推动项目团队取得最佳绩效并实现项目成果。

3.3.4 工具

选择项目团队将用于项目的工具（如软件或设备）是裁剪的一种形式。通常，项目团队最了解适合情况的工具，但这些选择可能需要根据相关成本做出调整。此外，组织领导者可以设定项目团队无法改变的制约因素。

3.3.5 方法和工件

对将用于实现项目成果的方法进行裁剪，以便这些方法适合项目所处的环境和文化。而对将用于项目的文档、模板和其他工件进行裁剪有助于确保工件适合项目和组织。第 4 章包含方法和工件的许多示例，在对方法和工件进行裁剪时可以参照这些示例。

3.4 裁剪过程

如《*项目管理标准*》[1] 第 2.5 节所述，项目存在于可能对其有影响的环境中。在进行裁剪之前，需要分析和理解项目环境。进行裁剪时通常首先会选择开发和交付方法、对组织进行裁剪、对项目进行裁剪，然后实施持续改进。该过程中的这些步骤如图 3-1 所示，本指南第 3.4.1 节至第 3.4.4 节将对这些步骤进行更详细的说明。

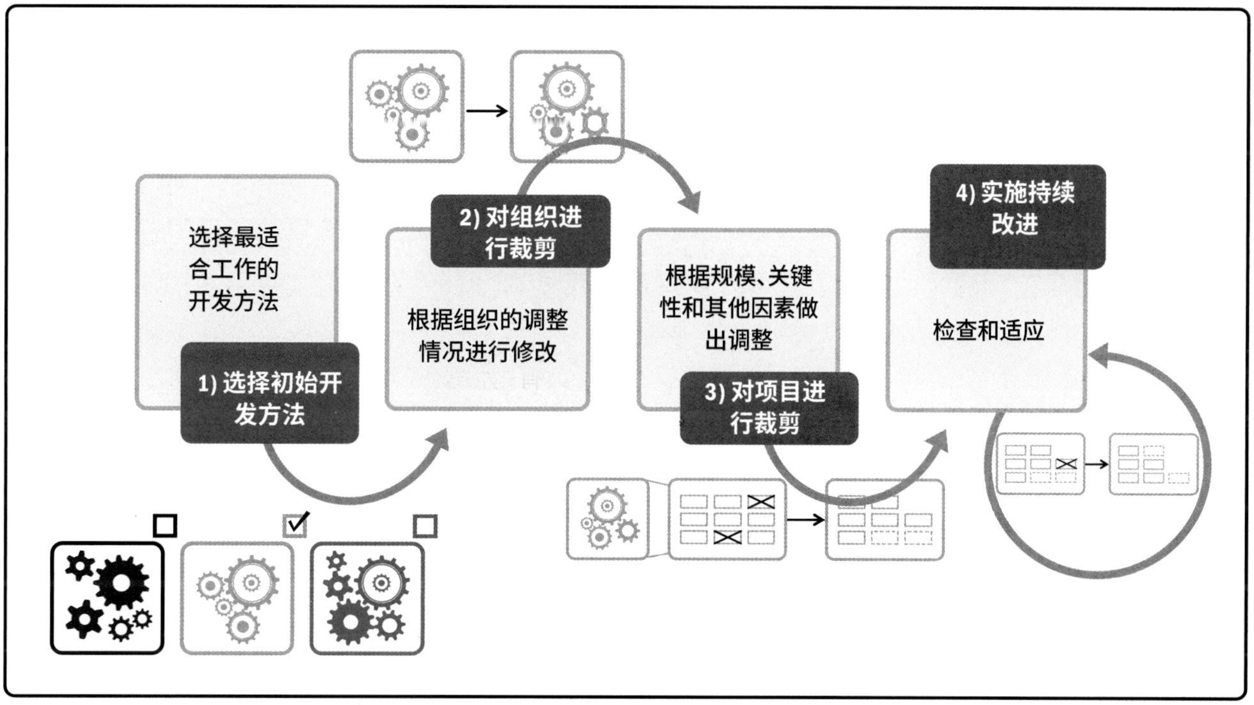

图 3-1. 裁剪过程中各步骤的详细信息

3.4.1 选择初始开发方法

此步骤将确定用于项目的开发方法。项目团队运用他们的产品知识、交付节奏和对可用选项的认识，选择最适合情况的开发方法。选择初始方法如图 3-2 所示。

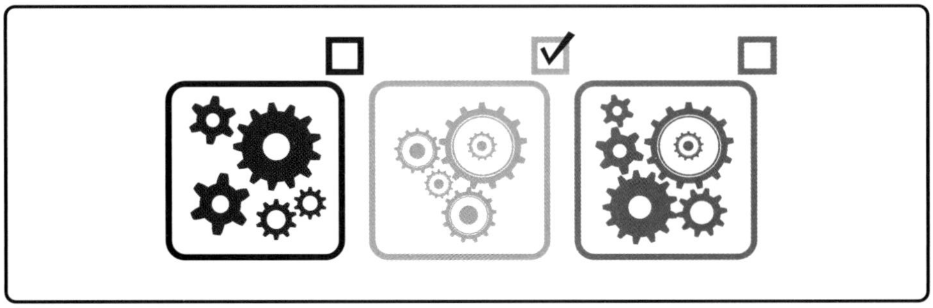

图 3-2. 选择初始开发方法

合适性筛选器这种工具可帮助项目团队考虑项目是否具有适合预测型、混合型或适应型方法的特征。合适性筛选器是一种信息工具，它将其评估与其他数据和决策活动结合起来，以便所裁剪的方法适合每个项目。通过根据文化、项目团队和项目因素对标准进行评估，合适性筛选器可生成诊断性视觉资料，这些视觉资料有助于讨论和确定初始方法。

3.4.2 对组织进行裁剪

虽然项目团队拥有很多流程并对其进行改进，通常也需要组织一定程度的批准和监督。许多组织都制定了一种项目方法论、通用项目管理方法或通用开发方法，它们都可用作其项目管理的起点。这些方法旨在为可重复的过程、对组织项目能力的一致性测量以及这些能力的持续改进等事项提供支持。已建立流程治理制度的组织需要确保裁剪符合其政策。为了证明项目团队的裁剪决策不会威胁组织的更大战略或管家精神目的，项目团队可能需要证明使用某种裁剪方法具有合理性。

为组织进行裁剪的额外制约因素包括对安全性要求比较高的大型项目和根据合同执行的项目。关于对安全性要求比较高的大型项目的裁剪建议可能需要额外的监督和批准，以帮助防范错误、损失或后续问题。根据合同条款执行的项目可能会要求使用特定的生命周期、交付方法或方法论。

图 3-3 中所示的裁剪过程使用了项目规模、关键程度、组织成熟度和其他考虑因素。

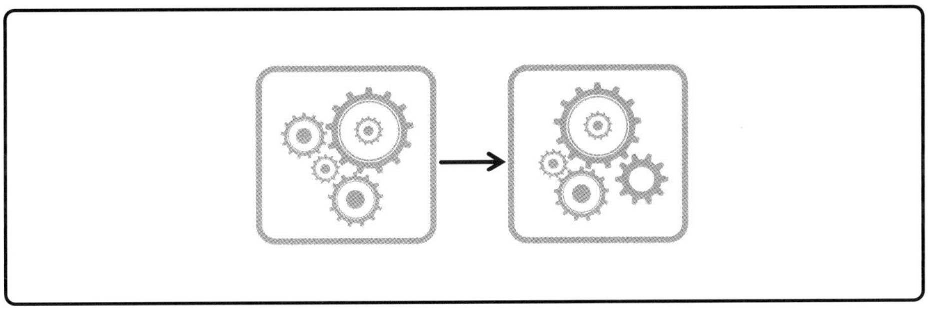

图 3-3. 对组织的方法裁剪

对组织的方法裁剪包括增加、取消和重新配置该方法的要素，以使该方法更适合组织。此过程如图 3-4 所示。

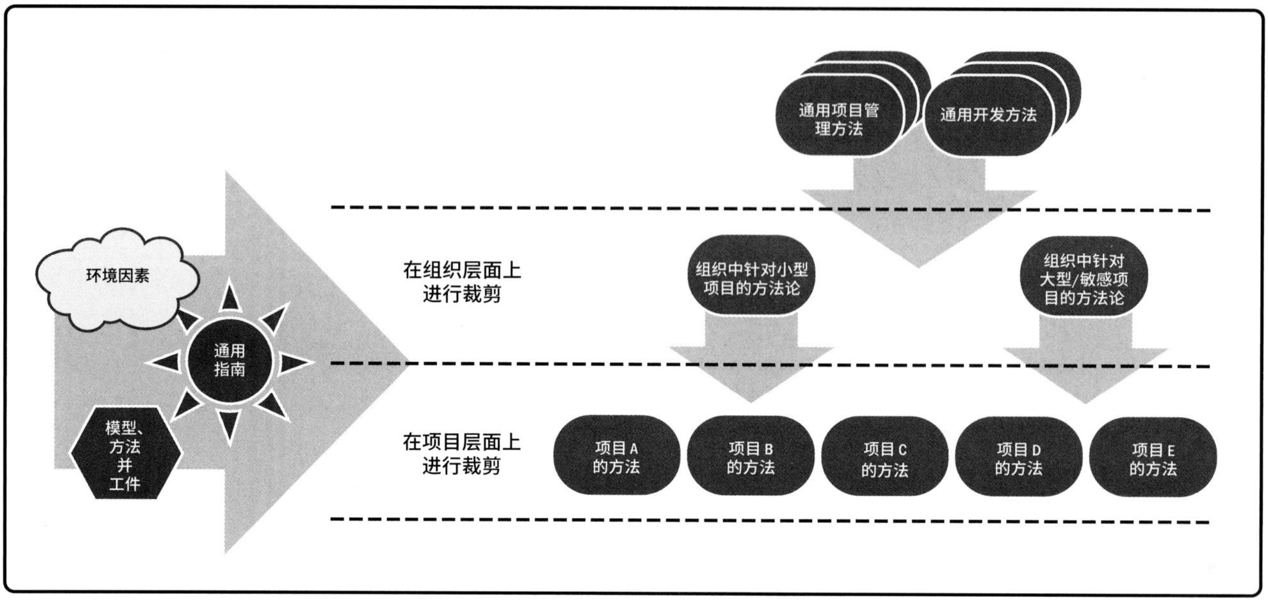

图 3-4. 裁剪时对组织和项目因素进行评估

设有项目管理办公室 (PMO) 或价值交付办公室 (VDO) 的组织，在对经裁剪的交付方法进行审查和批准方面可以扮演一定的角色。

与对外部团队有影响的裁剪（例如，其他部门的参与方式和时间等）相比，只对项目团队有影响的裁剪（例如，他们举行内部会议的时间、谁在哪里工作等）所需的监督较少。因此，内部项目裁剪可能只需项目经理批准即可，而对外部团队有影响的裁剪变更可能需经 PMO 或 VDO 批准。PMO 或 VDO 可以通过提供其他项目团队的想法和解决方案来帮助项目团队对自己的方法进行裁剪。

更多使用适应型方法的交付组织可能会设立 VDO。VDO 承担着促进者的角色，而非管理或监督职能。它侧重于为项目团队提供辅导；在整个组织内培养适应型技能和能力；以及指导发起人和产品负责人更有效地承担这些角色。

3.4.3 对项目进行裁剪

对项目进行裁剪受许多属性影响。这些属性包括但不限于：

- 产品/可交付物；
- 项目团队；
- 文化。

项目团队应该询问关于每个属性的问题，以帮助指导他们完成裁剪过程。对这些问题的回答有助于识别裁剪过程、交付方法、生命周期、工具、方法和工件的需要。

3.4.3.1 产品/可交付物

与产品或可交付物相关的属性包括但不限于：

- **合规性/关键性。**什么程度的过程严格性和质量保证是合适的？
- **产品/可交付物的类型。**产品是否为人所知且为实物，例如像一幢建筑那样易于识别和描述？或者是无形之物，例如软件或者新药设计？
- **行业市场。**项目产品或可交付物服务于哪个市场？该市场是否受到严格监管，发展迅速或缓慢？竞争对手和所在企业的情况如何？
- **技术。**技术是稳定且成熟，或是发展迅速且存在过时的风险？
- **时限。**项目时限很短（数周或数月）还是很长（数年）？
- **需求的稳定性。**核心需求出现变更的可能性有多大？
- **安全性。**产品业务的要素是否属于保密或机密信息？
- **增量交付。**这是项目团队可以用增量方式开发并获得干系人反馈的东西，还是在接近完成之前难以评估的东西？

3.4.3.2 项目团队

项目团队方面的考虑事项包括：

- **项目团队的规模。**将有多少全职和兼职人员参与项目？
- **项目团队所在地理位置。**团队成员主要位于何处？部分或全部团队是远程工作还是集中办公？
- **组织分布情况。**团队的支持小组和其他干系人位于何处？
- **项目团队的经验。**项目团队成员在行业、组织或彼此合作方面是否有任何经验？他们是否具备所考虑项目要求的技能、工具和技术？
- **联系客户。**经常及时获得客户或客户代表的反馈是否切实可行？

3.4.3.3 文化

对文化进行评估包括以下方面的考虑因素：

- **认同。**所提议的交付方法是否得到接受、支持和热情认可？
- **信任。**是否高度相信项目团队有能力并致力于交付项目成果？
- **赋能。**是否信任、支持和鼓励项目团队负责并开发工作环境，制定协议和决策？
- **组织文化。**组织价值观和文化是否与项目方法一致？这包括赋能与指定和检查、信任当地决策与请求外部决策等。

通过对这些属性进行评估，可以为项目指定有关参与、过程和工具的裁剪决策。图 3-5 中描述了这些取消和增加的过程，其中“X”代表取消的过程，虚线框代表增加的试验过程

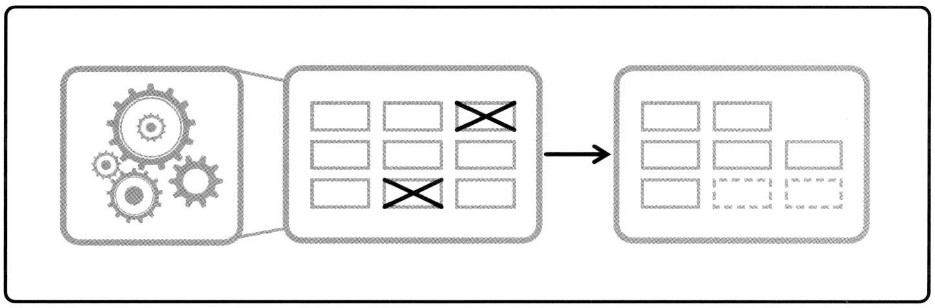

图 3-5. 对项目方法进行裁剪

3.4.3.4 实施持续改进

裁剪过程并非单一的，一次性的过程。在渐进明细过程中，项目团队的工作方式、产品或可交付物的演变方式以及其他知识等问题将表明哪些进一步的裁剪可以带来改进。审查点、阶段关口和回顾会议都提供了必要时的检查和调整过程、开发方法和交付频率的机会。

让项目团队参与过程改进可以培养主人翁意识，并表现出对实施持续改进和质量的承诺。让项目团队参与寻找和实施改进措施也表明了对他们自己的技能和建议以及赋能的信任。项目团队参与裁剪展示了创新和改进而不是安于现状的思维模式。

图 3-6 中显示了增加、取消和变更这些过程的概念。

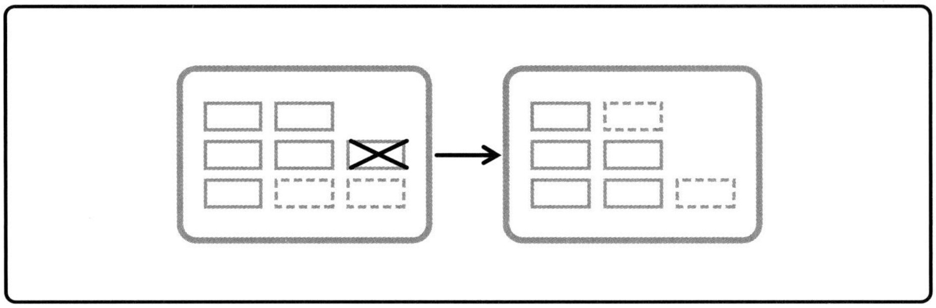

图 3-6. 实施持续改进

组织的裁剪方式本身就可以被裁剪。但大多数组织采取了以上描述的四个步骤中的部分或全部步骤。他们使用的要素包括选择初始方法、对组织进行裁剪、对项目进行裁剪以及实施持续改进（如图 3-7 所示）。

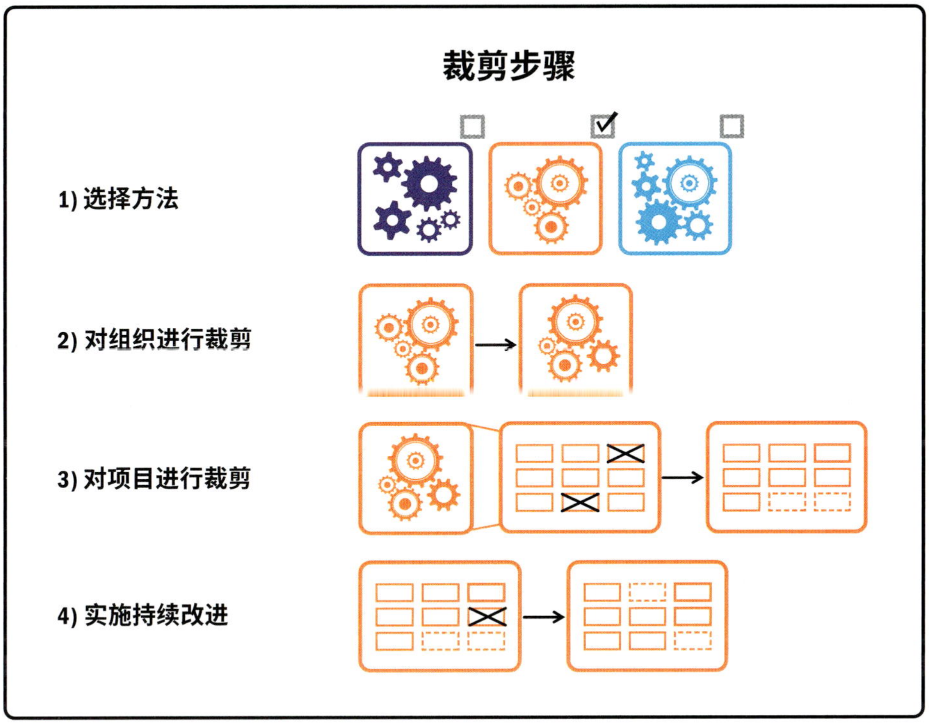

图 3-7. 裁剪过程

3.5 对绩效域进行裁剪

还可以根据项目的独特性对与每个绩效域相关的工作进行裁剪。如图 3-8 所示，项目管理原则为项目从业者的行为提供了指导，因为他们对绩效域进行裁剪，从而满足项目背景和环境的独特需要。

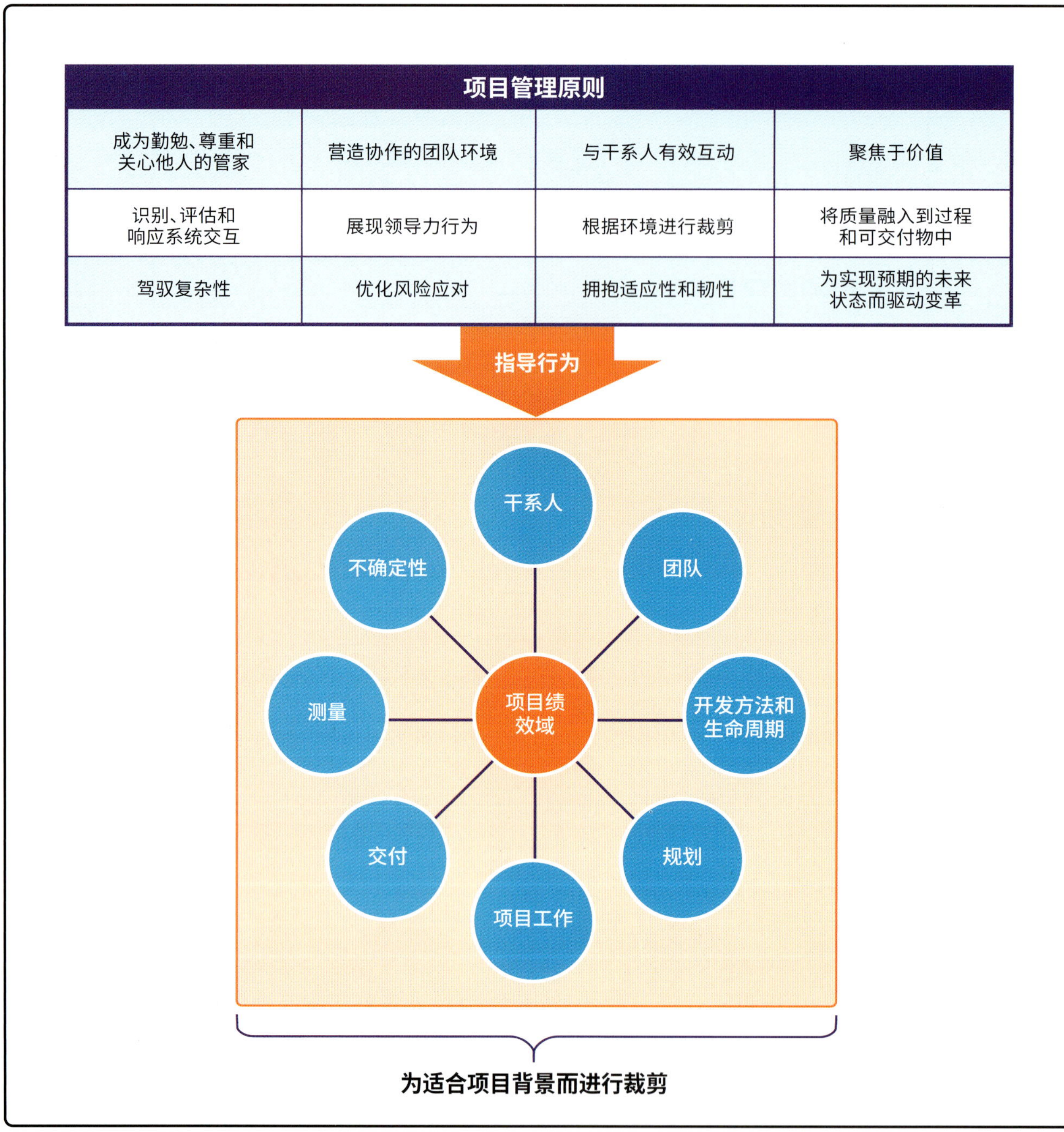

图 3-8. 为适合项目背景而进行裁剪

与每个绩效域相关的一些裁剪考虑事项包括但不限于：

3.5.1 干系人

- 是否有与干系人及供应商的协作环境？
- 干系人是属于组织内部或外部，或者二者都是？
- 针对干系人沟通，哪些技术最合适且经济有效？可以使用的沟通技术有哪些？
- 干系人是否使用同一种语言？是否已有所考虑，以适应来自不同语言团队的干系人？
- 现有多少干系人？干系人社区中的文化多样性如何？
- 干系人社区内存在什么样的关系？干系人或干系人群体加入的网络越多，干系人收到的信息及错误信息网络就越复杂。

3.5.2 项目团队

- 项目团队成员的物理地点位于何处？项目团队是否集中办公？项目团队是否位于同一地理区域？项目团队是否分布于多个时区？
- 项目团队是否反映了不同的观点和文化视角？
- 如何为项目确定项目团队成员？项目团队成员是全职还是兼职参与项目？是否有具备工作执行能力的承包商可供选择？
- 项目团队是否形成已有的文化？裁剪将如何受到现有文化的影响，以及现有文化将如何受到裁剪的影响？
- 如何为项目而管理项目团队？组织是否有管理项目团队发展的工具，或者是否需要建立新工具？
- 是否有具备特殊需要的项目团队成员？项目团队是否需要有关多样性管理的特殊培训？

3.5.3 开发方法和生命周期

- 对产品、服务或结果而言，合适的开发方法是哪种？如果是适应型生命周期，应采用增量型还是迭代型方法来开发项目？混合型方法是否为最佳选择？
- 对特定项目，合适的生命周期是怎样的？项目生命周期应包括哪些阶段？
- 组织是否拥有正式或非正式的审计和治理政策、程序和指南？

3.5.4 规划

- 内部和外部环境因素如何影响项目及其可交付物？
- 影响持续时间的因素是什么（例如可用资源与其生产率之间的相关性）？
- 组织是否有与成本估算和预算有关的正式或非正式政策、程序和指南？
- 组织如何估算使用适应型方法的成本？
- 是否只有一次主要的采购，还是需要在不同时间向不同卖方进行多次采购，而这会增加采购过程的复杂性？
- 组织的采购政策是否参考当地相关的采购活动法律和法规？这会对合同审计需求如何影响？

3.5.5 项目工作

- 考虑到组织文化、复杂性以及其他项目因素，哪些管理过程最有效？
- 如何管理项目中的知识才能营造协作的工作环境？
- 在整个项目期间及项目结束时，应收集哪些信息？如何收集和管理信息？哪项技术可用于开发、记录、传输、检索、追踪和存储信息和工件？
- 未来的项目能否获得历史信息和经验教训？
- 组织是否拥有正式的知识管理数据库，项目团队需要使用而且可以随时访问该数据库？

3.5.6 交付

- 组织是否拥有正式或非正式的需求管理系统？
- 组织是否拥有正式或非正式的确认和控制相关政策、程序和指南？
- 组织有哪些质量政策和程序？组织使用哪些质量工具、技术和模板？
- 是否存在必须遵守的行业质量标准？需要考虑哪些政府、法律或法规方面的制约因素？
- 项目中是否存在需求不稳定的领域？如果是，应对需求不稳定的最佳方法是什么？
- 如何在项目管理或产品开发的要素中对可持续性因素加以考虑？

3.5.7 不确定性

- 针对这项工作的风险偏好和风险承受能力如何？
- 在选定的开发方法中如何最有效地识别和应对威胁和机会？
- 项目的复杂性、技术不确定性、产品新颖性、节奏或进展情况，这些情况的出现将如何影响项目？
- 就项目的预算、持续时间、范围或团队规模而言，是否需要采取更详细的风险管理方式？或者项目规模较小，足以证明简化的风险管理过程是否具有合理性？
- 高水平创新、新技术、商务业约定、接口或其他外部依赖关系是否需要稳健的风险管理方法？或者项目足够简单，采用简化的风险管理过程是否足以？
- 项目的战略重要性如何？因为项目旨在创造突破性机会、克服组织绩效障碍，或涉及重要的产品创新，是否导致此项目的风险级别升高？

3.5.8 测量

- 如何测量价值？
- 是否有财务价值和非财务价值的测量？
- 在项目期间和项目完成后，项目将如何进行与收益实现有关的数据采集和报告？
- 项目状态报告的要求是什么？

3.6 诊断

定期审查会议（例如回顾会议或经验教训会议）是有效的方式，用以确定方法是否运作良好，以及是否可以通过裁剪实现改进。不使用回顾会议的项目团队，可以通过查看问题、威胁、质量保证统计数据和干系人反馈获得一些迹象，该迹象表明进一步裁剪或调整可能是有必要或有用的。

本节旨在作为一般性指南，并不涉及项目中可能出现的每种可能的情况。表 3-1 列出了一些常见的情况，并提出了针对常见情况的裁剪解决方案方面的建议。

表 3-1. 常见情况和裁剪建议

情况	裁剪的建议
质量差的可交付物	增加更多反馈核实循环和质量保证步骤。
团队成员不确定该如何继续或开展工作	增加更多指导、培训及核实步骤。
等待审批的时间延误过长	在项目一定价值临界值之内，尝试通过更少的授权人员来简化审批决策流程。
在制品过多，或报废率过高	运用价值流图和看板等技术将工作可视化、识别问题并提出解决方案。
干系人没有参与或分享负面反馈	评估与干系人是否分享了充分的信息、反馈循环是否存在且有效，以及更深入的参与是否可能比简单的沟通更为有效。
对项目进展缺乏可视性和了解。	进行检查，以确保团队和干系人会议期间正在收集、分析、分享和讨论适当的措施；确认团队内部和干系人就相关措施都达成一致。
持续出现团队未准备好应对的问题和/或风险，需要团队做出反应，而非处理进展中的工作。	探究根本原因，以识别项目过程或活动中是否存在相关差距。

3.7 总结

裁剪涉及对有关方法、治理和过程进行考虑后作出调整，使之更适合特定环境和当前项目。它涉及对人员要素、所用过程和所用工具进行分析、设计和精心修改。裁剪过程包括四个步骤：

- 选择初始方法；
- 对组织进行裁剪；
- 对项目进行裁剪；
- 实施持续改进。

虽然裁剪过程通常由项目干系人进行，但裁剪的界限和方法通常受制于组织指南。组织治理有助于确保项目团队之间的外部接口正确匹配，并以裁剪考虑因素的形式提供指导。

4

模型、方法和工件

4.1 概述

本节对一些在管理项目中有用的常用模型、方法和工件进行了高层级描述。其中所列出的内容并非详尽无遗或具有规定性质，而是为了帮助项目团队考虑可供他们参考的选项。

在本指南背景中，术语定义如下：

- **模型。**模型是解释过程、框架或现象的一种思考策略。
- **方法。**方法是获得成果、输出、结果或项目可交付物的方式。
- **工件。**工件可以是模板、文件、输出或项目可交付物。

当项目团队考虑第 3.5 节中的裁剪问题并决定对这些问题的具体应对时，他们将开始为工作结构化而构建框架，以便交付项目成果。例如，项目团队会选择特定方法，以获取和分享相关信息，从而跟踪进展情况、实时提高项目团队绩效并让干系人参与。

图 4-1 显示了在项目绩效域中，对执行工作所使用的模型和方法如何裁剪。也会针对项目、内部环境和外部环境而对可交付物和工件进行裁剪。

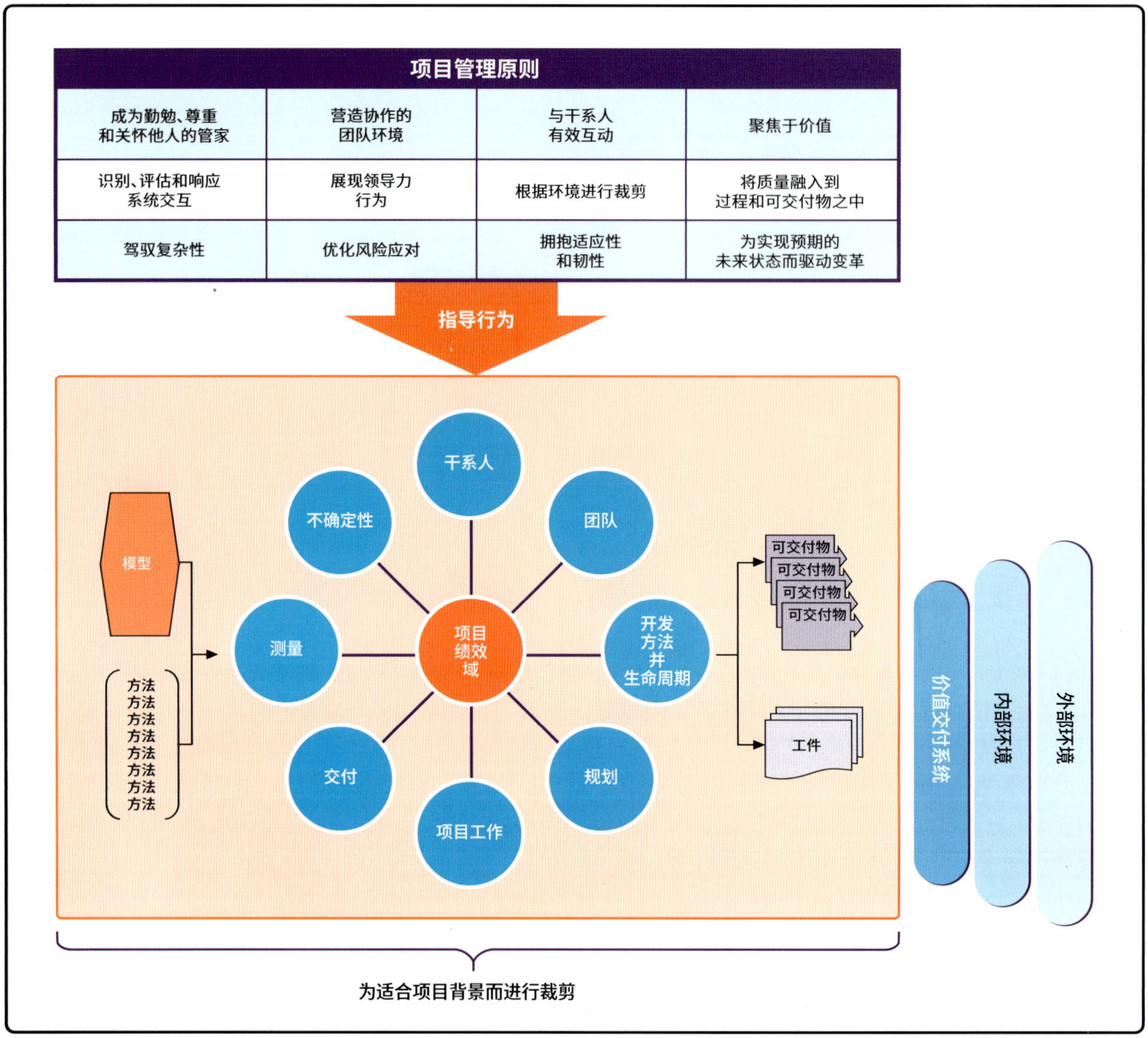

图 4-1. 为适合项目背景和环境而进行裁剪

与任何过程一样，模型、方法和工件的使用都有与时间、所使用的专业水平/熟练程度、对生产率的影响等相关联的成本。项目团队在决定使用哪些要素时应考虑这些影响。项目团队应尽可能避免使用以下任何内容：

- 重复或增加不必要的工作；
- 对项目团队及其干系人毫无用处；
- 产生错误或误导性信息；
- 满足个人需要而非项目团队的需要。

4.2 常用模型

模型是反映现实情况的小规模、简化的视图，可呈现优化工作过程和人力投入的场景、策略或方法。它有助于解释事物在现实世界中的运作原理，还可以塑造行为并指向解决问题或满足需要的方法。有些模型是在考虑项目和项目团队的情况下开发的，而其他模型则属于较为通用的模型。在可行的情况下，本节中的模型将在其适用于项目情形时予以介绍。本节中的内容未介绍如何开发或创建新模型。

所介绍的模型描述提供了一个高层级视图。项目团队成员和其他干系人可以参考许多来源（例如，PMI 的标准产品库和 PMIstandards+™），以获得有关模型的更完整的描述和说明。

4.2.1 情境领导力模型

情境领导力模型是一系列领导力模型中的一种。正如项目团队对过程、方法、生命周期和开发方法进行裁剪一样，项目团队也会对领导风格进行裁剪。情境领导力模型描述了裁剪领导者的领导风格以满足个人和项目团队需要的方法。以下是情境领导力模型的两个示例。

4.2.1 情景领导力® II

Ken Blanchard 的情境领导力® II 通过将胜任力和承诺作为两大主要变量来测量项目团队成员的发展情况。胜任力是能力、知识和技能的组合。承诺涉及个人具有的信心和动机。随着个人的胜任力和承诺不断变化，领导风格会经历从指导到教练到支持再到授权的变化，以满足个人的需要。

4.2.1.2 OSCAR 模型

OSCAR 教练和辅导模型由 Karen Whittleworth 和 Andrew Gilbert 开发。它可帮助个人调整其教练或领导风格，以便为已制定发展行动计划的个人提供支持。此模型涉及五个促成因素：

- **成果。**成果确定了个人的长期目标以及每次交流会议后的期望结果。
- **情境。**情境可促成就相关内容展开对话，如项目团队成员的当前技能、能力和知识水平、人员为何处于该水平以及该水平如何影响个人的绩效和同伴关系。
- **选择/后果。**选择和/或后果确定了实现预期成果的所有潜在途径以及每种选择的后果，以便个人可以选择实现其长期目标的可行途径。
- **行动。**在特定时限内，行动是指个人通过专注于眼前和可实现目标，以致力于具体改进的措施。
- **评审。**定期举行会议可提供支持，并有助于确保个人保持积极状态和正确方向。

4.2.2 沟通模型

项目的成功取决于有效的沟通。沟通模型展示了与以下内容相关的概念：发送者和接收者参照框架如何影响沟通的有效性，沟通媒介如何影响沟通的有效性，以及最终用户期望与现实之间的脱节类型。针对项目团队具有不同文化背景和干系人分散于各地的现象，这些模型使人们能够了解可提高沟通效率和效果的沟通风格和方法。有许多沟通模型展示了沟通的不同方面。第 4.2.2.1 节至第 4.2.2.3 节提供了沟通模型的示例。

4.2.2.1 跨文化沟通

Browaeys 和 Price 开发的沟通模型包含如下理念，即信息本身及其传输方式受发送者当前的知识、经验、语言、思维和沟通风格、模式化观念以及与接收者的关系所影响。同样，接收者的知识、经验、语言、思维和沟通风格、模式化观念以及与发出者的关系将影响信息的解读方式。

4.2.2.2 沟通渠道的有效性

Alistair Cockburn 开发了一种模型，它描述了沿着表示有效性和丰富性的两条轴线的沟通渠道。正如 Richard Daft 和 Robert Lengel 所定义的那样，丰富性与通过一种媒介传输的知识量有关。媒介丰富性是多种特征的函数，包括以下方面的能力：

- 同时处理多个信息提示；
- 促进快速反馈；
- 确立个人关注点；
- 使用自然语言。

沟通的丰富性可使广泛的信息得到快速传输。更具丰富性的沟通渠道（例如面对面沟通）可有利于处理涉及复杂、繁杂以及个人的信息的情况。对传递简单、真实信息的情况可使用丰富性较低的沟通渠道，例如备注或文本消息。

4.2.2.3 执行鸿沟和评估鸿沟

Donald Norman 将执行鸿沟描述为某一项目与人们所期望的行为相符的程度。换言之，执行鸿沟是用户意图去做的与该项目使其能做的或支持其去做之事间的差别。对于有平行自动泊车功能的小汽车，如果驾驶员希望按下“泊车”按钮，然后让这辆车自动停放妥当，可是却未能妥当自动停放，那么这辆车就存在执行鸿沟。

评估鸿沟是一个项目支持用户发现如何解读该项目并与之有效互动的程度。以同样的停车为例，如果控制措施的设计方式不能让驾驶员轻松确定如何启动自动泊车功能，那就表明存在评估鸿沟。

4.2.3 激励模型

人们会受到不同事物的激励，当受到激励时会表现得更好。了解能激励项目团队成员和其他干系人的因素，有助于对向个人提供的奖励进行裁剪，从而促使他们更有效地参与。有大量模型可以说明人们是如何受到激励的。第 4.2.3.1 节至第 4.2.3.4 节描述了四种模型，但它们只是可用模型中的一小部分。

4.2.3.1 保健因素和激励因素

Frederick Herzberg 研究了工作中的激励因素。他认为，工作中的满意和没有满意源于被称为激励因素的状况。激励因素包括与工作内容相关的事项，例如成就、增长和进步。激励因素不足会导致没有满意。充分的激励因素会促成满意。

Herzberg 还确定了与工作相关的保健因素，例如公司政策、薪资和物理环境。如果保健因素不足，就会导致不满意。但即使这些措施非常充分，也不会促成满意。

4.2.3.2 内在动机与外在动机

Daniel Pink 出版了几本关于激励人们的内在因素的书籍。他指出，虽然薪资等外在奖励在某种程度上是激励因素，但一旦一个人的工作得到公平报酬，外在奖励的动力就不复存在。对于复杂而富有挑战性的工作，例如项目的大部分工作，内在激励因素的持续时间更长、效果更好。Pink 识别了三种内在动机：自主、专精和目的：

- **自主。**自主是指引自己生活的愿望。这与确定如何、在何处和何时完成工作的能力是一致的。自主包括灵活的工作时间、在家工作以及自我选择和自我管理的项目团队。
- **专精。**专精是指能够有所提高和表现出色。出色地开展工作、学习和实现目标是专精的几个方面。
- **目的。**目的是指能产生影响的需要。了解项目愿景以及工作如何有助于实现这一愿景，可使人们感觉自己正在产生影响。

4.2.3.3 需要理论

David McClellan 的模型表明，所有人都是由成就需要、权力需要和归属需要驱动的。每种“需要”的相对优势取决于个人的经验和文化背景。

- **成就。**受成就（例如实现目标）激励的人，能被具有挑战性但合理性的活动和工作所激励。
- **权力。**受权力激励的人喜欢组织、激励和领导他人。他们被增加的职责所激励。
- **归属。**受归属激励的人会寻求认可和归属感。他们能被成为团队一员所激励。

4.2.3.4 X 理论、Y 理论和 Z 理论

Douglas McGregor 设计了 X 理论模型和 Y 理论模型，它们代表着一系列员工激励和相应的管理风格。后来，这些理论进行了扩展，形成了 Z 理论。

- **X 理论。**该模型范围的 X 方面假设个人之所以工作，完全是为了获得收入。他们没有什么抱负，也不以目标为导向。激励这些人的相应管理风格是一种亲自动手和自上而下的方法。这种管理风格通常出现在生产或劳动密集型环境中，或者出现于存在多层级管理的环境中。

- **Y 理论。**该模型范围的 Y 方面假设个人有将工作做好的内在动机。相应的管理风格具有更加个性化的教练特点。管理者鼓励创造和讨论。这种管理风格经常出现于富有创造性的环境和知识工作者的环境。

- **Z 理论。**Abraham Maslow 版本的 Z 理论从超验维度看待工作；在工作中，个人的动机是自我实现、价值观和更强的使命感。在这种情境下，最佳的管理风格一种可培养洞察力、具有意义的管理风格。

  William Ouchi 版本的 Z 理论侧重于通过创造关注员工及其家人福利的终身工作来激励员工。这种管理方式旨在提高生产率、士气和满意度。

4.2.4 变革模型

许多项目都包含着不断变化的制度、行为、活动和（有时还涉及）文化的某一方面。管理这种类型的变革需要考虑如何从当前状态过渡到未来所期望的状态。有许多模型描述了成功的变革管理所必需的活动。第 4.2.4.1 节至第 4.2.4.5 节提供了变革模型的范例。

4.2.4.1 组织变革管理

《组织变革管理：实践指南》[3] 是一个迭代模型，它基于一系列变革管理模型中的常见要素。该框架有通过一系列反馈闭环相互关联的五个要素：

- **启动变革。**这一要素侧重于确定理由，以帮助人们了解为什么需要变革以及如何使未来状态变得更好。
- **规划变革。**确定活动有助于人们为从当前状态过渡到未来状态做好准备。
- **实施变革。**这一迭代要素侧重于表明未来状态的能力，进行检查以确保这些能力能够产生预期影响，并作为应对措施进行必要的改进或调整。
- **管理过渡。**这一要素会考虑如何应对与未来状态实现后可能出现的变革相关的需要。
- **维持变革。**这一要素旨在确保新的能力能够得以保持，而以前的过程或行为得以停止。

4.2.4.2 ADKAR® 模型

Jeff Hiatt 开发了 ADKAR® 模型，该模型重点关注个人在适应变革时所经历的五个连续步骤：

- **第 1 步：认知。**此步骤确定了为什么需要进行变革。
- **第 2 步：渴望。**一旦人们知道为什么需要进行变革，就需要有参与和支持变更的渴望。
- **第 3 步：知识。**人们需要了解如何进行变革。这包括了解新的过程和体系，以及新的角色和职责。知识可以通过培训和教育来传授。
- **第 4 步：能力。**在这一步骤中，知识来自于动手实践，以及根据需要获得专业知识和帮助。
- **第 5 步：巩固。**巩固可为维持变革提供支持。这可以包括奖励、认可、反馈和测量。

4.2.4.3 领导变革八步法

John Kotter 介绍了面向转型组织的领导变革八步法。这是一种自上而下的方法，在这种方法中，变革的需要和方法源于组织的最高层，然后通过组织的管理层向下传达给变革接收者。这八个步骤是：

- **第 1 步：营造紧迫感。**确定推动变革需要的潜在威胁和机会。
- **第 2 步：组建强大的联盟。**确定变革领导者。变革领导者未必是组织的领导者。变革领导者应该是具有影响力的人，他们的角色、专业知识、社会和政治重要性各不相同。
- **第 3 步：创建变革愿景。**确定对变革至关重要的价值观。然后创建简短的愿景陈述，以对变革进行概述。接下来，确定实现愿景的策略。
- **第 4 步：沟通愿景。**在整个变革过程中沟通愿景。并在组织的各个方面应用该愿景。高层管理人员和变革联盟应始终如一地沟通愿景，并说明变革的紧迫性和收益。
- **第 5 步：清除障碍。**所有变革都有障碍。障碍有时是过时的流程，有时源于组织结构，有时是抗拒变革的人。不管怎样，所有障碍都需要解决。
- **第 6 步：创造短期成果。**确定可快速且容易取得的成果，为变革提供动力和支持。
- **第 7 步：促进深入变革。**取得短期成果后，组织需要确立持续改进的目标。
- **第 8 步：巩固企业文化中的变革。**确保变革更深层次融入文化：继续沟通愿景，讲述成功故事，认可组织中体现变革和赋予变革权力的人，并继续为变革联盟提供支持。

4.2.4.4 Virginia Satir 变革模型

Virginia Satir 开发的模型展示了人们如何经历和应对变革。其目的是帮助项目团队成员了解他们的感受，并使他们能够更高效地实施变革。

- **困循守旧。**这一初始阶段对所有事情都感到熟悉，所有事情都可以归类为“一切照旧”。对于某些人来说，“一切照旧”可能会很好，因为他们知道该期待什么。而对其他人来说，这种状态可能会感觉有些老套或者让人厌倦。
- **外部干扰。**在这一时段发生了改变现状的事情。这可能包括启动一个项目，该项目的引入会使人们通常的工作方式发生变革。引入变革后，通常有一段时间人们会非常抵制，他们的绩效也会下滑。人们可能会忽视这些变革，或不考虑变革与自己的相关性。
- **混乱。**人们处于陌生的领域。他们不再舒适，绩效下降到最低水平。他们的情感、行动和行为也是不可预测的。有些人感到焦虑，有些人可能保持沉默，有些人可能会感到兴奋。当试图找到办法了解情况时，混乱能让人们富有创造力。他们尝试各种想法和行为，以了解其中哪些想法和行为会产生积极的成果。
- **思想转变。**现在到了这个时点，人们需要提出有助于他们了解情况的想法。他们开始发现如何找到摆脱混乱的办法并应对新的现实。然后工作绩效开始提高。
- **整合和实践。**人们尝试实施新的想法或行为。可能会有挫折和一段时间的反复试验，但最终他们会了解哪些有效和哪些无效。这将提高绩效。绩效通常高于外部因素出现之前的水平。
- **进入新常态。**人们习惯了新的环境，他们的绩效稳定下来。最终，新的现状成为正常的工作方式。

4.2.4.5 转变模型

William Bridges 的转变模型可让人们了解组织变革发生时个人的心理状况。这一模型区分了变革和转变。变革是情境性的，无论人们能否完成转变，都会发生变革。转变是一个心理过程，人们逐渐接受新情况的细节以及随之发生的变革。

该模型识别了与变革相关的三个转变阶段：

- **结束、失去、放手。**变革会在这一阶段引入。它通常与恐惧、愤怒、沮丧、不确定性、否认和对变革的抵制有关。
- **中立区。**变革会在这一阶段发生。在某些情况下，人们可能会对变革感到沮丧、不满、困惑和焦虑。随着人们学习新的工作方法，生产率可能会下降。在其他情况下，人们可能会变得非常有创造力、创新性，对尝试新的工作方法充满热情。
- **新的开始。**此时，人们会接受甚至拥抱变革。他们越来越擅长新的技能和工作方式。人们往往愿意学习，并因变革而充满活力。

4.2.5 复杂性模型

项目处于模糊的状态，需要多个系统之间进行交互，成果往往不确定。复杂性是一项需要应对的挑战。第 4.2.5.1 节和第 4.2.5.2 节中描述的两种模型提供了一个理解复杂性并确定如何在复杂环境中做出决策的框架。

4.2.5.1 Cynefin 框架

由 Dave Snowden 创建的 Cynefin 框架是一个概念性框架，用于诊断因果关系，以此辅助决策。该框架提供了五个问题和决策背景：

- 如果存在显而易见且较为直接的因果关系，则运用最佳实践来做出决策。
- 如果存在一组已知的未知因素，或者存在多种正确答案，关系就会比较错综复杂。在这些情况下，最好的办法是评估事实、分析情况并应用良好实践。
- 复杂的关系中包括未知的未知因素。没有明显的原因与结果，也没有明显的正确答案。在复杂的环境中，人们应该探测环境、感知情况并以行动予以响应。这种风格采用了新兴的实践；随着复杂环境针对多种刺激因素做出反应而发生变化，以及曾经有效的做法可能在下次不再奏效，这些新兴的实践允许反复进行“探测—感知—响应”这一循环。
- 在混乱的环境中，原因与结果并不明确。对于情况过于迷惑，光是等待无法了解情况。在这些情况下，第一步是采取行动，尽力稳定局面，然后感知到某处存在稳定性，并采取措施使混乱局面过渡到复杂局面。
- 无序的关系缺乏明确性，可能需要将其分解为较小的部分，而这些部分的背景与另外四个背景中的某个有联系。

Cynefin 框架有助于识别行为，例如探测、感知、响应、行动和分类，这些行为有助于影响变量之间的关系并提供行动指导。

4.2.5.2 Stacey 矩阵

Ralph Stacey 开发的 Stacey 矩阵类似于 Cynefin 框架，但它从两个维度来确定项目的相对复杂性：(a) 针对可交付物的需求的相对不确定性，以及 (b) 将用于创建可交付物的技术的相对不确定性。基于这些维度的相对不确定性，项目被分为简单型、繁杂型、复杂型或混乱型。复杂程度是影响项目裁剪方法和实践的一个因素。

4.2.6 项目团队发展模型

项目团队会经历不同的发展阶段。了解团队在发展过程中所处的阶段有助于项目经理为项目团队及其成长提供支持。第 4.2.6.1 节和第 4.2.6.2 节中介绍的两个模型说明了项目团队如何经历不同的阶段成为高绩效项目团队。

4.2.6.1 塔克曼阶梯

Bruce Tuckman 将团队发展的阶段表述为形成阶段、震荡阶段、规范阶段和成熟阶段。后来 Tuckman 又增加了第五个阶段 — 解散阶段。

- **形成阶段。**项目团队成员首先聚到一起。成员可以相互了解对方的姓名、在项目团队中的地位、技能组合以及其他相关背景信息。这可能发生在开工会议上。
- **震荡阶段。**项目团队成员会运用各种方法谋取在团队中的地位。在这个阶段，人们的个性、优点和弱点开始显现出来。当人们试图弄明白如何共事时，可能会出现一些冲突或斗争。震荡可能会持续一段时间，也可能会相对较快地结束。
- **规范阶段。**项目团队开始作为一个集体运行。此时，项目团队成员知道他们在团队中的位置，以及他们与所有其他成员的关系和互动方式。他们开始合作。随着工作的进展，可能会遇到一些挑战，但这些问题会很快得到解决，项目团队也会采取行动。
- **成熟阶段。**项目团队高效运行。这是成熟的项目团队阶段。合作一段时间的项目团队能够产生协同效应。通过合作，项目团队成员可以完成更多工作，并生产出高质量的产品。
- **解散阶段。**项目团队完成工作，然后解散，去处理其他事务。如果项目团队建立了良好的关系，一些项目团队成员可能会对离开项目团队感到难过。

此模型中的项目团队文化开始于形成阶段，并会在其余的发展阶段不断演进。虽然此模型显示了一个线性进展的过程，但项目团队可能会在这些阶段之间来回反复。此外，并非所有项目团队都能达到成熟阶段，有些甚至无法达到规范阶段。

4.2.6.2 Drexler/Sibbet 团队绩效模型

Allan Drexler 和 David Sibbet 开发了团队绩效模型，共有七个步骤。第 1 步至第 4 步描述了建立项目团队过程中的各个阶段，第 5 步至第 7 步则涵盖了项目团队的可持续性和绩效。

- **第 1 步：确定方向。**“确定方向”回答了*为什么*这个问题。在这一阶段，项目团队会了解项目的目的和使命。这通常发生在开工会议上，或者会记录在商业论证、项目章程或精益创业画布中。
- **第 2 步：建立信任。**“建立信任”回答了*谁*这个问题。这一阶段阐明了谁会加入项目团队以及每个人会带来什么样的技能和能力。它还可以包括关于可能未加入项目团队但对项目团队有影响的关键干系人的信息。
- **第 3 步：澄清目标。**“澄清目标”回答了*什么*这个问题。在这一阶段，项目团队详细阐述了高层级的项目信息。这可能包括进一步了解干系人的期望、需求、假设条件和可交付物的验收标准。
- **第 4 步：承诺。**“承诺”解决了*如何*这个问题。在这一阶段，项目团队开始定义实现目标的计划。这可以包括里程碑进度计划、发布计划、高层级预算、资源需求等。
- **第 5 步：实施。**高层级计划会分解为更详细的层级，例如详细的进度计划或待办事项列表。项目团队开始共同努力生成可交付物。
- **第 6 步：高绩效。**项目团队合作一段时间后，项目团队成员的绩效达到了很高的水平。他们可以很好地协同工作，无需太多监督，并且项目团队会产生协同效应。
- **第 7 步：重新开始。**“重新开始”是应对项目团队或项目变更的阶段。可交付物、干系人、环境、项目团队领导或团队成员资格可能会发生变化。这会使项目团队考虑过去的行为和行动是否仍然足够，或者团队是否需要返回到以前的某一阶段，以重新设立期望和合作方式。

4.2.7 其他模型

第 4.2.7.1 节至第 4.2.7.5 节中描述的模型涵盖了广泛的主题，包括冲突管理、谈判、规划、过程组和凸显模型。

4.2.7.1 冲突模型

冲突在项目中很常见。如果处理得当，冲突可以是健康和富有成效的。它可以增强项目团队成员之间的信任度，加深他们对成果的承诺。对冲突的恐惧会限制沟通和创造力。但冲突也可能是不健康的。不恰当地解决冲突可能会导致不满、缺乏信任以及士气和积极性下降。此模型基于 Ken Thomas 和 Ralph Kilmann 的工作成果。通过重点关注个人之间的相对权力和维持良好关系的愿望，它描述了以下六种解决冲突的方法：

- **面对/解决问题。**面对冲突是指将冲突视为要解决的问题。当冲突双方之间的关系很重要，并且每一方都对另一方解决问题的能力有信心时，就会采用这种解决冲突的方式。
- **合作。**合作涉及将与冲突有关的多种观点包含进来。合作的目标是了解各种观点，从多个角度看待事情。当参与者之间已建立信任并且有时间达成共识时，这是一种有效的方法。项目经理可以引导项目团队成员之间采用这种解决冲突的方式。
- **妥协。**在某些冲突中，各方都不会完全满意。在这些情况下，寻求妥协是最佳方法。妥协涉及给予和接受的意愿。这使所有各方都能得到他们想要的东西，并避免冲突升级。当涉事各方拥有平等的“权力”时，通常就会采用这种方式。项目经理可能会与技术经理就项目团队成员是否可以参与项目工作达成妥协。

- **缓和/包容。**当实现总体目标比分歧更重要时，缓和和包容是有用的方式。这种方式可使各方之间关系保持和谐，并产生善意。当个人的相对职权或权力存在差异时，也会使用这种方式。例如，当与发起人有分歧时，这种做法可能是适当的。由于发起人地位高于项目经理或项目团队成员，而项目经理或项目团队成员希望与发起人保持良好的关系，因此采取包容的姿态可能是合适的。
- **强迫。**在没有足够的时间进行合作或解决问题时，会使用强迫这种方式。在这种情况下，一方会强迫另一方接受自己的意愿。因为强迫的一方比另一方拥有更大的权力。如果存在需要立即解决的健康和安全方面的冲突，则可以采用强迫这种方式。
- **撤退/回避。**有时问题会自行消失，有时讨论会变得激烈，对此人们需要一个冷静期。在这两种情况下，撤退是适当的做法。在无法取胜的情况下也会使用“撤退”，例如遵守监管机构的某一要求，而不是质疑该要求。

4.2.7.2 谈判

有许多谈判模型。其中一个模型是 Steven Covey 的“双赢思维”原则。这一原则适用于所有互动场景，而不仅仅适用于谈判，但此处是以谈判为背景进行阐述。在谈判中，可能会有不同的结果：

- **双赢。**这是最佳结果，每个人都对此感到满意。
- **赢-输/输-赢。**这描述了一种竞争观点，即为了赢得谈判，而其他人会输掉谈判。这也可能源自殉道士的观点，即为了让他人获胜，有的人选择输掉谈判。
- **双输。**即便本来可能会实现双赢，但当竞争压过合作时，就会出现这种结果。在这种情况下，每个人的结局会变得更糟。

当存在以下各个方面时，通常就会发现双赢的观点：

- **个性。**参与的各方都很成熟，表现出正直，并且都认为每个人都有足够的价值。
- **信任。**双方相互信任，就如何运作达成一致意见，并勇于担责。
- **方法。**各方都愿意从对方的角度看待当前情形。各方共同努力识别关键的问题和顾虑。他们确定了可接受的解决方案，并确定了实现可接受解决方案的选项。

4.2.7.3 规划

Barry Boehm 开发了一种模型，该模型比较了为降低风险而制定计划所投入的时间和精力，包括与过度规划相关的延迟和其他成本。通过花费更多时间提前规划，许多项目可以减少不确定性、疏忽和返工。但花在规划上的时间越长，获得投资回报所需的时间越长，失去的市场份额就越大，而且在交付产出时情况发生变化的可能性就越大。该模型旨在帮助确定最佳的规划投入量，有时称为“最佳结合点”。每个项目的最佳结合点各不相同；因此，总体而言，规划投入量多少为宜没有正确答案。这一模型表明，如果超过一定的限度，额外的规划会适得其反。

4.2.7.4 过程组

项目管理过程可以按逻辑分组，分为项目管理输入、工具和技术以及输出，为了满足组织、干系人和项目的需要会对它们进行裁剪。

过程组*不是*项目阶段。在项目生命周期的每个阶段内，各个过程组会相互作用。所有这些过程都有可能在一个阶段内发生。在一个阶段或生命周期内，各个过程可能会迭代发生。过程迭代的次数和过程间的相互作用因具体项目的需要而有所不同。

采用基于过程的方法的项目可以将以下五个过程组作为组织结构：

- **启动。**定义一个新项目或现有项目的一个新阶段，授权开始该项目或阶段的一组过程。
- **规划。**明确项目范围，优化目标，为实现目标制定行动方案的一组过程。
- **执行。**完成项目管理计划中确定的工作，以满足项目需求的一组过程。
- **监控。**跟踪、审查和调整项目进展与绩效的一组过程，该过程识别任何计划需要变更的领域，并启动相应变更。
- **收尾。**正式完成或结束项目、阶段或合同时所执行的过程。

这些过程组与交付方法、应用领域（例如市场营销、信息服务和会计）或行业（例如建筑、航空航天、电信）相互独立。在基于过程的方法中，一个过程的输出通常成为另一个过程的输入，或者成为项目或项目阶段的可交付物。例如，在规划过程组中生成的项目管理计划和项目文档（例如风险登记册、假设日志等）是执行过程组的输入，在执行过程组中会对相关工件进行更新。

4.2.7.5 凸显模型

凸显模型与干系人有关。“凸显”是指突出、显著或被视为重要。这一模型是由 Ronald K. Mitchell, Bradley R. Agle 和 Donna J. Wood 提出的。这几位作者根据以下三个变量对干系人的身份进行表示：施加影响的权力、干系人与项目之间关系的合法性，以及干系人要求参与项目的紧急程度。

4.3 跨绩效域应用的模型

不同的模型更有可能用于不同的项目绩效域。虽然项目、干系人和组织环境的需要将决定哪些模型最适合于特定项目，但某些绩效域更有可能使用各种模型。表 4-1 列出了各种模型最有可能被使用到的绩效域；但项目经理和项目团队负有为其项目选择合适的模型的最终责任。

表 4-1. 每个绩效域中可能使用的模型的映射

模型	绩效域							
	团队	干系人	开发方法和生命周期	规划	项目工作	交付	测量	不确定
情境领导力模型：								
情境领导力® II	X				X			
OSCAR	X				X			
沟通模型：								
跨文化沟通	X	X		X	X			
沟通渠道的有效性	X	X		X	X			
执行鸿沟和评估鸿沟		X				X		
激励模型：								
保健因素和激励因素	X			X	X			
内在动机与外在动机	X			X	X			
需要理论	X			X	X			
X 理论、Y 理论和 Z 理论	X			X	X			
变革模型：								
组织变革管理		X		X	X			
ADKAR®		X		X	X			
领导变革八步法		X		X	X			
转变		X		X	X			
复杂性模型：								
Cynefin 框架			X	X	X	X		X
Stacey 矩阵			X	X	X	X		X
项目团队发展模型：								
塔克曼阶梯	X				X			
Drexler/Sibbet 团队绩效	X				X			
其他模型：								
冲突	X	X			X			
谈判		X		X	X	X		
规划			X	X	X			
过程组				X	X	X	X	
凸显模型		X		X	X			

4.4 常用方法

方法是获得成果、输出、结果或项目可交付物的方式。此处描述的方法的示例，通常用于支持项目工作。还有很多方法本文没有描述，要么是因为它们在项目管理中的使用方式与在其他学科中的使用方式相同（如访谈、焦点小组、核对单等），要么是因为它们不常用于广泛的项目（即这些方法仅适用于特定行业）。

其中的许多方法都与它们达到的目的相关（例如估算或数据收集），因此，它们都会呈现在某个分组中。其他方法则与所涉活动的类型有关，例如会议和分析小组中使用的方法。

本节中的内容并非旨在描述如何使用某种方法。这些描述是高层级的介绍，更详细的信息可从许多来源（包括 PMIstandards+）获得。

4.4.1 数据收集和分析

数据收集和分析是为了加深对某种情况的了解而收集、评定和评估数据和信息的方法。数据分析的输出可用第 4.6.6 节中所示的某个工件加以组织与呈现。此处所述的数据收集和分析方法以及第 4.6.6 节所述的工件通常用于为决策提供依据。

- **备选方案分析。**备选方案分析被用于评估已识别方案，以便选择哪种方案或方法来执行项目工作。
- **假设和制约因素分析。**假设条件是没有证据或证明，即被认为正确、真实或确定的因素。制约因素是对项目、项目集、项目组合或过程的执行有影响的限制性因素。这种分析形式旨在确保将假设条件和制约因素整合进项目计划和文件，并且使它们之间保持一致性。

- **标杆对照。**标杆对照是将实际或计划的产品、流程和实践与其他可比组织的产品、过程和做法进行比较，这种比较可识别最佳实践，形成改进意见，并为绩效考核提供依据。
- **商业合理性分析方法。**这组分析方法与授权项目或决策有关，或与证明项目或决策的合理性有关。以下分析的成果经常用于商业论证，以证明开展项目具有合理性：
  - *投资回收期。*投资回收期是收回投资所需的时间，通常以月或年为单位。
  - *内部收益率 (IRR)。*内部收益率是使所有现金流入的净现值 (NPV) 等于零的折现率。
  - *投资回报率 (ROI)。*投资回报是初始投资的回报百分率，计算方法是先计算出所有净收益的预计平均值，然后用该预计平均值除以初始成本。
  - *净现值 (NPV)。*净现值是预期收益的未来价值，表示为在投资时这些收益的价值。净现值会考虑当前和未来的成本和收益以及通货膨胀。
  - *成本效益分析*成本效益分析是比较项目成本与其带来的收益的财务分析方法。
- **核查表。**核查表是在收集数据时用作核对清单的计数表格。可用于收集数据并将其分为多个类别。也可用于创建第 4.6.6 节所述的直方图和矩阵。
- **质量成本**质量成本包括在整个产品生命周期所产生的所有成本，即：为预防产品或服务不符合要求而进行的投资，为评估产品或服务是否符合要求而产生的成本，以及因产品或服务未达到要求而带来的损失。
- **决策树分析。**决策树分析是一种图形和计算方法，用来评估与一个决策相关的多个可选方案在不确定情形下的可能后果。决策树可以使用从预期货币价值分析中生成的信息来填充决策树的各个分支。

- **挣值分析。**挣值分析是一种分析方法，它使用一组与范围、进度和成本相关的测量指标，以确定项目的成本和进度绩效。
- **预期货币价值 (EMV)。**预期货币价值是以货币形式表示的成果估算价值。它用于对不确定性（如风险）的价值进行量化，或对不一定等效的备选方案的价值进行比较。EMV 的计算方法是将事件发生的概率与事件发生时的经济影响相乘。
- **预测。**预测是根据已有的信息和知识，对项目未来的情况和事件进行的估算或预计。定性预测法使用主题专家的意见和判断。定量预测法使用模型，即用过去的信息预测未来的绩效。因果预测或计量经济预测（如回归分析）确定了可对未来结果产生重大影响的变量。
- **影响图。**这种图是对变量与成果之间的因果关系、事件时间顺序及其他关系的图形表示。
- **生命周期评估。**这种评估是用于评价产品、过程或系统的总体环境影响的工具。它包括生成项目可交付物的所有方面，即从可交付物中使用的材料来源到其分配和最终处置。
- **自制或外购分析。**自制或外购分析是收集和整理有关产品需求的数据，并对诸如采购产品与内部制造产品等可选的备选方案进行分析的过程。
- **概率和影响矩阵。**概率和影响矩阵是把每个风险发生的概率和一旦发生对项目目标的影响映射起来的一种表格。
- **过程分析。**这种分析是对开展活动的步骤和程序的系统性审查。
- **回归分析。**回归分析是通过考察一系列输入变量及其对应的输出结果，建立数学或统计关系的一种分析技术。

- **储备分析。**这种分析技术用于评估项目风险数以及进度和预算储备量的方法，以确定这些储备是否足以应对剩余风险。储备有助于将风险降低到可接受的水平。
- **根本原因分析。**这种分析技术用于确定引起偏差、缺陷或风险的根本原因。一项根本原因可能引起多项偏差、缺陷或风险。
- **敏感性分析。**这种分析技术旨在将项目成果的变化与定量风险分析模型中要素的变化建立关联，来确定哪些单个项目风险或其他不确定性来源对项目成果的潜在影响最大。
- **模拟。**这种分析技术通过模型来表明各种不确定性因素的综合影响，从而评估这些因素对目标的潜在影响。蒙特卡洛模拟是一种使用计算机模型的多次迭代来识别风险和不确定性的潜在影响的方法，以发现可能因某一决定或做法导致的一系列成果的概率分布情况。
- **干系人分析。**这种技术通过系统收集和分析与干系人有关的各种定量与定性信息，来确定在整个项目期间应该考虑哪些人的利益。
- **SWOT 分析。**SWOT 分析会对一个组织、项目或方案的优势、劣势、机会和威胁进行评估。
- **趋势分析。**趋势分析利用数学模型，根据历史数据预测未来结果。
- **价值流图。**价值流图是一种精益企业方法，用于记载、分析和改进为客户生产产品或提供服务所需信息流或物流。
- **偏差分析。**偏差分析用于确定实际绩效与基准的差异程度及原因。
- **假设情景分析。**这种分析技术对各种情景进行评估，预测它们对项目目标的影响。

4.4.2 估算

估算方法用于对某一项目的工作、时间或成本进行近似估算。

- **亲和分组。**亲和分组涉及根据相似程度将各项内容归入类似类别或组合。常见的亲和分组包括 T 恤尺码和斐波纳契数列。
- **类比估算。**类比估算使用相似活动或项目的历史数据，来评估某一活动或项目的持续时间或成本。
- **功能点。**功能点是对信息系统中业务功能数量的估算。功能点用于计算软件系统的功能规模测量 (FSM)。
- **多点估算。**当单个活动估计存在不确定性时，多点估计通过应用乐观估算、悲观估算和最有可能估算的平均值或加权平均值来评估成本或工期。
- **参数估算。**参数估算是指基于历史数据和项目参数，使用某种算法来计算成本或持续时间。
- **相对估算。**相对估算可用于创建估算，这些估算源自在考虑人力投入、复杂性和不确定性的基础上针对类似工作进行的对比。相对估算不一定基于成本或时间的绝对单位。故事点是相对估算中使用的一种常见的无单位的测量方法。
- **单点估算。**单点估算涉及使用数据来计算一个可反映最佳估算的值。单点估算与范围估算相反，后者包括最好情况和最差情况。
- **故事点估算。**故事点估算涉及分配项目团队成员实施用户故事所需的抽象，但相关联的人力投入的点数。它可使项目团队在考虑所涉及的复杂性、风险和人力投入的前提下了解故事的难度。
- **宽带德尔菲。**宽带德尔菲估算方法是 Delphi 估算的一种变化方式，即主题专家会完成多轮估算，每轮之后与项目团队展开讨论，直至达成共识。对于宽带德尔菲估算方法，那些提出了最高和最低估算的人会解释自己的理由，然后每个人又都重新估算。该过程会不断重复，直到接近一致。计划扑克牌是宽带德尔菲估算方法的一种变化形式。

4.4.3 会议和活动

会议是吸引项目团队和其他干系人参与的重要方式。它们是整个项目的主要沟通方式。

- **待办事项列表的细化。**在待办事项列表细化会议上，项目团队会以渐进方式编制待办事项列表并（重新）确定其中各事项的优先级，以确定在即将到来的迭代中完成的工作。
- **投标人会议。**在准备投标或建议书之前，与潜在卖方举行的会议，以便确保所有潜在供应商对本项采购都有清楚且一致的理解。该会议也称承包商会议、供应商会议或投标前会议。
- **变更控制委员会。**变更控制委员会会议包括负责审核、评估、批准、推迟或拒绝项目变更的人员。本次会议上所做的决定将被记录下来并传达给有关的干系人。此会议也可称为变更控制会议。
- **每日站会。**每日站会是简短的协作会议，在该会议期间，项目团队会审查前一天的进展，宣布当天的计划，并强调指出遇到或预期的任何障碍。该会议也可称为“每日例会”。
- **迭代规划会议。**迭代规划会议用于澄清待办事项列表中事项的详细信息、验收标准以及实现即将履行的迭代承诺所需的工作投入。此会议也可称为冲刺计划会议。
- **迭代审查会议。**迭代审查会议是在一个迭代结束时举行，旨在展示在该迭代期间完成的工作。此会议也可称为冲刺审查会议。
- **开工。**开工会议是项目开始执行时举行的会议，项目团队成员和其他关键干系人会聚在一起，正式设定期望、达成共识并开始工作。它会确立项目、阶段或迭代的开始。

- **经验教训会议。**经验教训会议用于识别和分享在项目、阶段或迭代过程中获得的知识，其重点是关注提高项目团队的绩效。除了良好的做法和产生非常有利结果的情况外，此会议还可以讨论本可以处理得更好的事情。
- **规划会议。**规划会议用于创建、详细制订或审核计划，并获得对计划的承诺。
- **项目收尾。**项目收尾会议用于获得发起人、产品负责人或客户对交付范围的最终验收。此会议表明了产品交付工作已完成。
- **项目审查。**项目审查会议是一种在过程或项目结束时开展的活动，旨在评估状态、评估所交付的价值并确定项目是否已准备好进入下一个阶段或移交至运营。
- **发布规划。**发布规划会议是确定发布或改变产品、可交付物或价值增量的高层级计划。
- **回顾会议。**回顾会议是定期举行的研讨会，参会者探讨其工作和结果，以便改进流程和产品。回顾会议是经验教训会议的一种形式。
- **风险审查。**一种分析现有风险的状态并识别新风险的会议。这包括确定风险是否仍处于活跃状态以及风险属性（如概率、影响、紧急程度等）是否已发生了变化。并对风险应对措施进行评估，以确定它们是否有效或是否应更新。可能会识别和分析新的风险，也可能会关闭不再活跃的风险。风险重新评估是风险审查会议的一个示例。
- **状态会议。**状态会议是定期举行的会议，旨在交流和分析项目当前进展情况及其绩效方面的信息。
- **指导委员会。**资深的干系人为项目团队提供指导和支持，并做出项目团队权限以外的决策的会议。

4.4.4 其他方法

本节中描述的方法不适合于上述特定类别；但它们是用于项目的多种目的的常用方法。

- **影响地图。**影响地图是一种战略规划方法，在产品开发期间作为组织的可视化路线图。
- **建模。**建模是创建对系统、解决方案或可交付物（例如原型、示意图或故事板）的简化表示法的过程。建模可以通过确定信息中的差距、沟通错误的方面或额外需求，能有助于进一步分析。
- **净推荐值 (NPS®)。**客户将某组织的产品或服务推荐给他人的意愿的一种测量指数。该数值是被用作衡量客户对组织产品或服务的总体满意度，以及客户对品牌的忠诚度的指标。
- **优先级模型。**优先级模型是用于确定项目组合、项目集、项目组件以及需求、风险、特性或其他产品信息的优先级的方法。例如多标准加权分析和 MoSCoW（“必须有”、“应该有”、“可以有”和“不会有”）方法。
- **时间盒。**时间盒是工作将在其间完成的较短的固定期间，如 1 周、2 周或 1 个月。

4.5 跨绩效域应用的方法

在每个绩效域中，不同的方法可能更有用。虽然交付方法、产品和组织环境的需求将决定哪些方法最适合于特定项目，但某些绩效域更有可能使用特定方法。表 4-2 列出了每种方法最有可能使用的绩效域；但项目经理和/或项目团队负有为其项目选择合适方法的最终责任。

表 4-2. 每个绩效域中可能使用方法的映射

方法	绩效域							
	团队	干系人	开发方法和生命周期	规划	项目工作	交付	测量	不确定
数据收集和分析方法：								
备选方案分析				X	X	X		X
假设和制约因素分析				X		X		X
标杆对照						X	X	
业务合理性分析				X			X	
投资回收期			X	X			X	
内部收益率				X			X	
投资回报率				X			X	
净现值			X	X		X	X	
成本收益比率				X			X	
核查表						X	X	
质量成本				X		X	X	
决策树分析				X				
挣值分析				X			X	
预期货币价值				X				
预测							X	
影响图				X				
生命周期评估				X				
自制或外购分析				X	X			
概率和影响矩阵				X				X
过程分析				X	X	X	X	
回归分析				X			X	
根本原因分析					X	X		
敏感性分析				X	X	X		
模拟				X			X	
干系人分析		X		X	X			
SWOT 分析				X				X
趋势分析							X	
价值流图				X	X	X		
偏差分析							X	
假设情景分析				X				X

表 4-2. 每个绩效域中可能使用方法的映射（续）

方法	绩效域							
	团队	干系人	开发方法和生命周期	规划	项目工作	交付	测量	不确定
估算方法：								
亲和分组				X				
类比估算				X				
功能点				X				
多点估算				X				
参数估算				X				
相对估算				X				
单点估算				X				
故事点估算				X				
宽带德尔菲估算方法				X				
会议和活动方法：								
待办事项列表的细化		X		X	X	X		
投标人会议		X		X	X			
变更控制委员会					X	X		
每日站会				X	X			
迭代审查会议		X			X	X		
迭代规划		X		X	X	X		
开工	X	X			X			
经验教训		X		X	X	X		
规划				X				
项目收尾	X	X			X			
项目审查		X			X	X	X	
发布规划		X		X				
回顾会议	X			X				
风险审查					X			X
状态					X		X	
指导委员会		X			X			
其他方法：								
影响地图	X	X		X		X	X	
建模						X		
净推荐值®		X					X	
优先级模型		X			X			
时间盒			X	X	X	X	X	

4.6 常用工件

工件是一种模板、文件、输出或项目可交付物。很多文件或可交付物并未在此处描述，原因可能是：(a) 它们具有一定的通用性质，例如更新；(b) 它们仅适用于特定行业；或 (c) 它们是用特定方法创建的结果，例如，虽然成本估算结果是一个重要工件，它们是用不同估算方法得出的结果。

本节中的内容并非旨在描述如何开发或创建工件。这些描述只是高层级的介绍，因为项目经理和/或项目团队成员需要对这些工件的使用进行裁剪，以满足特定项目的需要。有许多来源（包括 PMIstandards）可提供关于这些工件和其他工件的更加详细的信息。

4.6.1 战略工件

在项目开始前或开始时创建的文件，涉及与项目有关的战略、商业或高层级的信息。战略工件是在项目开始时开发的，通常不会发生变化，但在整个项目期间可能会对其进行审查。

- **商业论证。**商业论证是针对提议项目的价值主张，可能包含财务和非财务收益。
- **商业模式画布。**这种工件是一页纸的可视化摘要，描述了价值主张、基础设施、客户和财务状况。它们通常用于精益创业情境。
- **项目简介。**项目简介是项目的目的、可交付物和过程的高层级概述。
- **项目章程。**项目章程是由项目启动者或发起人发布的，正式批准项目成立，并授权项目经理使用组织资源开展项目活动的文档。
- **项目愿景说明书。**此文件是对项目的简要、高层级描述，说明了项目的目的，并激励项目团队为项目做出贡献。
- **路线图。**此文件提供的高层级时间线描述了里程碑、重要事件、审查和决策点。

4.6.2 日志和登记册

日志和登记册用于记录项目不断演变的方面。它们会在整个项目期间得到更新。日志和登记册这两个词有时可以互换使用。我们经常看到用*风险登记册*或*风险日志*这两个词是指同一个工件。

- **假设日志。**假设条件是没有证据或证明，即被认为正确、真实或确定的因素。制约因素是对管理项目、项目集、项目组合或过程的方案进行限制的因素。假设日志记录了整个项目期间的所有假设条件和制约因素。
- **待办事项列表。**待办事项列表是待完成工作的有序列表。项目可能有产品待办事项列表、需求待办事项列表、障碍因素待办事项列表等。待办事项列表中的事项会被确定优先级。然后为即将到来的迭代安排优先级高的工作。
- **变更日志。**变更日志是项目过程中提交的变更及其当前状态的综合清单。变更可以是对任何正式受控的可交付物、项目管理计划组件或项目文件的修改。
- **问题日志。**问题是可以对项目目标产生影响的当前条件或情形。问题日志会被用于记录和监督与尚未解决的问题相关的信息。问题将被分配给责任方进行跟进和解决。
- **经验教训登记册。**经验教训登记册可被用于记录在某一项目、阶段或迭代期间所获知识的项目文件，以便未来可将这些知识用于提高团队和组织的绩效。
- **风险调整待办事项列表。**风险调整待办事项列表包含了产品所需工作，以及应对威胁和机会的行动。
- **风险登记册。**风险登记册是记录风险管理过程输出的存储文件。风险登记册中的信息可以包括相关管理风险的负责人，概率、影响、风险评分、计划的风险应对，和用来获得关于单个风险的高层级理解的其他信息。
- **干系人登记册。**干系人登记册会记录与项目干系人有关的信息，其中包括对项目干系人的评估和分类。

4.6.3 计划

计划是提议的实现某种目标的方式。项目团队为项目的各个方面制定计划，并/或将所有这些信息整合到总体项目管理计划中。计划通常是书面文档，但也可能展示在可视/虚拟白板上。

- **变更控制计划。**变更管理计划是项目管理计划的一个组件，用以建立变更控制委员会，记录其职权，并说明如何实施变更控制系统。
- **沟通管理计划。**此计划是项目、项目集或项目组合管理计划的组件，描述了项目信息将如何、何时、由谁来进行管理和传播。
- **成本管理计划。**此计划是项目或项目集管理计划的组件，描述如何规划、安排和控制成本。
- **迭代计划。**此计划是当前迭代的详细计划。
- **采购管理计划。**此计划是项目或项目集管理计划的组件，说明项目团队将如何从执行组织外部获取货物和服务。
- **项目管理计划。**项目管理计划是描述如何执行、监督、控制和结束项目的文档。
- **质量管理计划。**此计划是项目或项目集管理计划的组件，描述如何实施适用的政策、流程和指南以实现质量目标。
- **发布计划。**此计划会设定对跨多个迭代预期交付的日期、特性，和/或成果的期望值。
- **需求管理计划。**此计划是项目或项目集管理计划的组件，描述将如何分析、记录和管理需求。
- **资源管理计划。**此计划是项目管理计划的一个组件，描述如何获取、分配、监督和控制项目资源。
- **风险管理计划。**此计划是项目、项目集或项目组合管理计划的组件，说明风险管理活动将被如何结构化安排与实施。

- **范围管理计划。**此计划是项目或项目集管理计划的组件，描述将如何定义、制定、监督、控制和确认项目范围。
- **进度管理计划。**此计划是项目或项目集管理计划的组件，为编制、监督和控制项目进度建立准则并确定活动。
- **干系人参与计划。**此计划是项目管理计划的一个组件，为促进干系人有效参与项目或项目集决策和执行所需的策略和行动。
- **测试计划。**此文档会描述将被测试的可交付物、将进行的测试以及在测试中使用的流程。它构成对组件和可交付物进行正式测试的基础。

4.6.4 层级图

层级图是从高层级信息开始，然后会渐进地分解为较多层级的详细信息。处于较高层级的信息包括处于较低或附属层级的所有信息。随着人们了解了更多有关项目的信息，层级图通常会渐进明细地分解为较多层级的详细信息。

- **组织分解结构。**此图表是对项目组织的一种层级描述，展示了项目活动与执行这些活动的组织单元之间的关系。
- **产品分解结构。**此图表是反映产品组件和可交付物的层次结构。
- **资源分解结构。**此图表是对资源按类别和类型的层级描述。
- **风险分解结构。**此图表是对潜在风险来源的层级描述。
- **工作分解结构。**此图表是对项目团队为实现项目目标、创建所需可交付物而需要实施的全部工作范围的层级分解。

4.6.5 基准

基准是经过批准的工作产品或计划的版本。会将实际绩效与基准进行比较，以识别偏差。

- **预算。**成本基准是对整个项目、任一工作分解结构 (WBS) 组件或任一进度活动所做的经批准的估算。
- **里程碑进度计划。**用于显示有计划日期的里程碑，是一种进度计划类型。
- **绩效测量基准。**整合在一起的范围、进度和成本基准被用来与项目执行情况相比较，以管理、测量和控制项目绩效。
- **项目进度计划。**进度基准是进度模型的输出，为各个相互关联的活动标注了计划日期、持续时间、里程碑和资源等信息。
- **范围基准。**此基准是经过批准的范围说明书、工作分解结构 (WBS) 和相应的 WBS 词典，能够通过正式的变更控制程序进行变更，并被用作与实际结果进行比较的依据。

4.6.6 可视化数据和信息

可视化数据和信息是以图表、图形、矩阵和示意图等可视化格式组织和呈现数据和信息的工件。将数据可视化可使人们更容易理解数据，并将之转化为信息。可视化工件通常是在收集和分析数据后生成的。这些工件有助于决策和确定优先级。

- **亲和图。**一种展示对大量创意进行分组，以便进一步审查和分析的图形。
- **燃尽图/燃起图。**此图表是时间盒中剩余工作的图形化表示，也可以是为发布产品或项目可交付物已完成工作的图形化表示。
- **因果图。**此图形是有助于追溯造成非预期成果的根本原因的可视化表示。
- **累积流量图 (CFD)。**此图表可显示一定时间内完成的特性、处于其他正在开发状态的特性以及待办事项列表中的特性。它还可能包括处于中间状态的特性，例如已设计但尚未构建的特性、质量保证中的特性或测试中的特性。

- **周期时间图。**此图形可显示一定时间内完成的工作内容的平均周期时间。周期时间图可以显示为散点图或横道图。
- **仪表盘。**这组图表和图形可显示相对于项目的重要指标所取得的进展或绩效。
- **流程图。**此图形可描述某系统内的一个或多个过程的输入、过程行为和输出。
- **甘特图。**这种横道图可展示进度信息，纵向列示活动，横向列示日期，用横条表示活动自开始日期至结束日期的持续时间。
- **直方图。**一种展示数字数据的条形图。
- **信息发射源。**此工件是一种可见的实物展示，可向组织其余成员提供信息，从而实现及时的知识共享。
- **提前期图。**此图形可显示在工作中完成事项的平均提前期的随着时间推移的趋势。提前期图可以显示为散点图或横道图。
- **优先级矩阵。**此矩阵是一个横轴为人力投入、纵轴为价值的散点图，分为四个象限，以便按优先级对内容归类。
- **项目进度网络图。**此图形表示项目进度活动之间逻辑关系的图形。
- **需求跟踪矩阵。**此矩阵把产品需求从其来源连接到能满足需求的可交付物。
- **责任分配矩阵 (RAM)。**此矩阵是一种展示分配给各个工作包中的项目资源的表格。RACI 矩阵是一种常见的方法，用于显示执行、负责、咨询或知情，且与项目活动、决策和可交付物有关的干系人。
- **散点图。**此图形可展示两个变量之间的关系。
- **S 曲线。**此图形可显示特定时段内的累积成本。
- **干系人参与度评估矩阵。**此矩阵会对当前与期望的干系人参与程度进行比较。

- **故事图。**故事图是一种既定产品所应具备的所有特性和功能的可视化模型，旨在使项目团队对其所创建的产品及创建原因有整体了解。
- **产量图。**此图表可显示一定时间内验收的可交付物数量。产量图可以显示为散点图或横道图。
- **用例。**此工件可描述并探讨用户如何与系统交互以实现特定目标。
- **价值流图法。**这是一种精益企业方法，用于记载、分析和改进为客户生产产品或提供服务所需信息流或物流。价值流图法可用于识别浪费情况。
- **速度图。**此图表可跟踪在预先定义的时间间隔内生产、确认和接受可交付物的速度。

4.6.7 报告

报告是正式的信息记录或摘要。报告可向干系人传达有关（通常是摘要级的）信息。报告通常会提供给对项目状态感兴趣的干系人，如发起人、企业所有者或项目管理办公室 (PMO)。

- **质量报告。**此项目文件包括质量管理问题、纠正措施建议以及质量控制活动中发现的情况摘要。它可能包括过程、项目和产品改进的建议。
- **风险报告。**此项目文件会在整个项目风险管理过程中不断更新，用以概述单个项目风险的情况和整体项目风险的程度。
- **状态报告。**此文件提供关于项目当前状态的报告。它可能包括自上次报告以来的进展信息以及对成本绩效和进度绩效的预测。

4.6.8 协议和合同

协议是定义双方意图的任何文件或沟通结果。在项目中，协议采用的形式有合同或其他已定义的相互谅解。合同是指对双方都有约束力的协议，强制卖方提供规定的产品、服务或结果，以及强制买方支付相应的费用。有不同类型的合同，其中一些属于总价合同或成本补偿合同。

- **总价合同。**此类合同涉及为定义明确的产品、服务或结果设定一个总价。总价合同包括固定总价合同 (FFP)、总价加激励费用合同 (FPIF) 以及总价加经济价格调整合同 (FP-EPA) 等。
- **成本补偿合同。**此类合同涉及向卖方支付为完成工作而发生的实际成本，外加一笔代表卖方利润的费用。当项目范围定义不明确或经常发生变化时，经常会采用这些合同。成本补偿合同包括成本加奖励费用合同 (CPAF)、成本加固定费用合同 (CPFF) 以及成本加激励费用合同 (CPIF)。
- **工料 (T&M) 合同。**此合同规定了固定的费率，但并没有准确的工作说明书。它可用于扩充人员、获得主题专业知识和任何外部支持。
- **不确定交付和数量合同 (IDIQ)。**此合同会规定必须在固定期间内提供不确定数量（但规定了下限和上限）的商品或服务。这些合同可用于建筑、工程或信息技术的项目。
- **其他协议。**其他协议类型包括谅解备忘录 (MOU)、协议备忘录 (MOA)、服务水平协议 (SLA)、基本订购协议 (BOA) 等。

4.6.9 其他工件

此处描述的文件和可交付物不适合于上述特定类别；但用于其他多种目的时，它们是重要工件。

- **活动清单。**此文件会提供一份记录进度活动的表格，包含活动描述、活动标识及足够详细的工作范围描述，以便项目团队成员了解所需执行的工作。
- **招标文件。**招标文件用于向潜在卖方征求建议书。根据所需的货物或服务，招标文件可包括：
  - 信息邀请书 (RFI)；
  - 报价邀请书 (RFQ)；
  - 建议邀请书 (RFP)。
- **度量指标。**度量指标可描述某一属性以及如何对其进行测量。
- **项目日历。**此日历可确定进度活动的可用工作日和工作班次。
- **需求文件。**此文件记录了产品需求和管理这些需求所需的相关信息，包括相关的类别、优先级和验收标准。
- **项目团队章程。**此文件记录了项目团队的价值观、共识和工作指南，并对项目团队成员的可接受行为做出明确规定。
- **用户故事。**用户故事简要描述特定用户已经取得的成果，而且确保读者可以通过对话弄理清细节。

4.7 应用于跨绩效域的工件

不同的工件更有可能在不同的绩效域更有用。虽然交付方法、产品和组织环境将决定哪些工件最适合于特定项目，但某些绩效域更有可能使用特定工件。表 4-3 列出了最有可能使用各种工件的绩效域；但项目经理和/或项目团队负有为其项目选择合适的工件并对之进行裁剪的最终责任。

表 4-3. 每个绩效域中可能使用的工件的映射

工件	绩效域							
	团队	干系人	开发方法和生命周期	规划	项目工作	交付	测量	不确定性
战略工件：								
商业论证		X		X				
项目简介		X		X				
项目章程		X		X				
项目愿景说明书		X		X				
路线图		X	X	X				
日志和登记册工件：								
假设日志				X	X	X		X
待办事项列表				X	X	X		
变更日志					X	X		
问题日志					X			
经验教训登记册					X			
风险调整待办事项列表				X				X
风险登记册				X	X	X		X
干系人登记册		X		X				
计划工件：								
变更控制计划				X	X	X		
沟通管理计划		X		X	X			
成本管理计划				X				
迭代计划				X				
采购管理计划				X	X			
项目管理计划		X		X	X			
质量管理计划				X	X	X		
发布计划				X		X		
需求管理计划				X		X		
资源管理计划				X	X			
风险管理计划				X	X			X
范围管理计划				X		X		

表 4-3. 每个绩效域中可能使用的工件的映射（续）

工件	绩效域							
	团队	干系人	开发方法和生命周期	规划	项目工作	交付	测量	不确定性
进度管理计划				X	X	X		
干系人参与计划		X		X				
测试计划				X	X	X	X	
层级图工件：								
组织分解结构	X	X		X				
产品分解结构				X		X		
资源分解结构	X			X	X		X	
风险分解结构					X			X
工作分解结构				X		X	X	
基准工件：								
预算				X	X		X	
里程碑进度计划			X	X	X		X	
绩效测量基准				X	X	X	X	
项目进度计划				X	X		X	
范围基准				X	X	X	X	
可视化数据和信息工件：								
亲和图				X	X			
燃烧图				X		X	X	
因果图					X	X		X
周期时间图						X	X	
累积流量图						X	X	
仪表盘					X		X	
流程图				X	X	X		
甘特图				X	X		X	
直方图							X	
信息发射源					X		X	
提前期图						X	X	
优先级矩阵		X			X	X		

表 4-3. 每个绩效域中可能使用的工件的映射（续）

工件	绩效域							
	团队	干系人	开发方法和生命周期	规划	项目工作	交付	测量	不确定性
项目进度网络图				X	X			
需求跟踪矩阵				X		X	X	
责任分配矩阵				X	X			
散点图					X	X	X	
S 曲线				X			X	
干系人参与度评估矩阵		X		X	X			
故事图				X		X		
产量图						X	X	
用例				X		X		
价值流图					X	X	X	
速度图						X	X	
报告工件：								
质量报告					X	X	X	
风险报告					X			X
状态报告					X			
协议和合同：								
总价合同		X		X	X	X	X	X
成本补偿合同		X		X	X	X	X	X
工料合同		X		X	X	X	X	X
不确定交付和数量合同 (IDIQ)		X		X	X	X	X	X
其他协议		X		X	X	X	X	X
其他工件：								
活动清单	X	X		X	X			
招标文件		X		X	X			
测量指标				X		X	X	
项目日历	X			X	X			
需求文件		X		X		X	X	
项目团队章程	X				X			
用户故事		X		X		X		

参考资料

[1] 项目管理协会。2020 年。*《项目管理标准》*。美国宾夕法尼亚州 Newtown Square：作者。

[2] 项目管理协会。2019 年。*《挣值管理标准》*。美国宾夕法尼亚州 Newtown Square：作者。

附录 X1
《项目管理标准》和《项目管理知识体系指南》（第 7 版）的贡献者和审阅者

项目管理协会感谢所有这些贡献者的支持，并感谢他们对项目管理行业的杰出贡献。

X1.1 贡献者

下列名单中的贡献者为制定标准和/或指南的内容提出了意见。其中以粗体列出的人员为第 7 版《PMBOK® 指南》开发团队的成员。人员姓名被列入本名单并不代表他或她对最终内容的所有部分表示赞同或认可。

Cynthia Snyder Dionisio，主席，MBA，PMI-ACP，PMP
Michael Griffiths，联合主席，PMI-ACP，PMP
Nicholas Clemens，PMI-ACP，PMP
Jean Luc Favrot，PMI-ACP，PMP，SPC5
Jesse Fewell，CST，PMI-ACP，PMP
Jingjing Hu，MPM，PRINCE2，PMP
Betsy Kauffman，PMI-ACP，PMP，ICP-ACC
Nader K. Rad，PMP
Giampaolo Marucci，PhD，PMI-ACP，PMP，CSM
Klaus Nielsen，MBA，PMI-ACP，PMP
Maria Specht，MSc，PMP，NLP
Maricarmen Suarez，MBA，PMP，PgMP
Laurent Thomas，PhD，SPC，PMI-ACP，PMP
Jorge Federico Vargas Uzaga，PMP
Mike Cooley，CSM，SCPM，PMP
Diana E. A.García Sánchez
Carlos Gonzalez Bejarano
Venkatram Vasi Mohanvasi
Marwan Abdalla，MBA，PMI-RMP，PMP
Abdalla Yassin Abdalla Mohammed，Eng，MBA，PMI-RMP，PMP
Majed Abdeen，MSc，PMP，TOGAF
Habeeb Abdulla，MS，CSM，PMP
Tetsuhide Abe，PMP
Ali Abedi，PhD，CSM，PMI-ACP，PMP
Carlos Acuña，PMP，PgMP，PfMP
Renee Adair，PMP
Albert Agbemenu，MSc，PMP
Kevin Aguanno，CMC，PMI-ACP，PMP
Fawad Ahmad Khan，PMI-PBA，PMP
Prescort Leslie Ahumuza，Agile SM，CAPM，PMP
Ali Akbar Forouzesh Nejad
Phil Akinwale
Emi Akiode，PMP
Tarik Al Hraki，MBA，PMI-RMP，PMP
Ahmed Alageed，PhD，PMI-ACP，PMP
Ruqaya Al Badi，PMP
Francesco Albergo，PMP

Amer Albuttma，PMI-SP，PMP
Mohamed Aldoubasi，Eng，MBA，PMI-RMP，PMP
Emad Al Ghamdi，Eng，EMBA，PMP
Ahmed Ali Eziza，Eng，PMP，IPMO-E
Mehdi Alibakhshi，PMI-PBA，PMP
Hammam Alkouz，MBA，PMI-RMP，PMP
Michel Allan，MBA，PMI-RMP，PMP
Sonja Almlie，CCBA，PMI-ACP，PMP
Ahmad Al-Musallami，PMI-ACP，PMI-SP，PMP
Moajeb Almutairi，PMP
Husain Al-Omani，PMP，PgMP，PfMP
Ahmed Alsenosy，PhD，PMP，PgMP，PfMP
Mohand Alsikhan，PMP，CISM
Abdulrahman Alulaiyan，MBA，CCMP，PMP
Carlos Alvarez G.，PMP
Jaime Andres Alvarez Ospina，MBA，PMI-RMP，PMP
Nahlah Alyamani，PMI-ACP，PMP，PgMP
Angelo Amaral，PSM，PMI-ACP，PMP
Shahin Amiri，MBA，PMP
Serge Amon，MBA，PMP
Anabella Amoresano，PMP
Ashwani Anant，PMI-RMP，PMI-SP，PMP
Filipy Henrique Bonfim Andrade，Eng，GPjr，PMP
David Anyacho
Charalampos Apostolopoulos，PhD，PgMP，PfMP
Alejandro Gabriel Aramburu，PMP
Christine Aras
Kenichiro Aratake，PMP
Viviane Arazi，PMP，PgMP
Eileen Arnold
Reza Atashfaraz，MSc，PMP
Sivaram Athmakuri，PMP，PMI-ACP，PMI-PBA
Sharaf Attas，PMI-RMP，PMP
Carlos Augusto Freitas，CAPM，PMP
Shahin Avak，PMP
Zaheer Ahmad Awan，CSM，PMI-ACP，PMP
Khaled Azab，ITIL4，PMP
Vahid Azadmanesh，DBA，PMP，PfMP
Emad E. Aziz，PMP，PgMP，PfMP
Akbar Azwir，PMO-CP，PMI-SP，PMP
Osama Azzam，HBDP，ICYB，PMP
Nabeel Babeker
Amgad Badewi，PhD，MSP，AP，PMP
Amir Bahadorestani，RA，TA
Kenneth Bainey，MBA，CCP，PMP
Jardel Baldo
Kristi Baldwin，RYT，PMP
Pablo Bálsamo，PMI-RMP，PMI-SP，PMP
Zhang Baozhong，MSc，PMP，PgMP
Manuel F. Baquero V.，PhD，MSc，PMP
Haytham Baraka，PMI-RMP，PMP，CCP
Mohammad Moneer Barazi，MBA，PMP
Maria Cristina Barbero，MBA，PMI-ACP，PMP
Andre Barcaui，PhD，PMI-ACP，PMP
Amalia Barthel，PMP
Saeed Baselm
Eduardo Bazo Safra，Mg，PMP
Pierre Beaudry，Jr.，MGP，CSM，PMP
Gregory Becker，PMP
Tmartial Bellec，PMI-ACP，PMP，PgMP
Peter Berndt de Souza Mello，PgC，PMI-SP，PMP
Rafael Beteli Silva Zanon，MBA，PMI-PBA，PMP
Jeff Beverage，CSP-SM，PMI-ACP，PMP
Shantanu Bhamare，CSM，LIMC，PMP
Ajay Bhargove，BE，PGDBA，PMP
Sanjoy Bhattacharjee，MSBIA，PMI-ACP，PMP
Deepa Bhide，PhD，PMP
Şafak Bilgi Akdemir
Mohammed Bin Askar，PMP，PgMP，PfMP
Nigel Blampied，PhD，PE，PMP
Greta Blash，CDAI，PgMP，PMI-PBA
Stephen Blash
Gisela Bolbrügge，PhD，PSM1，PMP
Kiron Bondale，PMI-ACP，PMI-RMP，PMP
Simona Bonghez，PhD，PMP
Mariana Borga，MBA，LSSBB，PMP
Raul Borges，PMP
David Borja Padilla，MSc，PMI-RMP，PMP
Boshoff，PMP，PRINCE2，AgilePM
Miguel A. Botana Cobas，MBA，PMP
Pieter Botman，Eng
Rodolphe Boudet，PMP
Farid Bouges
Betty Boushey，PMP
Younes Bousnah，MBA，PMP
Andrea Boxsley
Blaine Boxwell，MBA，PMP
Joan Boyadjman
Padmakar Boyapati，PMP
Didier Brackx，PhD，EMS，P3O，PMP
Leslie Bradshaw

Damiano Bragantini，PMP
Fabio Braggio，MBA，PMP
Ellie Braham，AOP，PMP
Fernando Brandão，PMP
Jim Branden，MBA，PMP
Wayne R. Brantley，MSEd，PMI-ACP，PMP
Myrna Bravo，PMP
Bernd Brier
Ana Briseño，MTIA，PMP
Syed Asad Hasnain Bukhari，MBA，MIS，PMP
Syed Qamar Abbas Bukhari，MBA，MSPM，PMP
Gizem Bulu
Rev. Andy Burns，CDAI，PMI-ACP，PMP
Robert Buttrick，BEng，CEng，FAPM Hon
Dieter Butz，PhD，PMP
Karl Buxton，PMP
Andrea Caccamese，PRINCE2，PMP
Roberto A. Cadena Legaspi，MCI，PMP
Feren Calderwood，MSc，PMP
Saverio Calvano，MSc，PMP
Diego Calvetti，MSc，PMP
Luis Alberto Cordero-Calvo，MPM，PMP
Adrien Camp，MEng，PMI-ACP，PMP
Bryan Campbell，PMI-ACP，PMP，PgMP
Charles Campbell，PhD，PMP
Heberth Campos，PMI-ACP，PMI-RMP，PMP
Ricardo P. Cantú，MBA，MSc，PMP
Alexandre Caramelo Pinto，MSc，TOGAF，PMP
Andrea Carbert，PMP，PMI-ACP
Cheryl Carstens，CAPM，PMP
Chris Cartwright，MPM
Laura Solano de Carvalho
Pietro Casanova，PMP
Shoshanna Caster
Larry Cebuano，PMP
Manu Chandrashekhar，PMP
Paul C. Charlesraj，MS，MRICS，AMASCE
Panos Chatzipanos，PhD，FASCE，D.WRE
Nguyen Si Trieu Chau，PMP，PgMP，PfMP
Jing Chen
Lily Chen，PMP
Karl Cheney，PMP，MPM，MPA
Ramesh Chepur，CSQA，PRINCE2，PMP
Mona Chevis
Oussama Chriss，PMP
Jorge Clemente，CPA，PMP
Xavier Clerfeuille，MSc，NLP
Ashley Cometto，MBA
Sergio Luis Conte，PhD，PMI-PBA，PMI-ACP，PMP
Carlos Contreras G.，CSM，CSPO，PMP
Helio Costa
Pathica Coulat
Thaigo Cristo
Joshua Kunio，CPD，LSSBB，PMP
Joseph Czarnecki，SCPM，PMP
Alexandre Venâncio da Silva
Long Dam，PMP，PgMP，PfMP
Graziella D'Amico，CBAP，PMI-PBA，PMP
Farshid Damirchilo，MSc，PMP
Teodor Darabaneanu，PMP
Russell Darnall，DM，MPM，PMP
Yazmine Darcy，MBA，PMI-ACP，PMP
Kaustav Das，MCP，PMP
Gina Davidovic，PMP，PgMP
Curtis Davis
José de Franca，PMP
Viviane de Paula，PMP
Michael DeCicco，CSM，PMP
Mustafa Degerli，PhD，PSM，PMI-RMP，PMP
Murat Dengiz
Valerie Denney，DBA，PMP
Saju Devassy，MBA，POPM，PMP
Yaso Dhatry Kala，LSSMBB
Philip Diab
Michelle Gois Gadelha Dias
Danil Dintsis
Gilberto Francisco Do Vale，MBA PM
Roland Doerr，MBA，CSM，PMP
Mustafa Donmez，PMP
Bala Doppalapudi，MBA，B.Tech，PMP
Jorge A. Dueñas Lozano，VMA，PMP
Josée Dufour，PMP
Darya Duma
Eunice Duran，PMP，PgMP，PfMP
Arijit Dutt，PMP
Valecia Dyett，PhD，PMP
Nicolas Egiaan，PMP
Bechir El Hosni
Salwa El Mesbahi，PMP
Claude El Nakhel Khalil，
PharmD，MBA，PMP
Abdulrahman Eldabak，PMP

Rafik Eldaly
Sameh Eldeeb Thabet Wahba,
Eng, CPMC, PMC, PMP
Ahmed Eldeep, PMI-RMP, PMP
Walla Siddig Elhadey Mohamed,
PMI-ACP, PMI-RMP, PMP
Ahmed Elhakim, PMI-RMP, PMP
Osman Elhassan, MBA, PMI-RMP, PMP
Aileen Ellis, CSM, PMP, PgMP
Wael Elmetwaly, PMI-ACP, PMP
Khaled El-Nakib, MSc, PMI-RMP, PMP
Basel El-Saady, PMP
Constance Emerson
Algin Erozan, MSc, PMP
Fernando Escobar, MSc, PMP
Behnam Faizabadi
Delphine Falco, PMP
Saurater (Sam) Faraday,
MBA, PMI-ACP, PMI-RMP
Jamil Faraj
Fereydoun Fardad, PMI-PBA, PMI-RMP, PMP
Jason Farley
John Farlik, DBA, PMI-ACP, PMP
Scott, Fass, MPA, PMP
Edoardo Favari, PhD, PMP
Amr Fayez Mustafa, Eng, SFC, SSYB, PMP
Zhang Fengxiao
Felipe Fernandes Moreira, PMP
Rafael Fernando Ronces Rosas
Gail Ferreira, PhD, SPC5, PMP
Cornelius Fichtner, CSM, PMP
William Flanagan
Luis Alberto Flores, PhD, PMI-ACP, PMI-RMP, PMP
Gustavo Flouret, DBA, PMP
Les Foley, MPM, MBA, PMP
Mitchell Fong, PEng, PMP
Luis Eduardo Franca, PMO-CP, PMI-ACP, PMP
Kellen Sabrina Rodrigues Francisco,
MBA, PSM I, PMP
Douglas Franco
Carla Frazier
Michael Frenette, SMC, ITCP, PMP
Ray Frohnhoefer, MBA, CCP, PMP
Michelle Fuale
Steven Fullmer, MBA, CQ, PMP
Jeff Furman, CompTIA, CTT+, PMP
Nestor Gabarda Jr., ECE, PMI-ACP, PMP
Marius Gaitan, Eng, PMI-PBA, PMP
Zsolt G. Gálfalvi, MSP, SCM, PRINCE2
Sara Gallagher, PSM1, PMP
Juan Gabriel Gantiva Vergara,
PMI-ACP, PMI-RMP, PMP
Napoleon Garde, PMP
Artur Gasparyan, CSM, PMO-CP, PMP
Louis-Charles Gauthier
Eng. Fabio Gentilini, Eng, CAPM, PMP
Paul Geraghty, BBS, CPMA
Kian Ghadaksaz, EVP, PMI-SP, PMP
Omar Ghazi Ahmad, PMD Pro, MCAD, PMP
Arijit Ghosh, PGDBA, BCom
Subhajit Ghosh, PMI-ACP, PMP, PgMP
Hisham Ghulam, Eng, MBA, PMI-ACP, PMP
Paul D. Giammalvo, PhD, MScPM, CCE
Carl M. Gilbert, PMI-ACP, PMP, PfMP
Theofanis Giotis, MSc, PMI-ACP, PMP
Jörg Glunde, PMI-ACP, PMP
Dhananjay Gokhale
Henrique Gomes da Silva
Herbert G. Gonder, IPMA B, ACE, PMP
Jaime González Vargas, PMP
Diego Goyes Mosquera, MSc, PMP
Falko Graf, MA, CMC, PMP
Ivan Graff, PE, CCP, PMP
Denis Gritsiyenko, PhD, PMP
He Guangcheng, PMP
Pier Luigi Guida, PMS, PMP, PgM
Antun Guidoni
Nagaraja Gundappa, MTech, CSM, PMP
Nandakumar Guruswamy, PMP, PgMP
Anil Guvenatam, PMI-ACP, PMP
Mohamed Hamad Elneel, Eng, PMP
Nagy Hamamo, MSP, MoP, PMP
Karishma Hans, MBA, PMP
Sharad Harale
Simon Harris
Laura Hart
Mahmoud Hassaballa,
Eng, CVS, 6SigmaGB, PMP
Akram Hassan, PMI-RMP, PMP
Hossam Hassan Anwar,
MEng, PM, PMI-RMP, PMP
Shane Hastie, MIM, ICE-AC, ICE-PO

Damah Haubner
Hironori Hayashi, PMI-PBA, PMP, PfMP
Kristine Hayes Munson, CIA, CISM, PMP
Bin He, PMI-ACP, PMP
Antonio Hernández Negrete, MBA, CSM, PMP
Abel Herrera Sillas, DM, PMP
Sergio Herrera-Apestigue, P3O, PRINCE2, PMP
Shirley Hinton, PMI-ACP, PMP
Kenji Hiraishi, MsE, PMP
Michael Hoffpauir
Alberto Holgado, MBA
Eden Holt, PMP
Regina Holzinger, PhD, PMP
Zhao Hong, PMP, PMI-ACP, CPIM
George Hord, PMP
Gheorghe Hriscu, CGEIT, PMP
Zayar Htun, ICM.PM, AGTI.IT
Varetta Huggins, MS(IST), PMP, PgMP
Ritchie Hughes, CSM, CSPO, PMP
Edward Hung, MBA, PMI-ACP, PMP
David J. L. Hunter, MA, PMI-ACP, PMP
Sherif Hussein, PMP, PgMP, PfMP
Mohammed Elfatih Hussien Ibrahim, Eng, MBA, PMI-RMP, PMP
Hany I. Zahran, SAMC, SSYB, VCA-DCV
Shuichi Ikeda, CBAP, CSM/CSPO, PMP
Dmitrii Ilenkov, PMP
Muhammad A. B. Ilyas, PMI-ACP, PMP, PgMP
Andrea Innocenti, CGEIT, PMP
Suhail Iqbal, PMP, PgMP, PfMP
Ilya Ivanichkin, CSM, CSPO, PMP
Ravi Iyer, MS (M&E), MBA, PE
Can Izgi, PMP
Tony Jacob, C Eng, PMI-PBA, PMP
MD Javeed, BE, PMP
Suresh Jayappa
Srini Jeyakumar, PEng, PMP
Wu Jiang, PMP, PMI-ACP, Six Sigma GB
Greeshma Johnson, CSM, PMP
John Johnson
Tony Johnson, CSP, PgMP, PfMP
George Jucan, MBA, CMP, PMP
Jonathan Justus, MBA, BCA, PMP
Rami Kaibni, Eng, CBAP, PfMP
Orhan Kalayci, ITIL, DevOps, PMP
Sincong Kang, PhD, PMP
Antoine Karam, PMP, PMI-RMP
Alankar Karpe, PMI-ACP, PMP
Aras Kartouzian, PhD
Naoki Kasahara
Rohit Kathuria, P.Eng, PMP
Nikhil Srinivasan Kaundinya, PMP
Rachel Keen
Gretta Kelzi, CTT+, EADA, PMP
Harry Kendrick, MPM, CSM, PMP
Suhail Khaled, CSM, PMI-ACP, PMP
Mohamed Khalifa, PMP, PgMP, PfMP
Mehran Khalilnejadi
Alexander Khaydarov
Diwakar Killamsetty, CSM, PMP
Ariel Kirshbom, CSP, PMI-ACP, PMP
Hiroshi Kise
Aparna R. Kishore, MCA, CSM, PMP
Konstantinos Kirytopoulos, Dr Eng, MEng, PMP
Hadi Kiyoumarsi
Henry Kondo, PMP, PgMP, PfMP
Steven Kopischke, MSPM, ITIL, PMP
Markus Kopko, PMP, PSM
Maciej Koszykowski, PgMP, PMP, PMI-RMP
Srikanth Kota
Rouzbeh Kotobzadeh, PMI-ACP, PMP, PfMP
Kevin Kovalic, MCP, CSSGB, PMP
Wayne Kremling
Mohsen Krichi, Eng, COBI, ITIL 4, PMP
Ravindrakumar Kshirsagar, SPC, PMP, PgMP
Ashis Kumar Garg
Kathy Kuypers
Thierry Labriet, Prosci, PMP
Cédric Laffitte, PMP
Marylene Lafon, PMP
Marc Lafontrinz
Harisha Lakkavalli, PMP, PgMP, PfMP
G Lakshmi Sekhar, PMI-PBA, PMI-SP, PMP
Arun Lal, PMP
Soheil Lamei, PhD, PMP, PgMP, PfMP
Hagit Landman, MBA, PMI-SP, PMP
Olivier Lazar, PMP, PgMP, PfMP
Chia Kuang Lee, PhD, CQRM, PMP
Oliver F. Lehmann, MSc, ACE, PMP
Raman Lemtsiuhou, PSM II, PMP
Harvey Levine

Richard Lewis，MBA，PMP
Bing Li，PMP
Xujie Liang
Mei Lin，PMI-ACP，PMI-PBA，PMP
Kong Linghai，MD，PMP
An Liu
Kai Liu
Haishan Liu
Tong Liu
Pablo Lledó，MSc，MBA，PMP
Anand Lokhande，PSM，PMI-PBA，PMP
Stefania Lombardi，PhD，PMP
Carlos López Javier，MBA，ME，PMP
Marisa Andrea Lostumbo，MScPM，PMP
Hugo K. M. Lourenço，PMI-ACP，PMI-RMP，PMP
Sérgio Lourenço，PMI-RMP，PMP
Erin Danica Lovell，MBA，BRMP，PMP
Sophie Lowery，MBA，PMP
Paolo Lucena
Francesco Ludovico，Eng，PMP
Sergio Oswaldo Lugo，MBA，SSMC，PMP
Ionel Lumezianu
Michele Lusciano
Azam M. Zaqzouq，MCT，PMP
M. Bhuvaneswari，BE
Alejandro Maceda
Jan Magdi，MSc
Ganesh Mahalingam，CSM，PMP
Patrick Maillard，MBA，PMP
Abhijit Maity，CBAP，PMP，PgMP
Kieran Major，MBA，PMP
Richard Maltzman，PMP
Arun Mandalika，PMI-ACP，PMP
Hussam Mandil，MBA，PMI-ACP，PMP
Nicole Mangona，PMP
Nandhini Manikhavel，CSM，MBA，CAPM
Rasa Manikkam，PMP
Erasma Mariano，ESP GP，ICP，ITIL
Antonio Marino，Eng，PSM，PMI-ACP，PMP
Photoula Markou-Voskou，PMP
Orlando Marone，PMI-ACP，PMP
Bernardo Marques，PMI-ACP，PMI-RMP，PMP
Lucía Márquez de la Plata，MBA，ACC，PMP
Douglas Martin，CSP-SM，PMI-ACP，PMP
Cesar Ulises Martinez Garcia，
SAFe SSM，PMI-ACP，PMP
Mercedes Martinez Sanz，PMP
Ulises Martins
Ronnie Maschk，ASM，PMI-ACP，PMP
Faraz Masood，MS-EE，MBA，PMP
Abid Masood Ali，Eng
Puian Masudi Far，PhD，PMP
Mayte Mata Sivera，PMP
Todd Materazzi，PMI-ACP，PMP
Komal Mathur，PMP，CSM
Mohit Mathur，PMP
Cristiane da Silva Matos
David Maynard，MBA，PMP
David McDonald，MA，MBA，CSPO
Jon McGlothian，MBA，PMI-ACP，PMP
Alain Patrick Medenou，MSc，PRINCE2，PMP
Maite Meijide Montes，MS-Eng，MBA，PMP
Orlando Mendieta，CSM，KMP I，PMP
Hamed Mesinehasl
Mohamed MH. Elfouly，PhD，P，PMP
Lubomira Mihailova，MBA，MSP，PMP
Gloria J. Miller，PMI-ACP，PMP
Vladimir Mininel，PMP
Manuel Minute，CPIM，CGEIT，PMP
Amr Miqdadi，CIPM，PMP
Nick Mirabella，PSNI
Kunihiko Mishima
David E. Mitchell，PMP
Stephanie Moffatt
Wolf Dieter Moggert，PMI-ACP，PMI-PBA，PMP
Walid Mohamed Ahmed
Eman Mohamed El Rashidy，PMP，PgMP
Omar Mohamed Sallam，PMI-RMP，PMI-SP，PMP
Islam Mohamed Soliman，Eng，PMP
Ahmed Ishage Mohammed Musa，
MBA，PMI-RMP，PMP
Shoeb Mohammed Nadeem Uddin，PMP
Mohamed Mohsen Mohamed Hussein，PMP
Jose Morales，DBA，PMP
Paola Morgese，PMP
Alessandro Moro，PSM-I，PMP
Chuck Morton，CSM，PMI-ACP，PMP
Henrique Moura，PMI-ACP，PMI-RMP
Nitin Mukesh，PMP
Gaurav Mukherjee，CSC，PMP
Stephen Murefu
Wanja Murekio，MBA，PMP

Jennifer Murphy，B.Comm(Int)，MBS，MSc
Syed Ahsan Mustaqeem，PE，PMP
Yassir Nagy，PMI-ACP，PMP，PgMP
Devan Naidu，MBA，PMP，PfMP
Brijesh Nair，CEng，PMP，PgMP
Asaya Nakasone，PMP
Saed Namazi，MBA，PRINCE2，PMP
Sareesh Narayanan
Sripriya V Narayanasamy，MCA，PMP
Zabihollah Nasehi
Faig Nasibov，PMP
Mahmoud Nasr，Eng.，MSc，CPM
Asad Naveed，MS-Eng，MEF-CECP，PMP
Karthikeyan NB，MCA，CSM，PMP
Gundo Nevhutalu，MSc，PMP
Kian Ching Ng，MSc，PMP
Sam Nicholson
Eric Nielsen，PMP，CDA
Manisha Nigam，CSM，TOGAF 9，PMP
Aleksei Nikitin，PMI-ACP，PMI-RMP，PMP
Mohammad Ali Niroomand Rad，March，PMP
Jose Noguera，6SBB，CSP0，PMP
Michael Nollet，MBA，PMI-ACP，PMP
Eric Norman，PMP，PgMP，PMI Fellow
Patryk Nosalik，EMBA，AgilePM，PMP
Toru ODA，PMP
Antonio Oliva González，SMPC，SCPO，PMP
Ernesto Olivares
Matheus Angelini Vidigal de Oliveira
Tiago Chaves Oliveira，PMP
Antonio Olivieri，PMI-ACP，PMI-RMP，PMP
Habeeb Omar，PMP，PgMP，PfMP
Austin Baraza Omonyo，PhD，P2 Pr，PMP
Stefan Ondek，PMP
Arivazhagan Ondiappan，
PhD(hon)，MBB，PMI-RMP，PMP
Michael Ord，AccMIVMA，CPEng，RPEQ
Stefano Orfei，PMI-PBA，PMP
Henrique Ortega-Tenorio，MBA，PMP
Cristiano Ottavian，PRINCE2P，PMP
Ramesh P B，CAIIB，PMI-ACP，PMP
Antonio Pagano
Vijayalakshmi S. Pai，PRINCE2，PMP
Ravindranath Palahalli，BE，PG ADR，PMP
Jorge Palomino Garcia，Eng，MBA，PMP
Hariyo Pangarso
Emmanouil Papadakis，PhD，MSc，PMP
Paul Paquette，MBA，PMI-RMP，PMP
Divya Pareek，BTech，GMP-YLP (IIMB Alumna)
Stphane Parent，PMI-RMP，PMI-SP，PMP
Reginald Paul Parker，MS，CAS，PMP
Cristina Parodi
Satyabrata Pati，PMP
Laura Paton，MBA，PMI-PBA，PMP
Marcus Paulus，MBA，P2P，PMP
Neil Pearson，PhD，PMP
Srinivasa Rao Pentapalli，
CMQ/OE，LEED AP，PMP
Craig A. Perue，MBA，CMQ/OE，PMP
Dana Persada，MBA，PMP
Pradeep Perumparambil
Mark Peterson
Yvan Petit
Brian Phillips
Durga P Phuyal，MA，CDA，PMP
Paolo Pierani，PSM，6 Sigma，PMP
Kavita Pikle，PMP
Crispin Kik Piney，PMP，PfMP
Jose Angelo Pinto，PMP
Daniel Fernandes Pinto，MSc，PMP
Massimo Pirozzi，MSc Eng，PrinPM，PMI-ACP
Frank Polack
Alejandro Polanco，SCPM，LPM，PMP
Aaron Porter
Napoleon Posada，MBA，PMP
Svetlana Prahova，PMP，CSPO
B K Subramanya Prasad，CSM，PMP
Adi Prasetyo，PrinPM，MEng，PRINCE2，PMP
Pedro Pretorius，MCom，PMP
Claudia Prince，PMP
Carl Pritchard，PMI-RMP，PMP
Carl Pro
Hossein Radmehr
Medhat Ragab Metwaly，PMI-RMP，PMP
Sriramasundararajan Rajagopalan，PgMP，PfMP
Anne Niroshi Rajamohan，MSc
Swetha Rajesh，ITIL，CSM，PMP
Karthik Ramamurthy，MCA，MBA，PMP
Gurdev Randhawa，MBA，BE，PMP
Alakananda Rao，MSc，PGDBA，PMP
S. Raghavendra Rao，SAFe(Agi)，CSM，PMP
Reda Rashwan，Eng，MCP，AmiChemE，PMP

Rahul Rathod, MSPM, MBA, PMP
Steve Ratkaj
P. Ravikumar, PMI-ACP, PMP, PgMP
Kris Ravuvari, BSc Tech, M. Tech, PMP
Mohammad Yawar Raza, Eng., PMI-ACP
Krupakara Reddy, PRINCE2, SMC, PMP
S. Sreenivasula Reddy, MTech., MIE
Lucas Rocha Rego
Nabeel Ur Rehman,
Eng, PMI-ACP, PMI-PBA, PMP
Alexander V. Revin, PMP
Roman Reznikov, PRINCE2, ITIL, PMP
Tashfeen Riaz, PgMP, PMP, PMI-ACP
Juan Carlos Ribero Gómez, Ing, PMP
Andre Luis Fonseca Ricardi, PMP
Fabio Rigamonti, PMP
Ivan Rincon, PMP, PgMP, CISA
Laurajean Rispens, PMP, PMI-ACP
Hasnain Rizvi, PhD, SPC, CSP, PMP
Kenneth Robson, PMP
Ruy Rodriguez-Roman, CPA, PMP
Sergio Rojas A., Eng, MBA, PMP
Dan S. Roman, CSSBB, PMI-ACP, PMP
Sadegh Rouzbehi, DBA PMP
María Rosas, PMO-CP, SA, PMP
J. Travis Rose, PMP
Michela Ruffa, PMI-RMP, PMP
Tim Rumbaugh
Brian Rush
Philip Russell, PMP
Mike Ryal, PMP
Nagy Saad, ITIL, PMI-ACP, PMP
Mohammed Salaheddien Saad, Ph, PMP
Gopal Sahai, MSP, PMI-PBA, PMP
Ahmad Said, MM, PMP
Savio Saldanha, BE, CTFL, PMP
Ahmed Omer Saleh Mubarak, Eng, MBA, PMP
Sarvenaz Salimitabar
Ing. Roger Salinas-Robalino, MSIG, PMP
Emre Salmanoglu, PMP
Mario Salmona, PMI-PBA, PMI-RMP, PMP
Omar Samaniego
Abubaker Sami, MoP, PgMP, PfMP
Yishai Sandak, MSc, PMI-ACP, PMP
Shankar Sankaran
Prithvinand P. Sarode, BE, PMP
Sachlani Sarono, P3OF, PSM I, PMP
Muhammad Sauood ur Rauf, PMP
Bipin Savant, MTech, CBM, PMP
Jean-Charles Savornin, PMP
Guy Schleffer, PMP, PgMP, PfMP
Gary Schmitz, PMI-ACP PMI-PBA, PMP
David Schwantes, MBA, CSM, PMP
Dayashankara Sedashivappa
Arun Seetharaman
Grégoire Semelet
Yad Senapathy, MS, PMP
Carl Sergeant, PMP
Nikita Sergeev, PhD, MBA, IPMA, PM
Daisy Sg
Casey Shank, PEng, PMP
Giridhar Shankavaram
Ali Sheikhbahaei, PE, PMI-RMP, PMP
Lokman Shental, PMP, TOGAF
Dennis Sherman, PhD, PMP
Hatim Sid Ahmed, MBBS, PMP
Sameer Siddhanti, MSc, PMP, PMP
Gary Sikma, PMI-ACP, PMP
Marcos Felix Silva
Marisa Silva, MSc, PMP
Michael Sims, MBA
Mayank Veer Singh, Eng
Ravinder Singh, PSM I, PRINCE2, PMP
Ashwani Kumar Sinha, MBA, MSc
Gitika Sinha, ITIL, PMI-ACP, PMP
Ann Skinner, PhD, PMP
Daniel Sklar, PMP
Jen Skrabak, PMP, PfMP
Steven Skratulja
Martin J Smit, PhD, PMP
Daniele Almeida Sodré
Victor S. Sohmen, EDD, MBA
Boon Soon Lam
Joseph Sopko
Mauro Sotille, MBA, PMI-RMP, PMP
Fernando Souza, CSM, CSPO, PMP
Russel Souza, PMP
Michael Spatola, MSSM, MS, PMP
Clifford Sprague, PSPO1, PMP
Mario Špundak, PhD, PfMP
Sreeshaj Sreedhar, SS, BBELT, PMP
Nitesh Srivantava

Gunawan ST，PMI-RMP，PMP
Klaus J. Stadlbauer，PMP
Chris Stevens，PhD
Cameron Stewart，PMI-ACP，PMP
Jim Stewart，CSM，PMI-ACP，PMP
Ian R. Stokes，PMP
Nathan Subramaniam，ITIL4，TOGAF 9，PMP
Premkumar Subramanian，MBA，PMP
Yasuji Suzuki，PMI-ACP，PMP
Lisa Sweeney，PMP
Grzegorz Szalajiko
Ahmed Taha，PhD，PRINCE2，PMI-RMP，PMP
Mohammad Mehdi Tahan，MSc，PMP
Mohamed Taher Arafa，PMI-ACP，PMI-RMP，PMP
Shoji Tajima，ITC，ITIL，PMP
Nilton Takagi，MSc，PMP
Peter Wee Seng Tan，CPP，CISS，PMP
Tetsuya Tani，CBAP，PMP
Chelsea Tanimura，MPA，PMP
AwadalSaid Tara，Eng，MScE，SFC，PMP
Usama Tariq，Eng，PMP
Carsten Tautz
Jose Teixeira De Paulo，PMI-RMP，PMI-SP，PMP
Iván Samuel Tejera Santana，PSM，PMI-ACP，PMP
Gerhard Tekes，Dipl Inf，PMOVR-CP，PMP
Maria Temchina，PMI-ACP，PMP
Daniel Tennison，PE，PMP
Hector Teran，PMP
Gino Terentim，PMI-ACP，PMP，PfMP
Carlos Tessore，PhD，PMI-RMP，PMP
Mohammed Thoufeeq
Shuang Tian，PMI-ACP，PMP
Claudia Tocantins，MSc，PMP
Mark Tolbert
Dyana Torquato，PMI-ACP，PMP
Süleyman Tosun PhD，PSM I，ITIL，PMP
Sayed Tousif，BE，PMCP
Bella Trenkova，ICP-ACC，SPC4，PgMP
Mario Trentim，PMI-PBA，PMP，PfMP
John N. Tse，MBA，CDA，PMP
Georg Turban，PMP
Daniel Ubilla Baier，MBA，PMI-RMP，PMP
Yoon Sup Um，PMI-ACP，PMI-RMP，PMP
Hafiz Umar
Judith W. Umlas，SVP，IIL
Joseph Ursone，CSM，MCP，PMP
Ebenezer Uy，SSBB，PMI-ACP，PMP
Ali Vahedi，PMP，PgMP，PfMP
Madrony Valdivia Ponce，ING，ITIL
Andre Bittencourt do Valle，PhD，SAPM
Henk-Jan van der Klis，MSc，PMP
Tom Van Medegael，PMP
Raymond van Tonder，PMP，PMI-ACP
Ricardo Vargas，PhD，SAFe SPC，PMP
Enid T. Vargas Maldonado，
PMI-ACP，PMI-PBA，PMP
Santosh Varma，PDGCA，ITIL，PMP
Norm Veen，MBA，PMP
Jean Velasco，MBA，PMP
Vijay Vemana，SAFe，PMP，PgMP
Nagesh Venkataramanappa，PMP
Charu Venkatararaman，CSM，CSPO，PMP
Vanessa Ventura
Eddy Vertil，PhD (ABD)，PMI-RMP，PMP
Anand Vijayakumar，PMI-RMP，PMP，PgMP
Roberto Villa，PMP
Tiziano Villa，PMI-ACP，PMP
Aura Villagraana，MBA，SPC，PMP
Esteban Villegas，PMI-ACP，PMP
Andrea Vismara，MBA，PMI-PBA，PMP
Lislal Viswam，MSc，CSM，PMP
Yiannis Vithernos，PRINCE2P，PMI-ACP，PMP
Vijay Vittalam，PMI-ACP，PMI-RMP，PMP
Alline Vono
Thomas Walenta，PMP，PgMP
Qun Wang，CSPO，CSM，PMP
Gorakhanath Wankhede，PMP
J. LeRoy Ward，PMP，PgMP，PfMP
Muhammad Waseem，MS(PM)，PMP
Toshiyuki Henry Watanabe，PE.JP，PMR.JP，PMP
Barb Waters，MBA，PMP
John Watson，PMP，PMI-ACP
Darrell Glen Watson Jr.，MPM，PMP
Ganesh Watve，MBA，SMC，PMP
Patrick Weaver，FAICD，PMI-SP，PMP
Xu Wei，PMP
Lars Wendestam，MSc，PMP
Michal Wieteska，ASEP，PMP
Bronsen Wijaya
Angela Wiley，PMP
Edward Williams
Doug Winters，CSSBB，PMP

Louise Worsley，MA
Te Wu，PhD，PMP，PgMP，PfMP
Yang Xiao，MBA，SCOR-P，PMP
Rajesh K. Yadav，MTech
Aliaa Yahia Elshamy，PharmD，PMP，MQM，TQM
Zhang Yanxiang
Bill Yates
Auguste Yeboue，MBA，DBA，PMP
Fu Yongkang，PMP，PMI-ACP，MBA
Cynthia Young，DBA，LSSMBB，CMQ/OE，PMP
Daniel Alfredo Zamudio López，SMC，PgMP，PMP
Stefano Mario Zanantoni，PMP
Emanuele Zanotti，PhD，PMP
Ken Zemrowski，ESEP，MSTM
Cristina Zerpa，MC，PMP
Bin Zhao
Fangcun Zhao
Jutta Edith Zilian，CISA，CISM，CGEIT
Priscila Tavares da Sliva Zouback
Alan Zucker，DAC，PMI-ACP，PMP

X1.2 PMI 员工

特别感谢以下 PMI 员工：

Marvin Nelson，DBA，SCPM
Danielle Ritter，MLIS，CSPO
Kim Shinners
Roberta Storer
Stephen A. Townsend
Barbara Walsh，CSPO
Daniel Wiser

附录 X2
发起人

X2.1 简介

研究表明，积极的项目发起人是使项目取得正向成果的关键成功因素。本附录介绍了发起人的行为和影响，以及这些因素如何促进项目的总体成功。

X2.2 发起人的角色

项目通常有一个发起人，具体视组织的不同情况而定。项目发起人的决策领导力是超出项目经理和项目团队的权限和职权。项目发起人的积极参与和监督为项目经理和项目团队提供支持，并最终推动取得项目结果。发起人还将项目团队与组织高级管理层的战略和全局视角联系起来。

和其他职能一起，发起人还履行下列职能：

- 向团队沟通愿景、目标和期望。
- 成为项目和团队的拥护者。
- 促使高级管理层做出决策。
- 帮助获得资源。
- 使项目与商业目标保持一致。
- 清除障碍。
- 解决项目团队职权之外的问题。
- 让高级管理层注意到项目中出现的机会。
- 在项目结束后密切关注项目结果，以确保实现预期的商业收益。

发起人在组织中的职位和从该职位看待问题的视角，使发起人能够在以下方面向团队提供关键支持：

- **愿景。**制定和/或沟通项目的愿景和方向。
- **商业价值。**始终与团队合作，保持与战略和商业目标的一致性。当市场、竞争和战略急剧波动且不断演变时，这可能需要频繁的互动来调整项目工作以适应不断变化的方向。
- **关注客户。**平衡各个干系人的需要和优先级。当有多个干系人，特别是多个干系人的需要相互冲突时，可能有必要考虑干系人的需要的优先级并做出权衡。
- **决策。**当做出的决策超出项目团队的职权范围时，应做出决策或指导相应的个人或群体做出决策。如果团队无法做出决策，或者团队意见不一，发起人可以调解意见冲突并促进决策过程。
- **激励。**发起人可积极与项目团队参与互动并向其提供支持，激励他们努力工作。
- **担责。**发起人通常对项目成果担责，具体视角色的职权级别而定。在此角色中，他们可以接受或拒绝项目的可交付物。

X2.3 缺乏参与

如果发起人未参与进来或该角色空缺，则不会产生与第 X2.2 节所列活动相关的诸多收益。这可能会对项目的效果产生负面影响。因为通常需要较长时间作决定，而且各个事项的优先级会发生冲突，使得项目绩效受到影响。如果发起人不帮助获得资源，由此可能会对获得必要的团队成员或实物资源产生影响。如果没有直接的发起人支持，则项目团队的部分成员可能会被调出或取代。这些变化可能会对范围、质量、进度和预算产生负面影响，并降低实现预期成果和干系人满意度的可能性。

X2.4 发起人的行为

发起人展现的某些行为可以帮助团队有效地开展工作，从而改善项目成果：

- **资源。**与组织联络，确保团队具备交付项目所需的必要技能组合和实物资源。
- **指南。**提供一个激励人心、让团队能够团结起来的愿景。
- **保持一致。**使组织的战略目标和项目成果保持一致。如果市场发生变化或组织的目标发生变化，则应与项目团队合作，确定项目方向以满足当前需求。
- **裁剪。**与团队共同努力，对结构、文化、过程、角色和工作进行裁剪，以优化成果。
- **影响。**实施所需的变革，以便应用于项目完成后的运营。这包括领导、参与以及与整个组织内的干系人协作。
- **沟通。**进行从组织到团队以及从团队到组织的持续信息交流。
- **合作伙伴。**与团队结成合作伙伴以取得成功。这包括教练、辅导和展示个人对项目目标的承诺。
- **检查。**通过提问、质疑假设和培养创新，与团队参与互动，以激发批判性思维。
- **清除障碍。**消除障碍因素，解决团队职权或能力之外的问题。

X2.5 结论

通过与组织的战略保持一致，发起人提供的战略链接对项目团队赋能，并促使项目团队以优化其绩效。发起人会引导参与和决策，并确保提供所需的技能和资源。这些活动和行为增加了实现预期项目成果的可能性。

X2.6 推荐资源

Ahmed, R., Mohamad, N. A. B., & Ahmad, M. S. 2016。高层管理的多维支持对项目成功的影响：实证调查。*质量和数量*，*50*(1)，151–176。
https://doi.org/10.1007/s11135-014-0142-4

Kloppenborg, T. J., Tesch, D., & Manolis, C. 2014。项目成功和高管发起人的行为：实证生命周期阶段调查。*《项目管理期刊》(Project Management Journal)*，45(1)，9–20。
https://doi.org/10.1002/pmj.21396

项目管理协会 (PMI)。2012 年。*《高管参与：发起人的角色》*。检索网址：https://www.pmi.org/business-solutions/white-papers/executive-engagement-sponsor-role。

项目管理协会。2014 年。Pulse of the Profession（职业脉搏调查）® 报告，*《高管发起人参与：项目和项目集成功的主要驱动因素》*。检索网址：https://www.pmi.org/-/media/pmi/documents/public/pdf/learning/thought-leadership/pulse/executive-sponsor-engagement.pdf?v=411b7196-1cb4-4b29-b8d2-2764513bd175&sc_lang_temp=en

Zwikael, O. 2008。高级管理层参与项目管理：针对不同项目情况的独家支持实践。*《商业项目管理国际期刊》(International Journal of Managing Projects in Business)*，1(3)，387–403。
https://doi.org/10.1108/17538370810883837

附录 X3
项目管理办公室

X3.1 简介

首字母缩略词“PMO”可以指项目组合、项目集或项目管理办公室。在第 7 版《*PMBOK*® *指南*》中，项目管理办公室 (PMO) 是一种管理结构，其对与项目相关的治理过程进行标准化，并促进资源、工具、方法论和技术共享。本附录认识到在不同组织之间，甚至在同一组织内部，PMO 的特点和功能各不相同，概述了各种 PMO 的共同属性，并讨论了 PMO 如何支持项目工作。

X3.2 PMO 价值主张 — 为什么要确立价值主张？

各组织会出于各种原因设立 PMO，但都会考虑一项核心收益：在进度、成本、质量、风险和其他方面改进项目管理。PMO 在使工作与战略目标保持一致方面具有许多潜在角色：与干系人互动和协作、培养人才以及实现项目投资的价值。

PMO 可以采用多种形式。了解在组织中如何使用 PMO 以及所承担的角色和职责，这样可以阐明 PMO 能交付的一系列的收益：

- 一些 PMO 可提供项目管理指导，支持项目交付方式保持一致性。这些 PMO 可以提供良好实践的指南、模板和示例以及培训和教练。标准化的方法和工具有助于呈现各个项目的共同业务状况，并促进做出超越个别项目考虑问题的决策。这种 PMO 通常存在于刚刚开始改善项目管理能力的组织中。
- PMO 可以为规划活动、风险管理、项目绩效跟踪和类似活动提供项目支持服务。PMO 的这种共享服务模式通常存在于具有独立或多元化业务部门的组织中，在为交付提供支持的同时，这些组织希望保持对其项目的更直接控制。
- PMO 可以是部门或业务单元的一部分，并监督项目的组合。监督可包括这样的活动：要求商业论证以便启动项目、分配财务资源和其他资源来交付项目、批准变更项目范围或活动的请求以及类似职能等。此类 PMO 可对项目进行集中化管理。这种结构存在于开展多个项目的部门，并提供重要战略结果（如 IT 能力或新产品开发）的组织中。
- 一个组织可能有一个企业级 PMO (EPMO)，它将组织战略的实施与包括项目集和项目中交付具体结果、变更或产品的项目组合层级投资联系起来。这一结构存在于具有成熟项目管理能力的组织中，这些能力是直接关联的以实现组织战略和广泛的商业目标。
- 具有较为扁平化的结构、以客户为中心的举措和更多使用适应型交付方法的组织，可能会采用敏捷卓越中心 (ACoE) 或价值交付办公室 (VDO) 的结构。ACoE/VDO 充当着促进者的角色，而非管理或监督职能。它侧重于教练团队，在整个组织内培养敏捷技能和能力，以及辅导发起人和产品负责人更有效地承担这些角色。这种类型的结构出现在更加去中心化的组织中，在这种组织中，团队需要对不断变化的客户需要做出快速响应。

PMO 可分为多个层级。例如，EPMO 可能具有从属的PMO 和 VDO，它们设置于特定的部门中。此类分级为在 EPMO 层级保持战略一致性，以及为在部门级 PMO 或 VDO 中特定的项目管理能力提供支持。

任何类型的 PMO 或 VDO 都是基于组织需要设立的。有助于塑造 PMO 或 VDO 的关键影响因素包括：所交付项目的类型、组织规模、组织结构、集中/分散决策的程度以及企业文化。当组织的需要随着时间发生变化，PMO 和 VDO 会相应发生演变。例如，PMO 可能转变为 VDO，或者 PMO 可能在履行其章程后关闭。

X3.3 关键 PMO 能力

*《项目管理标准》*规定，项目是组织内部价值交付系统的一部分。这些 PMO 可以支持该系统，并且是该系统的一部分。正如项目团队需要特定能力来交付成果一样，PMO 也是如此。有效的 PMO 具有三大贡献，它们可为价值交付提供支持：

- **培养以交付和以成果为导向的能力。**这些 PMO 可培养项目管理能力。它们确保 PMO 内外部的员工、承包商、合作伙伴等了解、发展、应用和重视一系列项目管理技能和能力。它们基于根据每个项目的独特特征对各个过程和治理进行合理调整，从而高效、快速而富有成效地生成高质量的结果。
- **保持“全局”观。**忠于项目目标仍然是成功的一个关键要素。范围蔓延以及与战略或商业目标不一致的新优先事项可能使项目偏离方向。这些强大的 PMO 会评估项目的绩效，并密切关注持续改进。它们在组织总体成功的背景下评估工作，而不是使特定项目的结果达到最大化。它们为项目团队、高级管理层和业务部门负责人提供信息和指导，帮助他们理解支持制定决策所需的当前情况和选项。
- **持续改进、知识转移和变革管理。**强有力的 PMO 会定期在整个组织内共享项目结果，以转移从每个项目中获得的有价值的知识。学习和分享活动为战略和商业目标提供了信息，同时对可加强未来项目交付的活动予以改进。有效的组织变革管理可建立并保持与过程更新、能力增强和支持项目管理的新技能的一致性。

X3.4 为更强大的收益实现而演变

对于许多企业而言，不确定性加大、变革速度加快、竞争愈发激烈以及客户赋能增加意味着它们需要在日益复杂的环境中创造价值。实施新战略举措和快速变革的能力正在成为一个关键的差异化因素。这些变革也正在对 PMO 产生更大的压力，以展示它们对收益实现和价值创造的贡献。PMO 通过以下方式不断演变，以应对这些挑战：

- **专注于关键计划。**虽然所有项目都很重要，但战略举措可以对组织的未来、组织与干系人的关系及其能力产生重大影响。PMO 正在从项目监督者转变到指挥协调高层领导、业务部门主管、产品负责人和项目团队之间的对话。这些对话提供了关于项目绩效、威胁和机会的准确洞察，这些洞察可对重要的战略举措产生影响。这种专注有助于对新出现的问题予以澄清和纠正，并尽可能充分地实现业务成果。
- **建立智能而简单的过程。**PMO 通过建立足够的过程和实践规范来合理调整其组织的能力，从而在不增加浪费性步骤或否决产生价值的过程的前提下，实现有效的沟通、协作和持续改进。
- **培养人才和能力。**PMO 在招聘和留住有才能的团队成员方面发挥着更加积极的作用。他们正在项目团队和整个组织内开发和培育技术、战略、管理和领导技能。
- **鼓励和促使变革文化。**通过积极地将整个组织对以成果和收益为中心的绩效和组织变革管理的支持和承诺，打造成差异化的竞争优势，这些 PMO 从而成为变革领导者。

X3.5 了解有关 PMO 的更多信息

这些 PMI 标准和指南从不同角度提供了有关 PMO 的角色的更多信息。它们可以提供更多的见解和有用的信息。

项目管理协会。2017 年。*《组织项目管理标准》*。美国宾夕法尼亚州 Newtown Square：作者。

项目管理协会。2017 年。*《项目组合管理标准》*。美国宾夕法尼亚州 Newtown Square：作者。

项目管理协会。2017 年。*《项目集管理标准》*。美国宾夕法尼亚州 Newtown Square：作者。

项目管理协会。2017 年。*《商业分析标准》*。2017 年。美国宾夕法尼亚州 Newtown Square：作者。

项目管理协会。2017 年。*《敏捷实践指南》*。美国宾夕法尼亚州 Newtown Square：作者。

项目管理协会。2016 年。*《项目组合、项目集和项目治理：实践指南》*。美国宾夕法尼亚州 Newtown Square：作者。

X3.6 推荐资源

项目管理协会。2013 年。*《战略举措管理：PMO 至关重要》*。详见 https://www.pmi.org/learning/thought-leadership/pulse/strategic-initiative-management-the-pmo-imperative。

项目管理协会。2013 年。*《PMO 对战略实施的影响》*。详见 https://www.pmi.org/learning/thought-leadership/pulse/impact-pmo-strategy-in-depth。

项目管理协会。2013 年。*《PMO 框架》*。详见 https://www.pmi.org/learning/thought-leadership/pulse/pmo-frameworks。

附录 X4
产品

X4.1 简介

过去十年，项目管理领域的很多概念已逐步发生转变。将成功定义为满足范围、进度和预算目标等观点已经转变为测量项目的价值和成果（而非输出）。产品管理与这种价值观点保持一致，并增加了一种更长时间框架的观点。这些概念如表 X4-1 所示。

表 X4-1. 项目和产品管理的观点

属性	项目观点	产品观点
焦点	成果	成果
典型度量指标	价值	商业价值
人员配备模式	临时团队	稳定团队
以交付为重点	担当“交付价值”责任	担当“从开始到衰退”责任

本附录提供了有关产品开发的信息，这些信息提出了团队需要考虑的裁剪考虑因素。它描述了产品和服务在使用过程中以及在其使用寿命期间如何继续发展和演变。就本附录而言，产品、产品管理和产品生命周期的定义为：

产品。产品是指可以量化的生产出的工件，既可以是最终制品，也可以是组件制品。

产品管理。产品管理是指将人员、数据、过程和业务系统整合，以便在整个产品生命周期中创建、维护和不断发展产品或服务。

产品生命周期。产品生命周期是指一个产品从概念、交付、成长、成熟到衰退的整个演变过程的一系列阶段。

考虑到这些定义，产品超出了项目生命周期。它们的运作方式更像是长期运行的项目集，这些项目集重点关注最大化收益实现。例如：

- Apple iPhone® 产品已经历了多个版本的演变，如今也在继续筹划未来革新。
- 建筑和住宅完工后需要不断维护，以使它们正常发挥功能；在特定的时间点，人们可能会为不同的用途翻新或扩建它们。

持续开发对许多因素都有影响，包括（但不限于）资金提供模式、人员配备模式、开发和维持实践。

X4.2 全球市场变化

三种全球趋势正在颠覆传统的商业模式并使产品和服务发生转变（参见图 X4-1）。

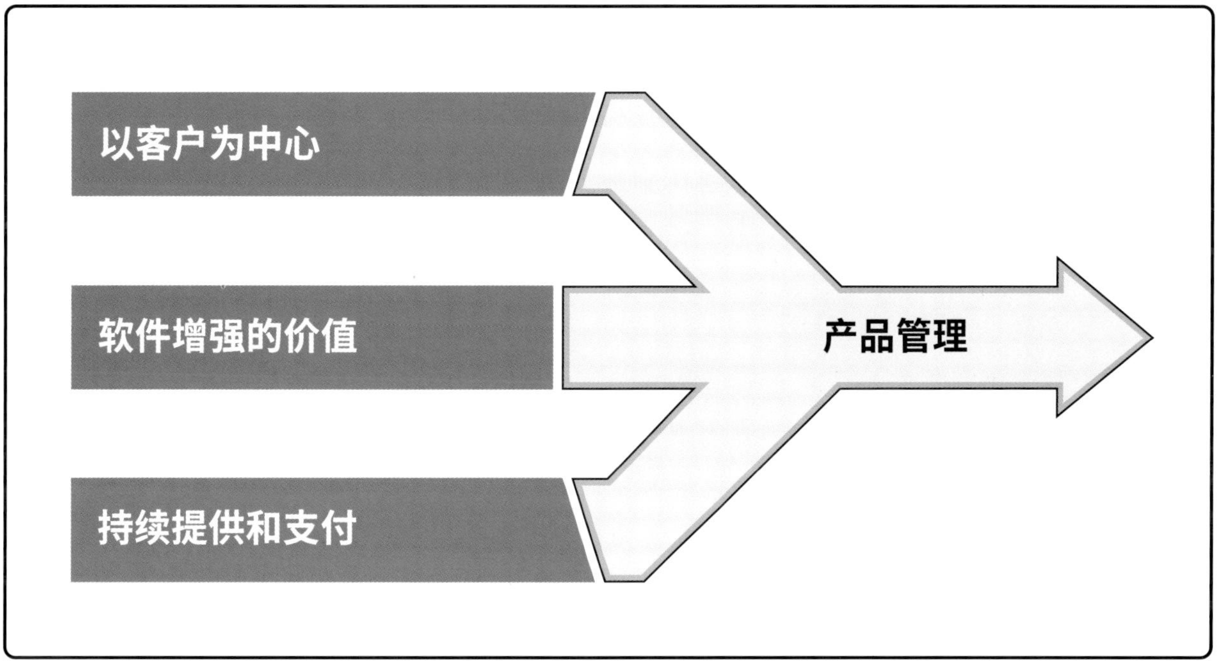

图 X4-1. 影响产品管理的全球商业趋势

- **以客户为中心。**以客户为中心会颠覆组织开发产品并将产品推向客户的传统模式。如今，组织正在发生变化，以便更好地理解、服务和维持客户忠诚度（参见图 X4-2）。当今的技术可以捕获一系列客户数据和需求，组织可分析这些数据和需求并将它们用于潜在的产品增强、交叉销售机会和新产品创意等。

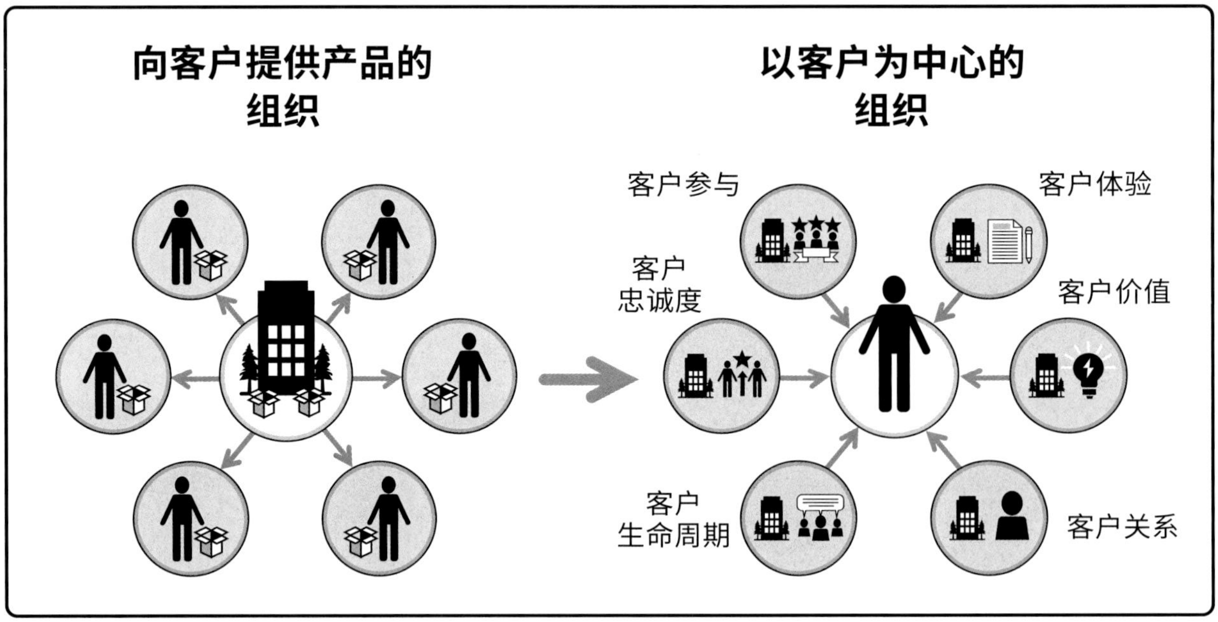

图 X4-2. 组织与其客户之间不断变化的关系

- **软件增强的价值。**软件及其所能提供的功能已成为当今一系列产品和服务的关键差异化竞争优势。三十年前，软件主要是在专用计算机上运行。十年前，由于增强的无线和卫星通信系统，软件已嵌入车辆和家庭控制系统。现在，即使是最普通的设备也运行着软件，这些软件可以增加新功能并捕获使用情况的数据。

  大多数组织至少通过网站和应用程序以电子方式开展部分交易业务。由于不断需要升级和维护这些系统，这些服务只有在产品或服务停用时才真正完成开发。

- **持续供应和支付。**既定经济模式的变化正在使许多组织发生转型。单笔交易服务正被连续供应和支付所取代。范例包括：

- *出版*。自助出版、直接发行和电子书籍，允许在出版后不断完善和发展。
- *金融*。基于对所交付价值的评估，从当地分行获得资金转向小额贷款（分批提供小额资金）。
- *初创公司*。随着零工经济和定制化市场的增长，如今的初创公司和小企业数量比以往任何时候都要多。与传统模式相比，工作更分散、更碎片化和不稳定。
- *媒体*。不再从集中的专营店购买 DVD 和 CD，取而代之的是持续提供资金来获得收益的订阅服务的兴起。

X4.3 对项目交付实践的影响

随着市场从单一项目交付模式转向持续交付模式，一些组织正在寻找交付单一产品、变更或服务的临时性项目结构的替代方案。其实，它们正在寻找的是交付结构，该交付结构非常注重以客户为中心，认识到技术的快速发展，并与忠诚客户的持续服务和收入流保持一致。

为了价值交付，这些因素引起人们对产品管理生命周期的兴趣增加，并向其转变。产品管理采用更长生命周期的视角，包括支持和维持同一团队，并与其共同持续发展。稳定的团队在复杂而独特的领域中尤为重要，例如具有嵌入式软件的这类系统中，知识转移既耗时又昂贵。将关注点转向产品管理正在促使一些项目导向型组织调整其交付模式。

X4.4 关于产品管理的组织考虑因素

转向长期运作、基于产品的环境的组织可以利用多种策略来调整和协调产品管理。三种策略包括但不限于（另请参见图 X4-3）：

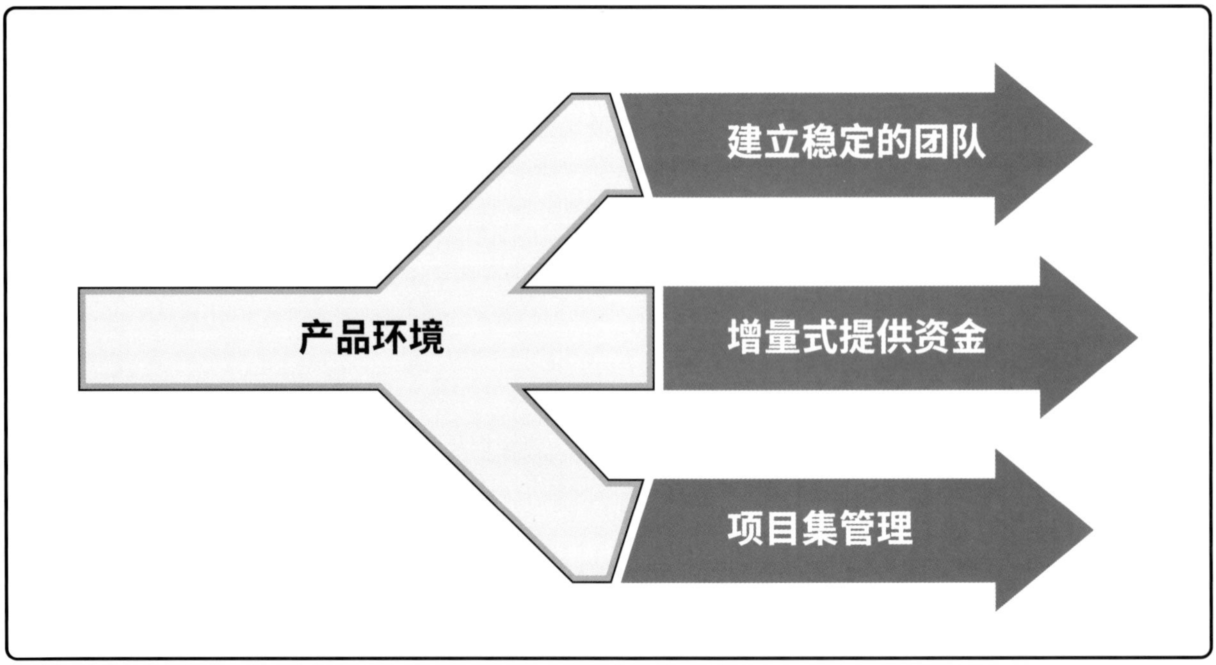

图 X4-3. 针对持续价值交付的支持策略

- **建立稳定的团队。**不要在初始开发完成后解散团队，而是利用该团队与指定的产品负责人或该团队中可反映客户观点的人一起维持和发展产品。这就消除了知识转移的需要，并减轻了由于失去隐性知识而导致未来的产品增强被延迟的风险。

  长期团队比短期团队还能更好地增强市场意识、客户洞察力和客户同理心。这有助于维持以客户为中心和客户忠诚度，并建立竞争优势。当人们知道他们将负责维护和增强某一产品时，他们不太可能走捷径来准备产品发布。因此，长期服务的团队比开发后即移交产品的团队，更能提升产品的质量、可维护性和可扩展性。这些因素反过来又有助于创造价值并持续价值交付。

在客户现场开发和部署初始产品的合作伙伴或承包商，他们应该进行有效的变更管理，以确保客户能够在产品移交后有能力维护产品。作为移交规划的一部分，可能要包括关于在接收组织内建立一个团队的讨论，以便在产品的整个生命周期内支持和发展产品。

- **增量式的指导和提供资金。**应考虑更频繁的（如每季度一次）评审，并为下一个季度提供资金，而不是按预先确定的项目期限或年度预算提供资金。如能更频繁地进行评估和提供资金，企业就能更加密切地控制总体进展、方向和决策。

  与风险投资类似，对交付的价值进行定期评审可将资金直接投向提供预期价值的产品，并减少或缩减对业绩不佳的举措的投资。这种提供资金模式使各组织能够寻求新的市场机会并利用成功开展的工作，同时对不可避免新举措失败的百分比，降低风险敞口。

- **利用项目集管理结构。**与支持以客户为中心的产品的稳定团队合作的从业者，可以应用项目集管理结构来管理长期运作的举措。项目集可很好地适应市场变化并聚焦于客户收益。它们的运作时间也通常比单个项目更长。

  *《项目集管理标准》*可应对优先级排序的持续变更，具体如下：“项目和项目集之间的主要区别在于，项目集内部认识到，随着组件的成果分别实现，可能需要自适应地优化交付收益的策略。交付项目集收益的最佳机制最初可能模糊不清或不确定。”

  对许多管理产品交付的组织而言，接受这种对前期不确定性、适应需要、聚焦于收益和更长的时间框架，可能使项目集比项目更适合。

许多传统的产品行业（如基础设施、航空航天和汽车）都使用项目集管理指南和框架。这些行业利用项目集来统一方向和整合各个组件的活动，例如项目集、子项目集和项目活动。例如，拥有技术平台的组织可以使用项目集管理和产品管理对整个生命周期内最大化平台投资回报率的功能进行优先级排序和监督。稳定且有连续性的开发团队能够开展以客户为中心的增值特性和功能的工作。然后，项目团队对设备升级，并与新系统或增强后的系统相连接。运营团队可以对用户接口问题进行故障排除，并帮助客户适应新的特性。当组织中已经存在项目集结构时，转向这些产品管理结构并不要求每个人形成新的思维方式或采用新的工作方式。

表 X4-2. 项目、项目集和产品的独特特征

特征	项目	项目集	产品
持续时间	短期，临时	较长期	长期
范围	项目有已定义的目标。范围在整个生命周期内渐进明细。	项目集会产出通过多个组件交付的总收益。	产品以客户为中心，以收益为驱动。
变更	项目团队期望推行变更，并根据需要实施相关过程，以应对这些变更。	项目集团队会探索变更并作出调整，以优化收益的交付。	产品团队会探索变更，以优化收益的交付。
成功	成功是通过产品、项目质量、时间线、预算、客户满意度，和预期成果的实现情况来进行衡量。	成功是通过预期收益的实现情况以及交付这些收益的效率和效果来进行衡量。	成功是通过能否交付预期收益和不断提供资金的持续可行性来进行衡量。
资金提供	资金提供主要是根据投资回报率预测和初始估算来预先确定。根据实际绩效和变更请求来更新资金提供。	资金提前到位，并持续提供。根据收益交付情况显示的结果，来更新资金提供。	产品团队通过提供资金、开发模块和审查价值交付来参与持续开发。

对项目管理和产品管理采用整合视角的组织，可将审视项目集管理框架作为基石，从中受益。项目集接受前期不确定性、适应需要、聚焦于收益和更长的时间框架，能够与产品思维更好地保持一致性。

X4.5 总结

全球化市场、多样性增强以及在更多产品中增加软件，使价值实现获得了更多支持、维持和时间框架。以客户为中心、聚焦于数字化的组织正在寻找优势，以组建稳定的团队，为这些新类别的产品提供终生支持，并使其保持增长。

产品生命周期可能看似与传统的项目交付结构（例如项目的临时性）相冲突。但是，随着项目思维（其中包括聚焦于客户价值）的演变，它们存在许多交叠之处。

此类环境中，组织可以在创建长期运作的稳定团队、分阶段提供资金和项目集管理结构方面找到一致性和额外资源。

X4.6 推荐资源

Kelly, A. 2018。*《持续数字化：数字化企业项目的敏捷替代方案》*。俄亥俄州哥伦布：Allan Kelly Associates。

Leybourn, E. and Hastie, S. 2019。*#noprojects：《持续价值的文化》*。加拿大安大略省多伦多：C4Media。

Kersten, M. 2018。*《项目到产品：如何借助流程框架在数字化颠覆的时代生存和发展》*。俄勒冈州波特兰：IT Revolution Press。

项目管理协会。2017 年。*《项目集管理标准》*（第 4 版）。美国宾夕法尼亚州 Newtown Square：作者。

附录 X5
《项目管理标准》的研发

X5.1 简介

本附录旨在深入了解*《项目管理标准》*的更新是如何开发的。内容包括：

- 向基于原则的标准转变的理由；
- 在开发标准之前所作研究的概述；
- 如何开发标准的描述；
- 如何验证标准中内容的信息。

X5.2 向基于原则的标准转变

自 2010 年以来，PMI 的标准计划除了包括从业者开发标准的经验外，还包括了相关研究。在更新许多标准文件（包括*《项目管理标准》）时，学术研究、市场研究、焦点小组和从业者经验都已作为这些标准文件的输入。*

早在 2012 年，研究表明项目管理标准正从规定性、基于过程的标准转变为需要反思才能应用于实践的标准。自那时以来，PMI 的许多标准都已转变为基于原则的标准，例如*《项目集管理标准》*第 3 版和*《项目组合管理标准》*第 4 版。此外，在为ISO 标准的开发提供支持过程中，PMI 参与了 ISO/TC 258[1] 的讨论，该讨论指出需要转向基于叙述或基于原则的方法，而不是基于过程的方法。

[1] ISO/TC 258（关于项目、项目群及项目组合管理）。

审阅团队和征求意见稿参与者的评论意见一致确认，*《项目管理标准》*将从基于过程的方法转向基于原则的标准，以符合研究结果和从业者的需要。

X5.3 *《项目管理标准》*的研究

在更新*《项目管理标准》*之前，PMI 进行了意义重大的研究并查阅了大量资料，包括：

- 国际项目管理标准或类似于标准的文件，精益、敏捷和设计思维原则，以及一些最常用的框架。这项研究有助于确定常见的实践领域和主题，它们可作为开发*《项目管理标准》*原则的输入。
- PMI 研究（例如《职业脉搏调查》）— 它们表明，更多的组织和从业者正在采用敏捷和混合模式以及新的工作方式（即工具、框架、技术等）。
- 查阅已发表的白皮书、思想领导力文章和相关文件 — 提炼基本原则。
- 焦点小组和研讨会 — 收集干系人关于改进*《项目管理标准》*可用性的意见。

研究分析的结论是，更多的组织正在采用多种类型的项目管理方法。有些组织正在逐步采用混合型方法，将预测型和适应型实践结合起来。组织和项目团队正在根据行业、组织和项目的需要对其方法进行裁剪。这些调查结果表明，PMI 标准需要反映更具整体性和包容性的项目管理视角，这种管理视角适用于预测型、混合型和适应型方法。

以下所有这些信息都为探索开发过程提供了洞察：

- 将侧重点从基于过程转向基于原则，这将全面反映全频谱的项目管理方式。
- 可能需要包含进来的新内容领域（例如收益实现管理、组织变革管理和复杂性）将与这些领域的实践指南保持一致。
- 将任何“如何做”的内容迁移到更具交互性和适应性的媒体中，并对这些内容做出调整，以更好地反映出基于行业、项目类型和其他重要特征的一系列考虑因素。
- 拓宽标准的关注点，使其包括所有项目，并更加重视项目的期望成果。

X5.4 标准开发过程

开发标准这项工作包括确保全球干系人具有广泛的代表性，他们来自各行各业，并反映管理项目的各种方法。

X5.4.1 开发和审阅团队

在开发标准的内容之前，PMI 成立了一个开发团队和两个审阅团队。大约 450 人申请加入这些团队。经过遴选，12 人加入开发团队，约 70 人分别加入两个审阅团队。开发团队和审阅团队由来自世界各地以及各行各业和承担各种角色（例如政府、从业者、学术界、咨询业和组织级提供者）的干系人组成。这些团队拥有使用预测型、混合型和适应型方法交付项目的专业知识。

X5.4.2 内容

该标准由三个部分组成：导言、价值交付系统和项目管理原则。

“导言”部分包括与项目管理相关的关键术语和概念。这些信息大部分与以前的版本一致。

“价值交付系统”部分的内容借鉴了 PMI 基本标准[2] 的内容以及与收益实现管理和组织敏捷性相关的研究。这些内容在呈现时聚焦于交付价值，其中还包含有创造价值的各种方式。

在整个开发和验证过程中，“项目管理原则”部分始终在不断演变。这些原则的初步概念是通过先前讨论的研究确定的。开发团队的成员采取个人研究与协同努力相结合的方式开展工作，以确定潜在的原则，然后将它们归入相近的类别。开发团队对每个类别进一步分析和分解，将与每个类别相关的关键词列表包含进来。潜在的类别和关键词先被编入初稿，然后由整个开发团队审核和评论，以确保各项原则的意图会在草案中得到体现。

必须指出的是，这些原则具有广泛的基础。这些原则中的任何内容都不是教条，不具有限制性或规定性。这些原则与*《PMI 道德与专业行为规范》*中的内容一致，但并非重复该文件。

由于每个项目和组织都不尽相同，所以不可能产生“正确的原则”。因此，这些原则旨在设计成为项目工作人员的指南。项目专业人士和其他项目工作者可以努力与这些原则保持一致，但这些原则并非旨在为管理项目提供操作指南。

X5.5 验证标准

标准中的内容是通过三种主要方法加以验证的：全球研讨会、迭代开发和公开征求意见稿。

[2] 第 4 版*《项目组合管理标准》*和第 4 版*《项目组合管理标准》*。

X5.5.1 全球研讨会

在整个制定过程中，PMI 举办了多场全球研讨会，展示了向基于原则的标准这一转变，并请研讨会参加者探讨项目管理的指导原则。这些研讨会在爱尔兰都柏林（PMI 全球大会 — 欧洲、中东和非洲）、印度班加罗尔、巴西巴西利亚、加拿大渥太华（PMI 全球执行理事会会议）、美国宾夕法尼亚州费城（PMI 全球大会）和中国北京举行。这些研讨会成为开发团队工作的输入，也成为开发过程中的验证检查点。

X5.5.2 迭代开发

开发团队以两人一组和小规模团队的形式开展工作，为*《项目管理标准》*三个组成部分中的每一部分开发了初始内容。将初稿整合后，开发团队和第 1 组审阅团队审核了标准各部分的草案并提出了意见。这些审核产生了 1000 多条评论意见，开发团队对这些评论意见进行了分析和处理，编纂成完整标准的第二稿。第 2 组审阅团队审核了标准的整个草案，并向开发团队提出了新的意见。开发团队对这些评论进行了分析，并视情况将其纳入内容。

X5.5.3 征求意见稿

标准草案于 2020 年 1 月 15 日至 2 月 14 日供公众审核和评论。近 600 人提交了关于征求意见稿的评论。为了明确起见，针对征求意见稿的评论，开发团队对内容进行了重组和编辑；大多数意见都对基于原则的标准的意图表示认同。然后，开发团队审核了标准草案，并批准将该草案提交标准共识委员会，由该委员会根据 *PMI《美国国家标准开发与协调政策》*进行投票，以求达成一致意见。

X5.6 总结

项目管理行业和项目管理方式的不断变化支持采用一种规定性较弱的标准。行业研究、具有广泛行业代表性的全球参与以及迭代审查过程，塑造并验证了从基于过程的标准向基于原则的标准这一转变。未来的团队可以评估*《项目管理标准》*中所体现的这一转变的影响，并使用这些信息来增强或修订未来的版本。

术语表

1. 术语取舍

这一组合术语表包括以下术语和缩写词的定义：

- *项目管理标准*
- *项目管理知识体系指南（PMBOK® 指南）*（第 7 版）

本术语表包括以下术语：

- 项目管理专用或几乎专用的术语（如最小可行产品、工作分解结构、甘特图），以及
- 虽非项目管理专用，但与一般日常用法相比，具有不同用法或较狭隘含义的术语（如发布规划、应急储备）。

本术语表一般不包括：

- 应用领域的专用术语，
- 在项目管理中与日常使用中无本质区别的术语（如日历日、延误），
- 可以从各单个词汇的组合方式清楚地看出其整体含义的合成词术语，
- 可以从基本术语中清楚地看出其含义的变体，以及
- 仅使用一次且对句子要点的理解不具有决定性的术语。文中可能包括一些示例，该示例可能包含没有在本术语表中定义的术语。

2. 常用缩写

AC	实际成本
BAC	完工预算
CCB	变更控制委员会
CFD	累积流图
COQ	质量成本
CPAF	成本加奖励费用
CPFF	成本加固定费用
CPI	成本绩效指数
CPIF	成本加激励费用
CPM	关键路径法
CV	成本偏差
DoD	完成的定义
EAC	完工估算
EEF	事业环境因素
EMV	预期货币价值
ETC	完工尚需估算
EV	挣值
EVA	挣值分析
FFP	固定总价
FPEPA	总价加经济价格调整
FPIF	总价加激励费用
IDIQ	不确定交付不确定数量
LCA	生命周期评估
MVP	最小可行产品
NPS®	净推荐值®
OBS	组织分解结构
OPA	组织过程资产
PMB	绩效测量基准
PMBOK	项目管理知识体系
PMO	项目管理办公室
PV	计划价值
RAM	责任分配矩阵
RBS	风险分解结构
SOW	工作说明书
SPI	进度绩效指数
SV	进度偏差
SWOT	优势、劣势、机会与威胁
T&M	工料合同
VAC	完工偏差
VDO	价值交付办公室
WBS	工作分解结构

3. 定义

在此处被定义为术语的许多单词，在某些情况下具有更广泛的、不同的词典定义。在某些情况下，单个术语会由多个单词构成（例如，根本原因分析）。

验收标准。可交付物通过验收前必须满足的一系列条件。

准确度。在质量管理体系中，“准确度”是指对正确程度的评估。

活动清单。一份记录进度活动的表格，包含活动描述、活动标识及足够详细的工作范围描述，以便项目团队成员了解所需执行的工作。

实际成本 (AC)。在特定时间段内，因执行项目活动而实际发生的成本。

适应型方法。一种开发方法，当需求面临高度的不确定性和易变性的影响，并且可能在整个项目期间发生变化时，这种方法非常有用。

亲和图。一种展示对大量创意进行分组，以便进一步审查和分析的图形。

亲和分组。根据相似程度将各项内容归入类似类别或组合的过程。

敏捷。这个术语用来描述《敏捷宣言》中提出一种有关价值观和原则的思维方式。

备选方案分析。一种用于评估已识别方案的方法，以便选择哪种方案或方法来执行项目工作。

模糊性。不清晰的状态，难以识别事件的起因，或者有多个从中选择的选项。

类比估算。使用相似活动或项目的历史数据，来估算当前活动或项目的持续时间或成本的方法。

工件。模板、文档、输出或项目可交付物。

假设条件。在规划过程中没有证据或证明即被认为正确、真实或确定的因素。

假设条件和制约因素分析。旨在确保将假设条件和制约因素整合进项目计划和文件，并且使它们之间保持一致性的评估。

假设日志。在整个项目期间用来记录所有假设条件和制约因素的项目文件。

职权。使用项目资源、花费资金、做出决策或给予批准的权力。

待办事项列表。待完成工作的有序列表。

细化待办事项列表。待办事项列表中内容的渐进明细，以及重新确定其中各事项的优先级，以识别可在即将到来的迭代完成的工作。

基准。工作产品的经批准版本，用作与实际结果进行比较的依据。

估算依据。概述用来建立项目估算细节的支持性文件，如假设条件、制约因素、详细程度、估算区间和置信水平。

标杆对照。将实际或计划的产品、流程和做法，与其他可比组织的做法进行比较，以便识别最佳实践，形成改进意见，并为绩效考核提供依据。

收益管理计划。对创建、最大化和维持项目或项目集收益过程的定义进行书面化说明。

招标文件。用于从潜在卖方征求信息、报价或建议书的所有文件。

投标人会议。在准备投标或建议书之前，与潜在卖方举行的会议，以便确保所有潜在卖方对本项采购都有清楚且一致的理解。也称承包商会议、供应商会议或投标前会议。

障碍。参见*“障碍因素”*。

预算。经批准的对整个项目、任一工作分解结构 (WBS) 组件或任一进度活动所做的估算。

完工预算 (BAC)。为要执行的工作所确立的全部预算的总和。

燃烧图。时间盒中剩余工作，或为发布产品或项目可交付物已完成工作的图形化表示。

商业论证。针对可能包含财务和非财务收益的提议项目的价值主张。

商业模式画布。一页纸的可视化摘要，描述了价值主张、基础设施、客户和财务状况。它们通常用于精益创业情境。

商业价值。源自商业活动的可量化净收益，可能是有形的，也可能是无形的，或者二者皆有。

节奏。在整个项目期间所开展活动的节律。

因果图。有助于追溯造成非预期结果的根本原因的可视化表示。

变更。对任何正式受控的可交付物、项目管理计划组件或项目文件的修改。

变更控制。一个过程，用来识别、记录、批准或否决对与项目相关的文件、可交付物或基准的修改。

变更控制委员会 (CCB)。一个正式设立的团体，负责审查、评价、批准、推迟或否决项目变更，以及记录和传达变更处理决定。

变更控制计划。项目管理计划的一个组件，用以建立变更控制委员会，记录其权限，并描述如何实施变更控制系统。

变更控制系统。一套程序，描述了如何管理和控制针对项目可交付物和文档的修改。

变更日志。项目过程中所做变更及其当前状态的综合清单。

变更管理。一种综合、周期性和结构化的方法，可使个人、群体和组织从当前状态过渡到具有预期商业收益的未来状态。

变更请求。关于修改文档、可交付物或基准的正式提议。

章程。见*“项目章程”*。

核查表。在收集数据时用作核对清单的计数表格。

收尾过程组。正式完成或结束项目、阶段或合同所执行的过程（组）。

沟通管理计划。项目、项目集或项目组合管理计划的组成部分，描述了项目信息将如何、何时、由谁来进行管理和传播。

复杂性。由于人类行为、系统行为和模糊性而难以管理的项目集、项目或其环境的特征。

确认偏见。确认先已存在的看法或假设的一种认知偏见。

一致性。结果达到既定质量要求的程度。

制约因素。对项目、项目集、项目组合或过程的执行有影响的限制性因素。

紧急情况。可能对项目执行产生影响的一个事件或情形，可用储备去应对。

应急储备。在进度或成本基准内，为主动应对,已知风险而分配的时间或资金。

持续交付。将特性增量立即交付给客户（通常通过使用小批量的工作和自动化技术）的实践。

合同。是指对双方都有约束力的协议，强制卖方提供规定的产品、服务或结果，以及强制买方支付相应的费用。

控制。是指如下过程：对比实际绩效与计划绩效，分析偏差，评估趋势以改进过程，评价可能的备选方案，并提出必要的纠正措施建议。

控制图。按时间顺序展示过程数据，并将这些数据与既定的控制界限相比较的一种图形。控制图有一条中心线，有助于观察图中的数据点向两边控制界限偏移的趋势。

成本基准。经过批准的、按时间段分配的项目预算，不包括任何管理储备，只有通过正式的变更控制程序才能进行变更，用作与实际结果进行比较的依据。

成本效益分析。用来比较项目成本与其带来的收益的财务分析方法。

成本管理计划。项目或项目集管理计划的组件，描述如何规划、安排和控制成本。

质量成本 (COQ)。在整个产品生命周期所产生的所有成本，即：为预防产品或服务不符合要求而进行的投资，为评估产品或服务是否符合要求而产生的成本，以及因产品或服务未达到要求而带来的损失。

成本绩效指数 (CPI)。测量预算资源的成本效率的一种指标，表示为挣值与实际成本之比。

成本加奖励费用合同 (CPAF)。成本补偿合同的一种类型，向卖方支付已完工作的全部合法实际成本，再加上一笔奖励费用作为卖方的利润。

成本加固定费用合同 (CPFF)。成本补偿合同的一种类型，买方为卖方报销可列支成本（可列支成本由合同确定），再加上一笔固定数额的利润（费用）。

成本加激励费用合同 (CPIF)。成本补偿合同的一种类型，买方为卖方报销可列支成本（可列支成本由合同确定），并且卖方在达到规定绩效标准时赚取利润。

成本补偿合同。合同类型的一种，向卖方支付实际成本加费用，该费用通常代表卖方的利润。

成本偏差 (CV)。在某个给定时间点，预算亏空或盈余量，表示为挣值与实际成本之差。

赶工。通过增加资源，以最小的成本代价来压缩进度工期的一种方法。

准则。各种标准、规则或测试，可据此做出判断或决定，或者据此评价产品、服务、结果或过程。

关键路径。代表项目中最长路径的活动序列，决定了项目最短的可能持续时间。

关键路径法 (CPM)。在项目进度模型中，估算项目最短工期，确定逻辑网络路径的进度灵活性大小的一种方法。

累积流量图 (CFD)。显示一定时间内完成的特性、处于其他正在开发状态的特性以及待办事项列表中特性的图表。

周期时间。从特定活动或工作项开始到其完成的总耗时间。

周期时间图。一种图形，可显示一定时间内完成的工作内容的平均周期时间。

每日站会。简短的日常协作会议，团队会审查前一天的进展，宣布当天的计划，并强调指出遇到或预期会遇到的任何障碍。

仪表盘。一组图表和图形，显示相对于项目的重要指标所取得的进展或绩效。

数据收集和分析方法。为了加深对某种情况的了解而收集、评定和评估数据和信息的方法。

决策树分析。一种图形和计算方法，用来评估与一个决策相关的多个可选方案在不确定情形下的可能后果。

分解。把项目范围和项目可交付物逐步划分为更小、更便于管理的组成部分的方法。

完成的定义 (DoD)。为了考虑可交付物可供客户使用，而须达到的所有准则的检查清单。

可交付物。为完成某一过程、阶段或项目而必须产出的任何独特并可核实的产品、结果或服务能力。

交付绩效域。针对与开展项目意在实现的范围和质量相关的活动和功能的绩效域。

开发方法。在项目生命周期内用于创建并改进产品、服务或结果的方法，例如预测、迭代、增量、敏捷或混合型方法。

开发方法和生命周期绩效域。该绩效域涉及与项目的开发方法、节奏和生命周期阶段相关的活动和功能。

DevOps。一组实践的统称，旨在通过促进开发部门员工与运营部门员工之间的协作来实现顺畅的交付过程。

数字产品。以电子形式交付、使用并存储的产品或服务。

选择性依赖关系。一种基于最佳实践或项目偏好的关系。

持续时间。完成一个活动或工作分解结构组件所需要的工作时段总数，以小时、天或周表示。比较*“人力投入”*。

挣值 (EV)。对已完成工作的测量，用该工作的批准预算来表示。

挣值分析 (EVA)。一种分析方法，使用一组与范围、进度计划和成本相关的测量指标，以确定项目的成本和进度绩效。

人力投入。完成一个进度活动或工作分解结构组件所需要的人工单位数，通常以小时、天或周来表示。
比较*“持续时间”*。

情商。识别、评估和管理个人情绪、他人情绪及群体情绪的能力。

事业环境因素 (EEF)。团队不能直接控制的，将对项目、项目集或项目组合产生影响、限制或指导作用的各种条件。

史诗故事。一系列较大的相关工作，旨在按一定层级结构组织一组需求并交付特定业务成果。

估算。对某一变量的可能数值或成果的定量评估，如项目成本、资源、人力投入或持续时间。

完工估算 (EAC)。完成所有工作所需的预期总成本，等于截至目前的实际成本加上完工尚需估算。

完工尚需估算 (ETC)。完成所有剩余项目工作的预期成本。

估算方法。用于对某一项目的工作、时间或成本进行近似估算的方法。

执行过程组。完成项目管理计划中确定的工作，以满足项目需求的一组过程。

预期货币价值 (EMV)。以货币形式表示的成果估算价值。

显性知识。可以使用文字、数字、图片等符号进行编撰的知识。

外部依赖关系。项目活动与非项目活动之间的关系。

快速跟进。一种进度压缩方法，将正常情况下按顺序进行的活动或阶段改为至少部分按并行方式开展。

特性。向某组织提供价值的一组相关需求或功能。

固定总价合同 (FFP)。总价合同的一种类型。不考虑卖方成本，由买方向卖方支付事先确定的金额（由合同规定）。

固定持续时间。不考虑为活动分配的人员或资源的数量，完成活动所需时间保持不变的一类活动。

总价合同。规定了为确定的工作范围所需支付的费用的协议，与完成工作的实际成本或人力投入无关。

总价加激励费用合同 (FPIF)。总价合同的一种类型。买方向卖方支付事先确定的金额（由合同规定），如果卖方满足了既定的绩效标准，则还可赚取额外的费用。

总价加经济价格调整合同 (FPEPA)。总价合同的一种类型，但合同中包含了特殊条款，允许根据条件变化，如通货膨胀、某些特殊商品的成本增加（或降低），以事先确定的方式对合同价格进行最终调整。

流程。在既定过程或框架中工作有效推进情况的测量。

流程图。对某系统内的一个或多个过程的输入、过程行为和输出的图形描述。

预测。根据已有的信息和知识，对项目未来的情况和事件进行的估算或预计。

功能点。对信息系统中业务功能的数量的一种估算，用于计算软件系统功能大小的测量值。

甘特图。展示进度信息的条形图。纵向列示活动，横向列示日期，用横条表示活动自开始日期至结束日期的持续时间。

治理。通过既定政策、实践和其他相关文档，指导并赋能组织的框架。

等级。用以区分功能相同但质量要求不同的对象的类别或级别。

层次结构图。把高层级信息渐进地分解为较低层级详细信息的图表。

直方图。一种展示数字数据的条形图。

混合型方法。两个或多个敏捷和非敏捷要素的组合，产生非敏捷的最终结果。

影响地图。一种战略规划方法，在产品开发期间作为组织的可视化路线图。

障碍因素。阻止团队实现目标的妨碍因素。也称为*"障碍物"*。

增量方法。一种适应型开发方法，借助这种方法通过增加功能相继形成可交付物，直到可交付物包含必要且足够的能力，从而使之被视为完整的可交付物。

不确定交付和数量 (IDIQ)。一种合同，规定必须在固定期间内提供不确定数量（但规定了下限和上限）的商品或服务。

影响图。对变量与成果之间的因果关系、事件时间顺序及其他关系的图形表示。

信息发射源。一种可见的实物展示，可向组织其余成员提供信息，从而实现及时的知识共享。

启动过程组。定义一个新项目或现有项目的一个新阶段，授权开始该项目或阶段的一组过程。

内部依赖关系。一个或多个项目内部活动之间的关系。

人际关系技能。与他人建立并保持关系的技能。

问题。可以对项目目标产生影响的当前条件或情形。

问题日志。记录和监督问题信息的项目文件。

迭代。开发产品或可交付物的时间盒周期，在该期间内开展交付价值所需的全部工作。

迭代计划。当前迭代的详细计划。

迭代规划会议。一种会议，旨在澄清待办事项列表中事项的详细信息、验收标准以及实现即将需要履行的迭代承诺所需的工作投入。

迭代评审会议。在一个迭代结束时举行的会议，旨在展示在该迭代期间完成的工作。

迭代方法。一种开发方法，侧重于初始的简化实施，然后逐步对增加特性集的内容做出详尽阐述，直至最终可交付物达到完整状态。

看板。一种可视化工具，可显示进程中的工作，帮助识别瓶颈和过度承诺，从而使团队能够优化工作流。

开工会议。团队成员和其他关键干系人在项目开始执行时聚在一起，正式设定期望、达成共识并开始工作。

知识。经验、价值观和信念、情景信息、直觉和洞察力的组合，人们用它来理解新的经验和信息。

滞后量。相对于紧前活动，紧后活动需要推迟的时间量。

负责的最后决策时刻。为了使团队能够考虑多个选项，推迟决策的时间点，直到进一步推迟将导致成本超过收益。

提前量。相对于紧前活动，紧后活动可以提前的时间量。

提前期。客户提出请求与实际交付之间的时间。

提前期图。显示在工作中完成事项的平均提前期的随着时间推移的趋势示意图。

精益创业画布。一页纸的模板，旨在有效率且有效果地将商业计划告知关键干系人。

经验教训。项目过程中获得的知识，说明曾怎样处理某个项目事件或今后应如何处理，以改进未来绩效。

经验教训登记册。用于记录在某一项目、阶段或迭代期间所获知识的项目文件，以便未来可将这些知识用于提高团队和组织的绩效。

生命周期。见 *"项目生命周期"*。

生命周期评估 (LCA)。用于评价产品、过程或系统的总体环境影响的工具。

日志。对过程或活动实施期间的某些特定事项进行记录、描述或说明的文件。前面常加修饰词，如问题、变更或假设等。

自制或外购分析。收集和整理有关产品需求的数据，对包括采购产品或内部制造产品在内的多个备选方案进行分析的过程。

管理储备。在绩效测量基准之外，留作管理控制之用的一部分项目预算或项目进度。专为项目范围内不可预见的工作而预留。

强制性依赖关系。合同要求的或工作的内在性质决定的依赖关系。

测量绩效域。针对与评估项目绩效和采取适当行动维持可接受绩效相关的活动和功能的绩效域。

绩效测量指标。描述与系统运行相关的物理或功能属性的测量指标。

方法。获得成果、输出、结果或项目可交付物的方式。

方法论。由专业人员所采用的实践、技术、程序和规则所组成的体系。

度量指标。对项目或产品属性及其测量方式的描述。

里程碑。项目、项目集或项目组合中的重要时点或事件。

里程碑进度计划。用于显示里程碑实现日期的一种进度计划类型。

最小可行产品 (MVP)。一个概念，通过识别可交付价值的最少数量的特性或需求，用来定义向客户首次发布解决方案的范围。

建模。创建系统、解决方案或可交付物（例如原型、示意图或故事板）的简化表示法。

监督。收集项目绩效数据，进行绩效测量，并报告和发布绩效信息。

监控过程组。跟踪、审查和调整项目进展与绩效，识别必要的计划变更并启动相应变更的一组过程。

蒙特卡洛模拟。一种使用计算机模型的多次迭代来识别风险和不确定性的潜在影响的方法，以便发现可能因某一决定或做法导致的一系列成果的概率分布情况。

情绪图。一个可视化图表，用于跟踪情绪或反应，从而识别有待改进的方面。

多点估算。一种估算方法。当单个活动的成本或持续时间估算不易确定时，取其乐观估算、悲观估算和最可能估算的平均值或加权平均值。

净推荐值®。客户将某组织的产品或服务推荐给他人的意愿的一种测量指数。

网络路径。在项目进度网络图中，通过逻辑关系连接起来的一系列进度活动的序列。

目标。指导工作前进的方向，包括要达到的战略地位，要达成的目的，要取得的结果，要生产的产品，或者要提供的服务。

机会。对项目的一个或多个目标产生正面影响的风险。

组织分解结构 (OBS)。对项目组织的一种层级描述，展示了项目活动与执行这些活动的组织单元之间的关系。

组织过程资产 (OPA)。执行组织所特有的并被其使用的计划、流程、政策、程序和知识库。

渗透式沟通。通过无意听取和非语言提示，不直接沟通而获得信息的方法。

成果。某一过程或项目的最终结果或后果。

参数估算。基于历史数据和项目参数，使用某种算法来计算成本或持续时间的一种估算方法。

绩效测量基准 (PMB)。整合在一起的范围、进度和成本基准，用来与项目执行情况相比较，以管理、测量和控制项目绩效。

阶段关口。为做出进入下个阶段、进行修改或结束项目或项目集的决定，而开展的阶段末审查。

计划。提议的实现目标的方法。

计划价值 (PV)。为计划工作分配的经批准的预算。

规划绩效域。本绩效域是针对为交付项目可交付物和结果，所需的与初始、持续进行和逐步发展的组织和协调相关的活动和功能。

规划过程组。明确项目范围，优化目标，为实现目标制定行动方案的一组过程。

项目组合。为实现战略目标而组合在一起管理的项目、项目集、子项目组合和运营工作。

项目组合管理。为了实现战略目标而对一个或多个项目组合进行的集中管理。

精确度。在质量管理体系中，"精确度"是指对精准程度的评估。

预测型方法。一种开发方法，在生命周期的早期阶段确定项目范围、时间和成本。

优先级矩阵。对照相应的值标记人力投入，以便按优先级对内容归类的散点图。

优先级模型。用于确定项目组合、项目集、项目组件以及需求、风险、特性或其他产品信息的优先级的方法。

概率估算。用于制定区间估算以及相应的概率的方法。

概率和影响矩阵。把每个风险发生的概率和一旦发生对项目目标的影响映射起来的一种表格。

采购管理计划。项目或项目集管理计划的组件，说明项目团队将如何从执行组织外部获取货物和服务。

产品。可以量化的生产出的工件，既可以是最终制品，也可以是组件制品。

产品分解结构。反映产品组件和可交付物的层次结构。

产品生命周期。代表一个产品从概念、交付、成长、成熟到衰退的整个演变过程的一系列阶段。

产品管理。将人员、数据、过程和业务系统整合，以便在整个产品生命周期中创建、维护和演变产品或服务。

产品负责人。负责使产品价值最大化并为最终产品担责的人员。

产品范围。某项产品、服务或结果所具有的特性和功能。

项目集。相互关联且被协调管理的项目、子项目集和项目集活动，以便获得单独管理所无法获得的收益。

项目集管理。在项目集中应用知识、技能与原则来实现项目集的目标，获得分别管理项目集组件所无法实现的收益和控制。

渐进明细。随着信息越来越多、估算越来越准确，而不断提高项目管理计划的详细程度的迭代过程。

项目。为创造独特的产品、服务或结果而进行的临时性工作。

项目简介。项目的目标、可交付物和过程的高层级概述。

项目日历。表明进度活动的可用工作日和工作班次的日历。

项目章程。由项目启动者或发起人发布的，正式批准项目成立，并授权项目经理使用组织资源开展项目活动的文件。

项目治理。用于指导项目管理活动的框架、功能和过程，从而创造独特的产品、服务或结果以满足组织、战略和运营目的。

项目负责人。通常通过精心策划项目工作，帮助项目团队实现项目目标的人员。参见 *“项目经理”*。

项目生命周期。项目从开始到结束所经历的一系列阶段。

项目管理。将知识、技能、工具与技术应用于项目活动，以满足项目的需求。

项目管理知识体系 (PMBOK)。描述项目管理专业范围内的知识的术语。

项目管理办公室 (PMO)。对与项目相关的治理过程进行标准化，并促进资源、方法论、工具和技术共享的一种管理架构。

项目管理计划。描述如何执行、监控和结束项目的文件。

项目管理过程组。项目管理输入、工具和技术以及输出的逻辑分组。项目管理过程组包括启动过程组、规划过程组、执行过程组、监控过程组和收尾过程组。

项目管理团队。直接参与项目管理活动的项目团队成员。

项目经理。由执行组织委派，领导项目团队实现项目目标的个人。参见*“项目负责人”*。

项目阶段。一组具有逻辑关系的项目活动的集合，通常以一个或多个可交付物的完成为结束。

项目审查。一种在过程或项目结束时开展的活动，旨在评估状态、评估所交付的价值并确定项目是否已准备好进入下一个阶段或移交至运营阶段。

项目进度计划。进度模型的输出，为各个相互关联的活动标注了计划日期、持续时间、里程碑和资源等信息。

项目进度网络图。表示项目进度活动之间逻辑关系的图形。

项目范围。为交付具有规定特性与功能的产品、服务或结果而必须完成的工作。

项目范围说明书。对项目范围、主要可交付物和除外责任的描述。

项目团队。执行项目工作，以实现项目目标的一组人员。

项目愿景说明书。对项目的简要、高层级描述，介绍了项目的目的，并激励团队为项目做出贡献。

项目工作绩效域。针对与建立项目过程、管理实物资源和营造学习环境相关的活动和功能的绩效域。

原型。用于在实际制造预期产品之前获得关于该产品的早期反馈的实用模型。

质量。一系列内在特征满足需求的程度。

质量管理计划。项目或项目集管理计划的组件，描述如何实施适用的政策、程序和指南以实现质量目标。

质量测量指标。对项目或产品属性及其测量方式的描述。

质量政策。组织实施质量管理体系时应遵循的一套基本原则。

质量报告。用于报告质量管理问题、纠正措施建议以及在质量控制活动中所发现的其他情况的一种项目文件，其中也可以包括对过程、项目和产品改进的建议。

登记册。关于项目逐步演进方面（例如风险、干系人或缺陷）常规条目的书面记录。

回归分析。通过考察一系列输入变量及其对应的输出结果，建立数学或统计关系的一种分析方法。

法规。政府机构规定的要求。这些要求可以确立产品、过程或服务的特征，包括政府强制遵守的相关管理规定。

相对估算。用于估算的方法，这些估算源自在考虑人力投入、复杂性和不确定性的基础上针对类似相关工作进行的对比。

发布。一个/多个产品的一个或多个组件，预期将同时投入生产。

发布计划。设定对跨多个迭代交付的日期、特性和/或成果预期的计划。

发布规划。确定发布或改变产品、可交付物或价值增量的高层级计划的过程。

报告。一种正式的信息记录或摘要。

需求。为满足业需要，某个产品、服务或结果必须达到的条件或具备的能力。

需求文件。产品需求和其他产品信息的记录，以及用来记录并加以管理的任何信息。

需求管理计划。项目或项目集管理计划的组件，描述将如何分析、记录和管理需求。

需求跟踪矩阵。把产品需求从其来源连接到能满足需求的可交付物的一种表格。

储备。项目管理计划中规定的准备，旨在减轻成本和/或进度风险；前面经常有一个修饰语（例如管理储备、应急储备），以便进一步说明要减轻哪些类型的风险。

储备分析。一种用于评估项目风险量以及进度和预算储备的方法，以确定这些储备是否足以应对剩余风险。

资源分解结构。资源依类别和类型的层级展现。

资源管理计划。项目管理计划的一个组件，描述如何获取、分配、监督和控制项目资源。

职责。可在项目管理计划中进行委派的任务，接受委派的资源负有按要求完成任务的义务。

责任分配矩阵 (RAM)。一种展示项目资源在各个工作包中的任务分配的表格。

结果。实施项目管理过程和活动所产生的输出。参见*“可交付物”*。

回顾会议。定期举行的研讨会，参会者探讨其工作和结果，以便改进过程和产品。

返工。为了使有缺陷或非一致性的组件达到要求或符合规范而采取的行动。

风险。一旦发生，会对一个或多个项目目标产生积极或消极影响的不确定事件或条件。

风险接受。一种风险应对策略，项目团队决定接受风险的存在，而不采取任何措施，除非风险真的发生。

风险调整待办事项列表。包含产品所需工作以及应对威胁和机会的行动的待办事项列表。

风险偏好。为了预期的回报，组织或个人愿意接受不确定性的程度。

风险规避。一种风险应对策略，项目团队采取行动来消除威胁，或保护项目免受风险影响。

风险分解结构 (RBS)。对潜在风险来源的一种层级图示。

风险提高。一种风险应对策略，项目团队采取行动提升机会出现的概率或扩大机会造成的影响。

风险上报。一种风险应对策略，即团队认为风险超出了自身可影响的范围，并将风险责任转移到组织中能更有效管理风险的更高层。

风险开拓。一种风险应对策略，项目团队采取行动以确保机会出现。

风险敞口。在某个项目、项目集或项目组合中，在任一时点对所有风险的潜在影响做出的总体测量。

风险管理计划。项目、项目集或项目组合管理计划的组件，说明风险管理活动将如何结构化安排与实施。

风险减轻。一种风险应对策略，项目团队采取行动以降低威胁发生的概率或减少威胁造成的影响。

风险登记册。记录风险管理过程输出的存储文件。

风险报告。一份项目文档，汇总了有关各个项目风险和整体项目风险级别的信息。

风险审查。分析现有风险的状态并识别新风险的过程。也称为 *“风险重估”*。

风险分享。一种风险应对策略，项目团队将应对机会的责任分配给最能为项目获得收益的第三方。

风险临界值。针对目标可接受的偏差范围的测量指标，可反映组织和干系人的风险偏好。另请参见 *“风险偏好”*。

风险转移。一种风险应对策略，项目团队把威胁造成的影响连同应对责任一起转移给第三方。

路线图。描述里程碑、重要事件、审查活动和决策点等事项的高层级时间线。

角色。项目团队成员必须履行的、已明确定义的职责，如测试、归档、检查、编码等。

滚动式规划。一种用迭代方法进行的规划，对近期要完成的工作进行详细规划，对远期工作只做粗略规划。

根本原因分析。确定引起偏差、缺陷或风险的根本原因的一种分析方法。

散点图。一种展示两个变量之间关系的图形。

进度计划。见*"项目进度计划"*。

进度基准。经过批准的进度模型，能够通过正式的变更控制程序进行变更，并被用作与实际结果进行比较的依据。

进度压缩。在不缩小项目范围的前提下缩短进度工期的方法。

进度预测。根据测算进度时已有的信息和知识，对项目未来的情况和事件所进行的估算或预计。

进度管理计划。项目或项目集管理计划的组件，为编制、监督和控制项目进度建立准则并确定活动。

进度模型。项目活动执行计划的一种表现形式，其中包含持续时间、依赖关系和其他规划信息，用以生成项目进度计划及其他进度工件。

进度绩效指数 (SPI)。测量进度效率的一种指标，表示为挣值与计划价值之比。

进度偏差 (SV)。测量进度绩效的一种指标，表示为挣值与计划价值之差。

范围。项目所提供的产品、服务和结果的总和。参见*"项目范围"*和*"产品范围"*。

范围基准。经过批准的范围说明书、工作分解结构 (WBS) 和相应的 WBS 词典，能够通过正式的变更控制程序进行变更，并被用作与实际结果进行比较的依据。

范围蔓延。未对时间、成本和资源做相应调整，未经控制的产品或项目范围的扩大。

范围管理计划。项目或项目集管理计划的组件，描述将如何定义、制定、监督、控制和确认项目范围。

S 曲线。显示特定时段内累积成本的图形。

自组织团队。员工在必要时担任领导职责以实现团队目标的跨职能团队。

敏感性分析。一种定量风险分析方法，将项目成果的变化与定量风险分析模型中输入的的变化建立关联，从而确定对项目成果产生最大潜在影响的单个项目风险或其他不确定性来源。

服务型领导。通过聚焦于了解并满足团队成员的需要及其发展情况来领导团队，以便实现尽可能最高的团队绩效的实践。

模拟。一种分析方法，通过建立模型，来综合分析各种不确定性因素，评估这些因素对目标的潜在影响。

单点估算。一种估算方法，涉及使用数据来计算一个可反映最佳估算的值。

规格。对需要满足的需求和所需基本特征的准确表述。

发起人。为项目、项目集或项目组合提供资源和支持，并负责为成功创造条件的个人或团体。

冲刺。项目中的一个短时段，可用且潜在可发布的增量产品会在该时段内生产出来。参见*"迭代"*。

干系人。能影响项目、项目集或项目组合的决策、活动或成果的个人、群体或组织，以及会受或自认为会受它们的决策、活动或成果影响的个人、群体或组织。（注：本术语有时也可称为利益相关者、利害关系者、利益相关方或相关方等。）

干系人分析。通过系统收集和分析各种定量与定性信息，来确定在整个项目中应该考虑哪些人的利益的一种方法。

干系人参与度评估矩阵。将当前与期望的干系人参与程度进行比较的一种矩阵。

干系人参与计划。项目管理计划的一个组件，为促进干系人有效参与项目或项目集决策和执行而规定所需的策略和行动。

干系人绩效域。针对与干系人相关的活动和功能的绩效域。

干系人登记册。包含项目干系人信息（包括项目干系人评估和分类）的项目文件。

标准。基于职权、惯例或共识而建立并用作模型或范例的文件。

工作说明书 (SOW)。对项目需交付的产品、服务或结果的叙述性说明。

状态会议。定期举行的会议，旨在交流和分析项目当前进展情况及其绩效方面的信息。

状态报告。关于项目当前状态的报告。

指导委员会。由高级干系人组成的咨询机构，为项目团队提供指导和支持，并做出项目团队权限以外的决策。

故事图。一种既定产品所应具备的所有特性和功能的可视化模型，旨在使团队对其所创建的产品及创建原因有整体了解。

故事点。用于估算实施某个用户故事所需相对人力投入量的单位。

战略计划。一种高层级文件，可说明组织的愿景、使命以及实现使命和愿景（包括在该文件所涵盖期间实现的特定目的和目标）所采用的方法。

战略工件。在项目开始前或开始时创建的文件，涉及与项目有关的战略、商业或高层级信息。

蜂拥模式 (Swarm)。多名团队成员共同聚焦于解决具体问题或任务时所采用的方法。

SWOT 分析。对一个组织、项目或选项的优势、劣势、机会和威胁的分析。

隐性知识。难以明确表达和分享的个人知识，如信念、经验和洞察力。

裁剪。对有关项目管理方法、治理和过程做出深思熟虑的调整，使之更适合特定环境和目前工作。

任务板。所规划工作进度的可视化表示，使每个人都能看到各项任务的状态。

团队章程。记录团队价值观、共识和工作指南的文件，并对项目团队成员的可接受行为作出明确规定。

团队绩效域。针对与负责提供可实现业务成果的项目交付物相关的活动和功能的绩效域。

技术绩效测量指标。技术绩效可以计量的测量指标，用于确保系统组件符合技术要求。

模板。一种固定格式的、已部分完成的文件，为收集、组织和呈现信息与数据提供确定的结构。

测试计划。描述将被测试的可交付物、将进行的测试以及在测试中使用的过程的文件。

威胁。对项目的一个或多个目标产生负面影响的风险。

临界值。针对可测量的项目变量而预先确定的一个限值，一旦达到此限值就需要采取相应行动。

产量。通过某一过程产出的物件的数量。

产量图。显示一定时间内验收的可交付物数量的图形。

工料合同 (T&M)。兼具成本补偿和总价合同特征的一种混合的合同类型。

时间盒。工作将在其间完成的较短的固定期间。

公差。对质量要求可接受的变动范围的定量描述。

趋势分析。根据历史数据并利用数学模型，预测未来成果的一种分析方法。

三重底线。通过从利润、人员和整个市场的视角评估公司的底线，考虑开展业务的全部成本的框架。

不确定性。缺乏对问题、事件、要遵循的路径或要追求的解决方案的理解和认识。

不确定性绩效域。针对与风险和不确定性相关的活动和功能的绩效域。

用例。一种工件，可以描述并探讨用户如何与系统交互以实现特定目标。

用户故事。用户故事简要描述特定用户已经取得的成果，而且确保读者可以通过对话弄理清细节。

确认。对产品、服务或结果能够满足客户和其他已识别干系人需求的保证。参见 *“核实”*。

价值。某种事物的作用、重要性或可用性。

价值交付办公室 (VDO)。一种项目交付支持结构，侧重于教练团队，在整个组织内培养敏捷技能和能力，以及辅导发起人和产品负责人更有效地承担这些角色。

价值交付系统。旨在建立、维持和/或使组织得到发展的一系列战略业务活动。

价值主张。组织告知客户其产品或服务的价值。

价值流图。用来显示某一过程中的关键步骤以及用于识别浪费的各个步骤所花费的时间。

价值流图法。一种精益企业方法，用于记载、分析和改进为客户生产产品或提供服务所需信息或材料的流动情况。

虚荣指标。似乎会显示某些结果但不提供决策所需有用信息的测量指标。

偏差。对已知基准或预期值的偏离量。

偏差分析。确定实际绩效与基准的差异程度及原因的一种方法。

完工偏差 (VAC)。对预算亏空量或盈余量的一种预测，是完工预算与完工估算之差。

速度。团队生产率的测量指标，团队在预先定义的时间间隔内按该生产率生产、确认和接受可交付物。

速度图。一个图表，可跟踪在预先定义的时间间隔内生产、确认和接受可交付物的速度。

核实。关于产品、服务或结果是否符合法规、需求、规格或强制条件的评估。另请参见 *“确认”*。

虚拟团队。在不同地点工作但具有共同目标的人群，他们主要通过电话和其他电子通信方式彼此互动。

愿景陈述。对产品期望（例如目标市场、用户、主要收益以及与市场上其他产品相比所具有的差异化）的综合、高层级描述。

可视化数据和信息。以图表、图形、矩阵和示意图等可视化格式组织和呈现数据和信息的工件。

客户声音。一种规划方法，通过在项目产品开发的每个阶段把客户需求转变成适当的技术要求，来提供真正反映客户需求的产品、服务和结果。

易变性。快速且不可预测的变化的可能性。

浪费。消耗资源和/或时间但不会增加价值的活动。

WBS 词典。针对工作分解结构中的每个组件，详细描述可交付物、活动和进度信息的文件。

假设情景分析。对各种情景进行评估，预测它们对项目目标的影响的过程。

宽带德尔菲估算方法。一种估算方法，主题专家会单独进行多轮估算，每轮估算之后进行团队讨论，直至达成共识。

工作分解结构 (WBS)。对项目团队为实现项目目标、创建所需可交付物而需要实施的全部工作范围的层级分解。

工作包。工作分解结构最低层的工作，针对这些工作来估算并管理成本和持续时间。

索引

A

B

C

D

E

F

G

H

I

J

K

L

M

N

O

P

T

U

V

W